BUSINESS LAW HANDBOOK

実務が
わかる ハンドブック
企業法務

［改訂第3版］

吉川達夫　飯田浩司　編著

第一法規

は じ め に

　法務部門に配属された人材が最初に悩むことは、どのように業務を進めたら
よいか、ということである。「マニュアルはないのでしょうか?」と聞いてくる
新人もいるが、法務部門はマニュアルのみで業務を処理する部門ではない。

　業務の処理方法は各社で異なるため、それらを1つにまとめ、示すことは難
しいが、どの会社にも当てはまるコアな知識というものが存在するのも事実で
ある。そこで、中級レベルの法務部員を目指す読者に向けて、求められる「法
務力」の基準を示すことができるのではないかと考えるに至った。

　かつて、2013年7月にレクシスネクシス・ジャパン社から『ハンドブック ア
メリカ・ビジネス法』を出版した(2018年3月に第一法規株式会社版の初版を
出版)。同書はビジネスに利用できる米国法を概説することを目指したものだ
が、企業法務についても同書と同じように展開することができないかと、新た
なプロジェクトとして検討することになった。

　このような経緯で、本書『実務がわかる ハンドブック企業法務』ができあがっ
た。本書では、まず、主な構成として「第1部　法務業務」と「第2部　ビジネ
ス上の重要法律」に分け、第1部においては、「POINTS」、「KEYWORDS」と
ともに、「求められる法務力」「法務業務プロセス」「業務遂行チェックリスト」
「ケーススタディ」を盛り込んだ。一方、第2部においては、知識の確認に重点
を置き、スリムに多くの法分野をカバーした。

　このプロジェクトに多くの企業法務実務家、弁護士等から賛同いただき、こ
のような形でまとめることができた。ぜひ、実務や勉強に利用してほしいと考
えている。

　本書は、2015年2月にレクシスネクシス・ジャパン社から初版を出版し、
2018年3月に改訂版、2019年12月に民法改正対応改訂第2版として第一法規
株式会社から出版された。その後、個人情報保護法、公益通報者保護法など様々
な法律改正があったことを踏まえ、今回改訂第3版を出版することになった。
改訂にご協力いただいた先生方、第3版をお引き受けいただいた第一法規株式
会社に御礼を申し上げる。

2021年9月

編著者代表　吉川　達夫

※本書は法律意見書ではありません。内容の正確性は期しておりますが、個別の事案は弁護士等にご相談ください。
　出版社、編者並びに著者は、本書に関連して生じる責任の一切を負担しません。

第7章 労働関係法務 133

総論 —法務部門の役割と業務—

　企業には、法令遵守の経営（コンプライアンス経営）を行うことが求められており、法務部門は、その実施にあたって、コアとなる組織である。

　法務部門は、企業の様々な活動に関与している。製品販売においては、製品自体や販売方法に規制がある。相手方との取引においては、契約条件をまとめなければならない。取引先が倒産すれば、債権者として合法的な回収が求められる。広告には守らなければならないルールがあり、懸賞も自由にはできない。訴訟は法的手続そのものである。株主総会や取締役会の運営は、会社法に基づき行わなければならない。製品を日本国外に移動するにあたって、顧客から輸出法に関する問合せを受けるかもしれない。

　法務パーソンは、このような企業が直面する様々な個別取引や事案において、関係する法律を熟知した上、社内規則にも精通して業務を進めなければならない。その際に問われるのが、「法務力」である。

　法務力には、事実の確認が中心となる事案検討ヒアリング能力、契約書ドラフティングといった法務実務能力、リーガルマインドに加えて、相手方との法務交渉能力などが含まれる。法務部門の職掌や、顧問弁護士／社外弁護士の起用方針は企業ごとに異なるが、法務業務を通じて、常に法務力を上げていくことが、法務パーソンには求められている。そのためには、最新の法律知識を吸収し、様々な実務を経験することである。

　契約書のドラフティングにおいては、小手先のテクニックに頼りすぎてはならない。それは「使えない武器」を製造しているようなものであり、相手方はもとより、自社内にも受け入れられないことがある。個別の細かい条件に目を向けすぎると大きな方向性を見失うだけでなく、次の局面を予測しながら時間軸に沿った適切なアドバイスが行えない、といったことも起こる。「法務部門の作った契約書は使えない」という評価は最低である。法務部門が戦略的法務として評価されるためには、個々の法務パーソンが法務力を上げていかなければならないのである。

POINTS

● 質の高い法務業務を行うために法務力を上げることが必要である。

● 法務パーソンは、業務に関係する法規を理解するのみならず、ビジネスや社内規則を理解しなければならない。

● 理解しやすい契約書や明確な社内文書の作成を心がける。

✒ 求められる法務力

□ 案件の相談を受けたときに、どの法律に関わる事項か、どのような契約書や書類が必要かを判断できる、事案検討ヒアリング能力がある。

□ 契約書の検討、作成、交渉能力がある。

□ 法務業務を処理するための法的知識がある。

□ 法務業務に関する社内規則を理解している。

□ 外部弁護士／弁理士／司法書士の起用方法と起用条件がわかる。

□ 社内法務研修を実施できる。

●⇒ KEYWORDS

【リーガルマインド】法的思考力のこと。

【法的三段論法】問題提起(事実認定)、法律構成(論証、解釈)、具体的問題の要件への当てはめ(結論)により法適用の可否を判断するためのプロセス。一方、IRACは、Issue(問題点の抽出)、Rule(規範、論証)、Application(事実の当てはめ)、Conclusion(結論)によるプロセスのこと。

📖 法務実務基礎知識

① 弁護士法と法務部

　弁護士法72条は、非弁護士が法律事務を扱うことを禁止している(非弁活動の禁止)。その例外として、弁理士、司法書士、外国法事務弁護士にも一定の法律実務を行う権利が認められている。企業の法務部門が自社の法律実務を行うことは問題ないといえるが、子会社やグループ会社の法律実務を行

う場合には、非弁活動とされる可能性があるので注意が必要である。なお、法務省が作成した「グループ企業間の法律事務の取り扱いと弁護士法第72条の関係について」によると、事件性を基準にして、契約関係事務は事件性なし、法律相談は具体的な紛争を背景にしたものであれば事件性ありの場合が多いとし、株式社債関係事務は一般的に事件性なし、株主総会関係事務は事件性なし、訴訟管理関係事務は事件性あり、とされている。

② 消費者保護

　消費者契約法（詳細は第2部第9章を参照のこと）においては、消費者と事業者間の情報の質及び量並びに交渉力の格差に鑑み、消費者契約の全部または一部の効力を否定しているため、消費者との契約や規約を作成する際には一方的な条項を設けることができないので注意が必要となる。

- 事業者の損害賠償の責任を免除する条項の無効（同法8条1項）
- 消費者が支払う損害賠償の額を予定する条項等の無効（同法9条1項）
- 事業者が消費者の利益を一方的に害する条項の無効（同法10条）

③ 依頼者間及びワークプロダクト秘匿特権

　米国では、弁護士依頼者間秘匿特権 (attorney client privilege) が連邦民事訴訟法に規定され、弁護士と依頼者間のコミュニケーションやワークプロダクト (work product) については、秘匿特権として開示の対象とならない。法務部門における弁護士 (in house lawyer) によるコミュニケーションにおいても、原則として同様に取り扱われる。しかし、現行日本法においては、これが明確に規定されていない。法務部門内部の弁護士と社員とのコミュニケーションや法務部門内部の弁護士から外部の弁護士へのコミュニケーションそれぞれにおいて、開示の対象にされることがある前提で業務を進めなければならない。

▌法務業務プロセス 001：法務業務 ▌▌▶

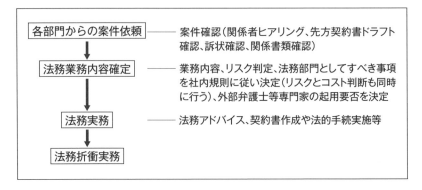

▫ 法務業務と組織 ▫

　営業部門等から法務部門に案件依頼がなされた際、法務部門としてはまず、業務内容を確定することが必要である。業務内容は、相手方との契約交渉や行政機関への許可申請の必要性などを調査し、当該案件に要する法務部門人員数、短期・長期の業務量を判断した上で決定する。案件によっては、弁護士など外部専門家の選定を行う。

　メーカーなどの場合には、特許部などの知的財産担当部門が別に設けられていることがあるため、知的財産権に関する訴訟が提起された場合には、その業務を法務部門で担当するか、あるいは知的財産部門が訴訟まで含めて担当するかは、それぞれ会社によって異なる。また、法律や社内規則の遵守を確保する目的から、法務部門とは別にコンプライアンス部門が設置されている会社もある。このような場合には、法務部門は知的財産部門やコンプライアンス部門と協調して業務を行うことが求められる。また、その他の部門との調整なくして法務業務を進めることはできない。例えば、経理・財務部門である。契約書の支払条項のドラフトの際に源泉徴収税について記載しなければならないことがあり、税務担当部門の確認と内容調整が必要になる。

▫ 法務相談 ▫

　法務相談の結果、法務回答文書を求められることがある。この場合、この書面が社外に示される可能性があることに注意しなければならない。具体的

には、「社内限」「Confidential」といった用語を、書面に表示しておくべきである。書面を社外に開示しないまでも、書き換えた書面、Eメールや電話などで、内容が相手方に伝わることは想定しておくべきである。報告書は、社内調査の結果などをまとめる文書であるが、訴訟に巻き込まれた場合に開示請求される可能性もある。また、行政調査の場合には証拠物件となる可能性があることにも留意すべきである。

▫ 法務業務の進め方 ▫

　法務業務の遂行には、リーガルセンスが必要といわれる。しかし、センスがあっても実務処理能力が伴わなければ意味がない。知識と経験、ビジネスの理解も必要である。法務力は、これらを総合したものといえるだろう。中堅を目指す法務パーソンに必要な法務力の構成要素として、以下の**図表0-1**に示す5つをあげた。

　法務部門による社内（部内）文書はどのように構成すべきか悩むものである。司法試験と同じようにIRAC、あるいは米国司法試験において望ましいとされるCIRAC（簡単な結論を先に記載する）で構成するとわかりやすい。さらに、ビジネス社会における常識的なフォーマットとスタイルを備えるべきである。

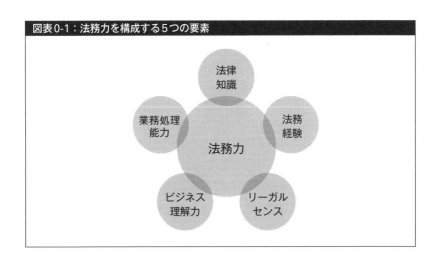

図表0-1：法務力を構成する5つの要素

法律知識

法務経験

業務処理能力

法務力

リーガルセンス

ビジネス理解力

■ 法務部門とビジネス部門 ■

　ビジネス部門がはっきりと方針を決定しないまま、「すべて法務部門に任せた」といった態度で法務部門に相談にくる場合がある。確かに、契約書の交渉においては「準拠法条項」など、法務部門が交渉の中心となるべき専門的な法務条項があるが、法務部門としては、責任部門自身が問題点等を理解し、最終的な決定を行えるよう情報提供すべきである。また、「A案とB案があるが、あとは好きに選んでください」といった具合に選択肢を示すだけの態度は、法務部門として問題である。ビジネス部門がきちんと選択できるように、良い点と悪い点の双方を示す必要がある。

☑ 【法務業務】業務遂行チェックリスト
　□ 当該案件において、法務部門がどのような業務を行うべきかを確認
　□ 外部専門家の起用の要否決定、費用負担についての確認
　□ 他部門との調整の必要性を確認

■ ケーススタディ 001

▶「サービス提供業者の代理店が定価を表示することは可能か」という相談を受けた場合、法務部門としてどのように回答すべきか?

- -

　このような案件依頼を受けた際には、直ちに「再販売価格維持は違法」と回答することは控えるべきである。「再販売価格維持は違法」ということ自体は、法律を正しく述べているのであるが、こういった相談に対して、十分な案件確認をせずに回答するケースが多く見受けられる。取引の前提となる事実確認を行わなければ、回答できない。公正取引委員会の「流通・取引慣行に関する独占禁止法上の指針」(最近改正:平成29年6月16日)には、再販売価格維持が違法とならない場合がある例として、委託販売があげられている。事実確認をしないまま、局面だけをとらえて正論を述べても全体を把握できず、実際のビジネスにマッチしないケースも出てくる。

法務業務

第1章
リーガルマネジメント

　企業には、法律を遵守することが求められている。しかし、企業活動において、企業は法律違反リスクをはじめ、様々なリスクに直面する。そのため、法務部門には、法律に関わるリスクについて専門的な視点から判断し、経営陣・各部門に対して的確なアドバイスを行うことが求められている。

　一方、法務部門の大きな業務の1つに契約書の作成・検討がある。契約書の作成、審査、交渉にあたっては、相手方案の検討、当方再提案の準備などの十分な準備が必要であるとともに、タイムリーに交渉を行うことも重要である。これらは、関係部門の承認を適宜取得しながら進めなければならない。

　また、法務業務の遂行にあたっては、リーガルリサーチが必要である。これを行わない法務業務は法律違反やコンプライアンス違反を招くおそれがあるため、十分に注意すべきである。リーガルマネジメントは、「戦略法務」「予防法務」「企画法務」といった用語と類似のコンセプトとして使用されるが、契約書の作成など、具体的な案件に結びつかない法務業務についても、適切に実施することが必要である。

POINTS

- ビジネス案件ごとにどのようなリーガルリスクがあるかを把握する。
- 法令違反となる契約書を作成してはならない。また、社内ルール（対外的及びインターナルに示しているもの）に反する契約書も作成してはならない。
- 契約審査において、会社の方向性と相手との立ち位置を理解した上で、修正版の作成方針を決定し、契約審査を行うことが重要である。
- 契約修正（交渉）は、同じ組織においては同じルールで行うべきである。
- リサーチが不十分な業務は不完全である。
- 案件処理以外の法務業務の充実が重要である。

1）リーガルリスクマネジメント

✒ 求められる法務力

☐ 案件相談時にリーガルリスクを抽出できる。

☐ 案件相談時に法務以外のビジネス関連リスクを抽出できる。

☐ リスクを踏まえて法務業務を実施することができる。

●⇨ KEYWORDS

【リーガルリスク】組織が法律や法的紛争によって民事責任、刑事責任、行政責任等を生じることのある危険性。

【GRC】governance（ガバナンス）risk management（リスクマネジメント）compliance（コンプライアンス）の総称。

【不正のトライアングル（3要素）／fraud triangle】「動機・プレッシャー」「機会」「正当化事由」のこと。米国人犯罪学者のDonald R. Cresseyが提唱した理論で、この3要素が揃わなければ不正が発生しないとされる。

📖 法務実務基礎知識

① 取締役の責任

　取締役は、会社から経営の委任を受けており、その関係には民法の委任の規定を適用するため（会社法330条）、善管注意義務（民法644条）を負う。注意義務の内容は、会社の規模、業種などに基づいて会社経営者として通常期待される程度であり、単なる従業員とは異なる。また、自らや第三者のために会社の事業と同様の商取引を行ってはならない競業避止義務（会社法356条1項1号）と、自分や第三者のために取引して会社に不利益をもたらしてはならない利益相反取引禁止義務（同3号）も課せられている。違反については、損害賠償義務（同法423条1項）がある。

② 監査役の責任

　取締役の職務執行監査義務（会社法381条1項）、取締役不正行為等におけ

る取締役会報告義務（同法382条）、必要があると認めるときは取締役会での意見陳述義務（同法383条1項）、法令や定款違反の行為あるいはおそれがある場合、当該取締役に対する当該行為中止請求権（同法385条1項）、任務懈怠による損害賠償義務（同法423条1項)等がある。

■法務業務プロセス002：リーガルリスクマネジメント業務■■▶

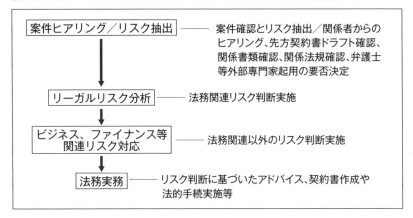

■ リーガルリスク ■

　法務部門は、事案に即したアドバイスを行うにあたり、法律関連リスク以外のリーガルリスクについても検討とアドバイスを実施し、法務業務に反映する必要がある。リーガルリスクには、法律コンプライアンスリスク、知的財産関連リスク、株主代表訴訟リスク、労務リスク（ハラスメントや雇用差別など）、製品リスク、契約履行リスク、信用リスク、税務リスク、経営リスク、自然災害リスク、社内ルール違反リスクなどが存在する。海外取引に関わるリスクとしては、為替リスク、海外進出リスク、カントリーリスク、法律改変リスクなどがある。このため、法務業務履行プロセスについての定期的な見直しが不可欠である。何が法律違反にあたるかについて、その基準を明確化し、予防法務の一環として将来のリーガルリスク軽減につなげる。

■ 法務業務とリスク ■

　営業部門等から案件依頼がなされた場合、法務部門が最初に行うことは業

務内容を確定することであるが、この際にリスクを分析する必要がある。まずはリーガルリスク分析において、スキームや取引の異常性や法的リスクを分析する。次にビジネス、ファイナンス等関連リスク対応を行う。一例として与信リスクがあるが、審査部によって与信リスクがあると判断された場合、法務部門は、スキームを含めて何らかの担保取得の可能性を検討し、これを契約書に盛り込むといったことが求められる。

□ **法務業務と不正** □

　法務部門が他部署の不正事例を発見した場合には、何をすべきであろうか。「不正は他人事」「自分の部署には関係ないから」などとして、見逃すようなことはあってはならない。「法務部門は契約書の定型フォームを作成するだけで、個々の事案については関知しない」といった釈明は通らない。そのような対応では、当局から不正に加担したと判断される可能性さえある。したがって、不正を発見した場合には、社内のプロセスに従って適切に報告を行わなければならない。

☑ **【リーガルリスクマネジメント】業務遂行チェックリスト**
　　□ 当該案件のリーガルリスクが何であるかを確認したか
　　□ 当該案件のビジネスリスクを分析し、判断したか
　　□ 契約書や取引条件にリスク判断の結果を盛り込めているかを確認したか

◤ **ケーススタディ 002**
▶ **マーケティング部門から「名簿業者からマーケティングセグメントに一致する個人リストを購入してDMを出したいが、問題ないか」と相談を受けたら？**

- -

　このような販売促進はしばしば行われており、法務部門に相談されないことも多い。名簿業者が個人情報取扱事業者に該当する場合、個人情報保護法で定める手続きをとっていない場合は名簿の売買は違法になる可能性があ

る。どのような形態で行えば合法的に利用できるかをを慎重に検討しなければならない。

2) 契約と契約書審査

✒ 求められる法務力

☐ 契約審査において、違法性や社内のルールに照らして問題点を抽出し、問題点がないか判断できる。

☐ 依頼者からの依頼に基づき、ゼロから契約書を作成することができる。

☐ 相手方フォーマットによる契約が提示された場合、契約書を審査し、対案条項をドラフティングできる。

☐ スキーム、用語選択、契約書内容が適切であるか判断できる。

⚷ KEYWORDS

【典型契約】民法で定める13種類の契約類型。これらは、贈与・売買・交換・消費貸借・使用貸借・賃貸借・雇傭・請負・委任・寄託・組合・終身定期金・和解である。広義の典型契約では、商法に定める9契約[1]を含む。

【非典型契約】無名契約ともいわれる、典型契約以外の契約[2]。

【附合契約】銀行取引約款のように事業者が多数の契約を定型的に処理するため、あらかじめ契約条件を定めたもので契約交渉を前提としていない契約。

📖 法務実務基礎知識

① 契約書の必要性

契約は、原則的に口頭でも意思の合致により成立するが、契約書を作成することが望ましい。契約書によって将来の紛争を避けるために取引上の諸条件を細かく明確に定めておくことができるからである。多くの会社は、定型的取引のために多数の標準契約書を作成している。法務部員は、できあがった契約書を使用することに慣れてしまうが、新たに標準契約書を作成できる能力を身に付けることも重要である。新しい形態の取引が開始される場合、

---

1) 商事売買、交互計算、匿名組合、仲立営業、問屋営業、運送取扱営業、運送営業、商事寄託、保険。
2) 例えば、ソフトウェア使用許諾契約、継続的供給契約、売買基本契約。

法改正・業務プロセス変更があった場合には、新規に標準契約書を作成し、修正することが求められるためである。

② 書面が要求される契約

これには、書面作成が契約成立の要件となる場合と、書面作成が法律で義務付けられている場合とがある。保証契約は、書面によらなければ無効である（民法466条2項）。消費者保護のために書面作成義務がある契約を定める法律として、割賦販売法、宅地建物取引業法、特定商取引法、下請代金支払遅延等防止法などがあげられる。

③ 物の引渡しが契約の成立に必要とされる要物契約

民法では、使用貸借契約、消費貸借契約、寄託契約がある。商法上の倉庫証券交付義務や船荷証券発行義務については、当事者の請求を前提としている。

④ 請負と委任の違い

請負では、請負人は仕事の完成義務を負い、委任では、一定の事務を処理する義務と善管注意義務を負う。請負は仕事の完成をもって報酬を請求できる。委任は取決めがない限り無償であるが、費用を請求することができる。請負では、発注者による請負契約の解除が可能だが、請負者からの法定解除権は、注文者が破産手続開始決定を受けた場合のみである（改正民法で変更なし）。委任では、いずれの当事者からも解除ができる（ただし不利な時期での解除は損害賠償を請求できる）。

業務委託契約は、実務において多く作成されているが、法的性質が契約ごとに異なることに留意したい。法的性質が請負か委任（準委任を含む）か、複合的な内容になっていないかなどを確認して契約書検討を行う必要がある。

⑤ 委任と事務管理の違い

事務管理は、法律上の義務のない者が、他人のために他人の事務の管理をすることをいう。事務管理には委任の規定の一部が準用される。委任と事務

管理の大きな差として、委任には契約関係があり、事務管理にはないことがあげられる。したがって、事務管理においては、管理者への通知が必要となる。

⑥ 委任と準委任の違い

委任の行為は法律行為をすることであるが、それ以外の事務の委託は準委任として委任の規定が準用される。したがって、区別そのものには意味がない。

⑦ IT書面一括法

「書面の交付等に関する情報通信の技術の利用のための関係法律の整備に関する法律」において、紙文書での交付や手続きが義務付けられていた書面について、Eメール等電子的手段での交付も認められている。

法務業務プロセス 003：契約書審査業務 ▮▮▶

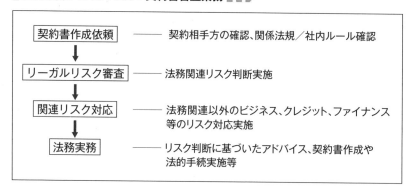

□ 契約書審査／作成のルール □

契約審査の基準は各社において異なる。したがって、転職した場合などには、基準が異なることになるため、注意が必要である。

定型契約書について異なる契約相手から類似の修正依頼がなされたときに、法務部門としては、同じ対応をとることが望ましい（取引規模や上場・非上場といった理由で異なる対応をとる必要がある場合もある）。これは、法務の顧客である営業部門にとっても法務部門で働く者にとっても、業務の

進め方を安定して行うことができるからである。このためにも、契約審査の
ルール化（例えばプレイブック）をしておくことが望ましい。

▪ 契約書審査／作成にあたって ▪

契約書を審査するにあたり、最初に確認すべき事項は当事者であり、株式
会社か合同会社かといった会社組織の確認を行う。次に取引の実態に沿っ
て、与信に耐え得る会社か、契約権限を有する会社か（独占的輸入代理権を
保有しているなど）、知的財産権を保有しているかといった確認を行う。続
いて行うことは、契約修正方針の決定である。ここでいう方針とは、徹底的
に自社条項を主張するのか、あるいは相手方の条項も受け入れる方針なのか
といった問題を、相手先との関係を含めて判断することである。この際、リー
ガルリスクと法務関連以外のリスクを分析する必要がある。法務が関与する
割合が多い部署（経理・財務部門、物流部門等）に関わる条項（例えば、ライ
センス契約における源泉徴収条項など）については、法務部門が各部署から
の相談や承認を受けずに検討やドラフトを行うことはできない。

▪ 覚書／会議議事録の法的拘束力 ▪

営業部門等が「覚書は法的拘束力がないから締結しても問題ない」といっ
た意識を持っている場合があるが、法務部門はこのような誤解をなくす努力
をしなければならない。会議議事録にサインあるいは捺印をしたものについ
ても、議事録であるから法的拘束力はないという考えは間違いである。これ
らは、裁判になったときに証拠となる可能性がある。

▪ 契約書とスタイル ▪

契約書の修正や追加の際に、表現やスタイルに留意して業務を進める必要
がある。複数の契約書からコピー・ペーストする場合、「および」と「及び」
が混在したり、定義された用語が無視される事態が起きるので注意する必要
がある。

▪ 契約成立前の費用負担 ▪

将来の取引先に対して、契約交渉前に調査を行うことがある。このような
場合に、相手方から、取引開始以前の条件交渉段階で発生した費用を負担し
てほしいと要求されることがあるが、契約が成立していないことから、費用

請求はできないと考えられている。なぜなら、費用は営業活動経費として扱われるべきだからである。したがって、調査の結果で相手方が利便を受けるのであれば、あらかじめ費用請求を行っておくべきである[3]。

◨ 契約書作成の注意点 ◨

(1) 契約書に共通する確認ポイント

- 契約書当事者名、住所表記が適正か。
- 捺印者は正しい立場の者か。
- 条文、項や別紙のナンバリング、ページ表記、フォントが適切であり、定義用語の統一性が保たれているか。修正をした場合に、条文や項のナンバリングについて、引用を含めて修正の必要はないか。
- 存続条項の条文などを含めて契約書の中での引用条文名は適正か。
- 「である」、「です」等いずれかに文体の統一性があるか。
- 締結日が先付日付やバックデートの日付になっていないか[4]。
- 合意管轄条項は専属管轄か。
- 消費者向けの契約として特別な条項を設ける必要はないか。
- 不可抗力条項は設けるべきか。

(2) 契約書締結に共通する確認ポイント

- 収入印紙を貼らなくてよいか。
- 印鑑が適正に捺印されているか。
- 複数枚による契約書の場合、袋とじによる契約書の場合、それぞれにおいて割印が適正に押されているか。
- 訂正がある場合は訂正印が正しく押されているか。
- 確定日付を取得する必要があるか。
- 契約書の成立条項（紙ベースかデジタルベースで作成するかによって異なる）

(3) 秘密保持契約を審査する場合の注意点

- 秘密情報の定義がどのようになされているか。口頭での提供情報が秘密情報に含まれていないか、その場合、事後に書面を送付することになっているか。

---

3) 中小企業庁：中小企業向けQ&A集（下請110番）第3章　民法・商法関係参考https://www.chusho.meti.go.jp/keiei/torihiki/shitauke/110/mokuji.htm

4) 欧米の契約書では、両当事者がそれぞれサインした日を記入し、効力発生日を両サイン日のうちいずれか遅い方とすることが多い。

- 秘密情報として取り扱わない例外事項はあるか。
- 秘密保持契約開示の目的はあるか。秘密保持契約自体が何らかのプロジェクトを行うことの合意事項になっていないか。
- 秘密保持契約に期間はあるか、あるいは期間を設けないか。秘密情報を利用できる期間として、開示後数年間の秘密保持義務を課すことにするか。
- 第三者に秘密情報を提供できる例外事項はあるか。
- 損害賠償額の予定条項を設けているか。

(4) 業務委託契約を審査する場合の注意点

- 委任か請負か、仕事の完成が必要か。成果物納入が必要か。
- 偽装請負ではないか、雇用契約や派遣契約の偽装ではないか。
- 成果物があり、著作権が発生する場合、発注側が取得するのか、それとも受注側が保持した上で限定的に使用許諾するのか。
- 業務実施にあたり、法律遵守を保証させる条項を設けているか。
- 契約解除権が認められるか。
- 支払条件等が下請法に違反していないか。
- 復委任あるいは再委託は認められるか、認められるとしたらどのような条件が必要か。
- 損害賠償条項は設けられているか、損害賠償額に制限はあるか。

(5) 売買契約を審査する場合の注意点

- 所有権と危険負担の移転時期はいつをもって行うのか。
- 引渡条件は何か。何をもって引渡完了とするか。検査合格が条件か。
- 保証条件は何か。保証条件に違反した場合、買主のオプションとして何が認められているか。知的財産侵害に対する売主の保証は十分か。賠償額に上限はないか。
- 契約解除ができるのはどのような条件の場合か。
- 支払条件は与信を与えているか。
- 契約は何をもって効力発生とするか。

(6) 売買基本契約を審査する場合の注意点（売買契約(5)への追加注意点）

- 個別契約は何をもって成立するとするか。
- 契約期間は適正か。自動更新条件か、事前通知によって解除できるのは更新時のみか。解除時の在庫の販売権を認めるか、買取オプションを持つか、その場合の価格はどうするか。
- 最低販売数量を課しているか。

(7) 代理店契約を審査する場合の注意点（売買契約(5)及び売買基本契約(6)への追加注意点）

- 販売ルートの指定、再販売価格の維持、独占販売権、競業品取扱禁止など独占禁止法に違反する可能性がある条項がないか。
- 商標などの知的財産権の使用許諾は認められるか。

(8) 保証契約を審査する場合の注意点

- 書面で作成されているか。
- 保証意思の確認はとれているか。
- 法人保証の場合、取締役会議事録は必要ないか。
- 期間を何年間とするか。
- 包括根保証でないか（包括根保証であれば5年が最長）。
- 極度額の設定が必要か（改正民法により個人根保証に必要）。

☑ **【契約書審査】業務遂行チェックリスト**

- ☐ 契約書審査において、リーガルリスクを確認し、他の関連リスクについて契約書に盛り込むべきか検討したか
- ☐ 契約書におけるビジネスモデル／スキームが最適か
- ☐ 契約書に定めた契約上の義務（例：請求書発行や合意した支払サイトでの支払い）を履行するために、必要な部署や関連部署と打合せを行ったか
- ☐ 契約ドラフトを先方へ提示する方法について打合せを行ったか

▨ ケーススタディ003
▶相手方が契約締結によって損害を被った場合に責任を負うか？

　契約の一方当事者が当該契約の締結に先立ち、信義則上の説明義務に違反して、当該契約を締結するかに関する判断に影響を及ぼすべき情報を相手方に提出しなかった場合、相手方が当該契約の締結によって被った損害につき、当該契約に基づいて契約責任による債務不履行による賠償責任を負わない、と判断した最高裁判決がある[5]。裁判所は、契約締結準備段階における信義則上の義務が発生するからといって、その義務が当然にその後に締結された契約に基づくものであるとはいえないとした。この事件では、契約締結前に説明義務違反をして、信用組合が大幅な債務超過にあったにもかかわらず、それを相手方に伝えずに出資をさせ、その結果、損害が生じた。

3）契約交渉

✒ 求められる法務力
- □ 契約書の交渉に先立ち、どの条項をどこまで譲歩できるかについて、方針を明確にできる。
- □ 契約交渉中に先方案に対する対案をその場で準備できる。
- □ 契約交渉中においても関係部署の承認をタイムリーに取得できる。

●➡ KEYWORDS ─────────────────

【契約締結上の過失】契約の締結交渉の段階で当事者の一方に帰責すべき原因があったために、他方の当事者が損害を被った場合に、信義則上の注意義務に違反しているので賠償をすべきとする理論。

5) 平成23年4月22日最高裁判所判決・判例タイムズ1348号87頁。

📖 法務実務基礎知識

① 完全合意条項

　もともとは英米法の法理論である (entire agreement clause)。契約書が唯一の文書であり、それ以外に契約の主体に関わる合意条項 (例：交渉会議での議事録等) がないことを確認するもの。最近では、日本国内の契約書においてもこのような条項がみられるようになった。契約交渉において、契約条文の説明をしたり (書面あるいは口頭)、異なるバージョンの契約文面を提示したが、後に削除された契約書が作成された場合、事後に契約書と異なる合意があると主張される可能性がある。一方、日本の契約書には「協議条項」が設けられることが多いが、これは完全合意条項とは180度異なる条項である。契約書以外の証拠が契約の解釈に使用される可能性があるため、削除することも1つの考え方である。

② 契約締結上の過失

　契約交渉に入った者同士の間では、誠実に交渉を行い、一定の場合には重要な情報を相手に提供すべき信義則上の義務を負い、これに違反した場合には、それにより相手方が被った損害を賠償すべき義務がある。契約準備段階において、交渉決裂原因作出者が一定の法的責任を負う場合に契約締結上の過失が認められる場合があるとされている。最近、これを拡大した事件として、交渉決裂原因作出者ではない者に対して責任を肯定し、締結権限がないが契約交渉にあたる者に損害賠償責任を肯定した事件がある。この事件は、契約締結に強い期待を抱き、ゲーム商品を開発したケースであり、実際は契約を成立しなかったものの、裁判所は損害賠償をすべきとした[6]。

6) 平成19年2月27日最高裁判所判決・判例タイムズ1237号170頁。

▌法務業務プロセス 004：契約交渉 ▌▌▶

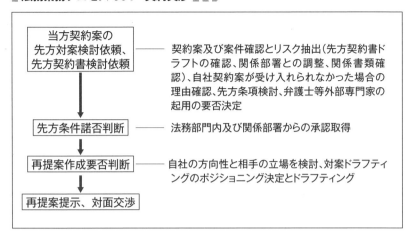

■ 契約書検討／交渉業務 ■

　自社契約案を提示した後、相手方が修正を要求した場合、その修正要求を受けるかを検討する必要がある。修正要求を受け入れない場合は、対案を作成し、相手方へコメント対応するといった契約書検討業務が発生する。しかし、相手方のドラフトに修正条項を入れたレッドラインバージョンを何度もやりとりしてもうまくまとまらない場合がある。

　一方、自社でなく相手方フォーマットによる契約が提示された場合、これらの契約案に対して検討／対案作成業務、契約交渉審査業務が発生し、提案された契約案の何を受け入れ、何を受け入れないかを決定していく必要がある。なお、契約書には営業部門が決定権限を有する項目が多くあるため、法務部門だけで契約書の方針を決定できるわけではない。

　契約交渉は、多くの経験を通して、対処法を身に付けていくものであり、交渉術や小手先のテクニックで対応できるものではない。また、相手があることなので、同じような状況でも、うまくいく場合とうまくいかない場合がある。交渉過程では、相互にレッドラインバージョンを送付するが、最終的には対面会議（英語ではface to face meetingという）で交渉しないと合意に至らないことが多い。交渉項目は多岐にわたることが多く、価格のみが折り

合わないといったように、1点のみが交渉ポイントとなることはまれである。ドラフティングだけの交渉に行き詰まった場合、ドラフトから一旦離れた問題点リストを作成（多くはエクセルフォーマットによるシートを使用）し、双方の条文案や立場を明確にし、最終的にこれらの考え方について合意をした後に、再度ドラフティングを行う方法もある。

◘ 契約書ファーストドラフト ◘

契約交渉においては、立場が異なれば押さえるポイントも異なる。基準フォーマットは、一般的／平均的な中庸のフォーマットであり、個別具体的な案件においてはビジネス環境に適合したものに変更する必要がある。

自社ドラフトを相手方に提示する際、MS-wordフォーマットで「どうぞ検討してください」といった渡し方をすると、変更履歴が大量に含まれた新しいドラフトが示されることが少なくない。一方、自社ドラフトをPDFフォーマットで提示した場合、相手方は変更ドラフトを示しにくいといえる。このように、相手方にも法務部門があることに留意してドラフトを渡さなければならない。当然のことであるが、社内承認を取得していないドラフトを渡してはならない。なお、ドラフトに透かし機能を使用して「Draft」表記をしておく。

◘ 契約交渉の中断 ◘

契約交渉の途中で交渉を中断する場合、契約締結上の過失とされないように留意しなければならない。相手方に多額の支出（サンプル提供や出張費用など）がある場合は、特に注意が必要である。

◘ 契約書に対する質問と回答 ◘

当方契約案に対する先方案の検討や先方契約書検討の依頼がなされた場合に最初に行うことは、業務内容を確定することである。このため、契約推進部門へのヒアリングとリスク分析と判断が必要となる。相手方から質問がなされた場合、コメントをして説明することも必要だが、契約書を離れて、Eメールや書面を通した説明を行うと、契約書に付帯したサイドレターとして扱われ、契約書締結後に当該条項が問題になった場合にこれが持ち出され、事後に解釈の前提として使用される危険性も高い。なお、多くの会社では、

サイドレターはファイナンス上の問題もあり、禁止されている。

◘ 契約期間についての交渉 ◘

立場が強い当事者は、契約期間を短く設けたいと考える。一方、権利を確保しておきたいと考える当事者は、なるべく長く設けたいと考える。これは契約解除権についても同様である。権利を確保しておきたいと考える当事者は、数ヵ月前の事前通知によっていつでも解除できる解除権は設けたくないと考えるであろう。しかし、契約解除権を持ちたいと考える当事者は、たとえ自動更新条項を設ける場合においても、最低限期限の数ヵ月前までの事前通知によって解除権を確保したいと考える。なお、期限の利益喪失条項を設けることも重要である。

◘ 独占取扱権、最低購入義務、競合品取扱禁止の交渉 ◘

独占取扱権を取得する条件として、最低購入義務や競合品取扱禁止義務が課されることが多い。このような場合、最低購入義務条項未達成の場合の取決めにおいて、損害賠償は請求できず、独占取扱権が非独占取扱権になるということであれば、穏便な条件といえる。一方、契約解除や未達成の損害を賠償するということであれば、多大なリスクを負担することになる。

なお、競合品取扱禁止については、何をもって競合品であるかという定義が重要になる。具体的には、例えば「自動車と競合する製品」とした場合、バスやトラックは含まれるのか、自動車とは乗用車のことなのかなど、もめないように定義で規定することが不可欠である。

◘ 責任制限条項の交渉 ◘

契約書には、責任制限条項が設けられることが多い。特に、「損害賠償は、当事者が本契約に基づいて支払った合計金額を限度とする」とした場合、受領した契約金額を全額返金することが限度となり、1回も支払わないときに損害が発生した場合には賠償がなされないことになる。したがって、「損害賠償は、本契約に基づいて当事者が支払うべき金額を限度とする」と変更した場合、その差が非常に大きなものになる。

■ 契約解除の交渉 ■

　契約自体を解除する交渉を任されることがある。例えば、こちらが契約違反をしていることが明白な場合、違反している当事者からの交渉は厳しいものになることはいうまでもない。このような、いわゆる「負け戦」に際しても、法務部門はきちんと対応しなければならない。

参考：契約解除／損害額紛争事例

(1) 売買契約

S航空会社は、エアバス社からA380旅客機を6機発注し、金額は1,915億8,500万円であった（カタログ価格は1機422億円）。2014年7月にS航空会社が契約違反したとして、エアバス社が一方的解除通知をファックスで行った。なお、S航空会社は3機分の一部として265億円を支払っていたが、違約金0円を希望し、エアバス社からは約700億円の支払いを求められた。報道では、最終的に200億円の損害金で収まったとされている。法務部門はこのような契約解除に伴う違約金の減額交渉（相手方からは違約金の確定交渉）を任されるが、どのような根拠で交渉を進めるかシナリオを構築しなければならない。このケースでは、エアバス社がS航空会社に対し契約解除通知を行う判断を下した。取引先が契約条項を違反した場合、法務部門は契約条件を履行すべく、裁判所に請求したり、契約を解除したり、変更契約を結んだり、損害賠償を請求するなど、どのような対応策を選択するかについて、オプションの中から最適案を提案する必要がある。また、契約解除は、通知条項に基づいて解除通知を行わなければならない。なお、法的な判断で進めることが必ずしも会社の方針に合致しているわけではなく、法務部門だけで対応策を決定できるわけではない。本件では、違約金の額について0円から700億円までの差が生じた。法務部門としては、何を基準にどのような根拠で請求が認められるかに関して合意に至らない場合は、紛争解決手段に訴えることになる。この場合、損害賠償を請求することになり、損害額算定は法務部門に任せられることが多い。なお、裁判所に支払うべき手数料は、訴額に応じて支払うため、無用な請求は損失を増加させる。

⑵ システム開発契約

開発業者がシステムを納入できず、発注側から契約解除、損害賠償を求めるケースで損害額をどこまで含めるかを検討する。このようなケースでは、逸失利益や自社給与までを損害に含められるかもしれない。参考にすべき事件として、スルガ銀行対IBM事件[7]がある（最高裁棄却）。このケースでは、新経営システムの構築に対する基本契約と個別契約を締結したが、結局開発ができなかった。東京地方裁判所は、スルガ銀行による約116億円の請求に対して、逸失利益約41億円を除くシステム開発中止に伴う約74億円の賠償を命じたが、東京高等裁判所では最終合意書を交わした後の費用に限定して約42億円となった（IBMへの支払額と第三者への支払額、逸失利益は認めなかった）。また、責任制限条項の約定は有効とされた。

☑ 【契約交渉】業務遂行チェックリスト
- □ ドラフトを細部まで確認した上で対案やコメントを準備したか
- □ リーガルリスクと関連リスクを確認して対応策を準備したか
- □ 必要となる社内の申請と許可を取得したか

---

4) リーガルリサーチ

✒ 求められる法務力
- □ リーガルリサーチにおいて必要な情報取得方法がわかる。
- □ リーガルリスクの結果を法務業務に反映することができる。

●➡ KEYWORDS

【リーガルリサーチ】法学分野についての法令、判例、文献資料の調査。本書では、これに社内ルール／プロセスを加えている。デジタル（インターネット）、アナログ（出版物）によるリサーチ手法がある。

---

7) 平成24年3月29日東京地方裁判所判決・金融法務事情1952号111頁、平成25年9月26日東京高裁判決・金融・商事判例1428号16頁、平成27年7月8日最高裁判所第二小法廷決定。

📖 法務実務基礎知識

① 強行規定と任意規定

　法律には強行規定（当事者間における合意より法律が優先）と任意規定（当事者間における合意が法律より優先）がある。契約書作成や実務（履行請求など）において重要であるため、きちんとしたリサーチが必要である。

② 契約書の著作物性

　第三者が作成した契約書を著作物としてとらえられるか、という問題がある。判例[8]は、土地売買契約書は、著作物の要件である「思想又は感情を創作的に表現したもの」でないから、著作物ではないと判断した。契約書が一般的な表現で行われている限り、また独自に創作性のある表現のない限り著作物性はないといえる。ただし、これはあくまでも著作権法との関係であり、他の法律との関係では問題となる余地はある。

▌法務業務プロセス 005：リーガルリサーチ ▌▌▶

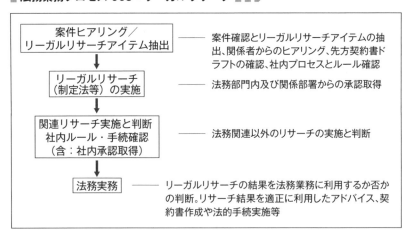

8) 昭和62年5月14日東京地裁判決・判例時報1273号76頁。

▫ リーガルリサーチの重要性 ▫

リーガルリサーチは、法務業務遂行において必要なプロセスである。契約書作成、政府による調査、会社運営法務など、法令が改正された場合には、過去に実施していた業務処理方法を見直さなければならない。新法が制定されたのに旧法によって業務処理をした場合には、それは誤った対応となる。

リーガルリサーチの範囲として、制定法、判例、文献、政府公式ウェブサイト、新聞やインターネットにおける情報、立法経緯、論文など、どこまでリサーチを行うべきかは案件によって異なる。また、忘れがちなのが会社の社内プロセスである。例えば、受発注手続や支払請求手続である。いかに立派な契約書であっても、社内プロセスにマッチしていない契約書であれば、実際の商品が動かない、といったことにつながりかねない。

▫ リサーチの結果をどのように法務業務に反映するか ▫

リーガルリサーチによって判明した結果については、契約書ドラフティングなどの法務業務に反映させることが原則であるが、実務上はかなりの注意が必要である。例えば、契約解除条項ドラフティングにおいて、契約解除となる条件の1つとして「民事再生手続を申し立てたとき」と規定することは多い。しかし、判例ではリース契約においてこのような再生申立てを解除とする特約を無効としている[9]。このような判例を知った場合、契約解除条項において、「民事再生手続を申し立てたとき」という条件を削除すべきであると判断するかもしれない。しかし、こういった判断は慎重に行うべきである。確かにリース代金の支払いは弁済禁止の処分によって滞るであろうが、民事再生手続開始決定に伴い、リース代金支払いが可能になる。それでもまったく支払われない場合には解除が可能な余地がある。そこで、本当に「民事再生手続を申し立てたとき」という条件を削除すべきかを判断する必要がある。

▫ リサーチと最新情報 ▫

リーガルリサーチは、一度実施したら終わりではなく、常に最新情報を取得することが必要である。最新情報と思っていても法令は改正されることがあり、リサーチ結果も知らぬ間に古い情報になってしまう。例として、輸出管理業務におけるパラメータシート作成業務をあげる。まず、このような必

9) 平成20年12月16日最高裁判所判決・民集62巻10号2561頁。

要な書類をしかるべき機関から取得することは、リーガルリサーチの範囲である。パラメータシートは、CISTEC（一般財団法人 安全保障貿易情報センター）から有料で取得し、法令が改正された場合（例：外為令令和2年12月10日改正）、従来の書類は利用できない。こういった改正情報を取得して、最新の書類を取得することもリーガルリサーチの一環である。

☑ **【リーガルリサーチ】業務遂行チェックリスト**
  - □ 当該案件のリーガルリサーチの必要条項が何であるか確認
  - □ 社内ルールやプロセスをリサーチする必要があるか確認

■ ケーススタディ 004

▶人事部から、「会社として社員をMBAに留学させる社内制度を作りたいが、留学後に退社されたら困る。退社した場合、研修費用（研修時における賃金、渡航費用、学費等）を返還させたいが法的にどこまでできるか調べてほしい」と法務部に依頼されたら？

- -

法務関係についての社内ルールを構築し、人事部門などの部署にアドバイスすることも法務部門の重要な業務である。リーガルリサーチによって、研修費返還をめぐる訴訟についての過去事例を調べた後に、どのように（内容や期間等）これを自社内でルール化するかを提案することになる（人事部門が採用し、将来、万一研修に行った社員とトラブルになった場合に訴訟に耐え得る内容でなければならない）。またベースとなる判例に変更があった場合にはこのルールの見直しも必要となる。授業料等について、判例においては合理的な範囲内での研修費用の返還は認められている（一般の新入社員教育費用、給料や損害賠償請求は認められない）[10]。

10）例えば、野村證券事件（平成14年4月16日東京地方裁判所判決・労働判例827号40頁、使用者勝訴）。

■ ケーススタディ 005

▶特定継続的役務を行う事業者が特定継続的役務契約の概要を示した書面を誤作成したらどうなるか？

特定継続的役務を行う事業者は、特定商取引法42条1項に基づき、契約締結前までに経済産業省令で定める特定契約の概要について記載した書面を交付しなければならない。この書面のリサーチを行ったが、例えば表示内容の項目が欠けたり、項目は正しいが書面作成方法（8ポイント以上の大きさの文字及び数字で記載し、「書面の内容を十分に読むべき旨」を赤字で記載し、赤枠で囲むこと）[11]や交付期間（8日以内）を間違えた場合には、主務大臣からの業務改善命令(同法46条)や業務停止命令(同法47条)の対象となるか、消費者に対してはクーリングオフの告知を正しく行っていないことになり、クーリングオフの起算が始まらずいつでも契約解除が可能となる。

5) 外部弁護士起用

✒ 求められる法務力

☐ 初期段階で弁護士を起用すべきか判断し、依頼条件を定められる。

☐ 弁護士の行った業務を評価することができる。

☐ 弁護士と日頃からコミュニケーションを密にして、案件を依頼できるように準備しておくことができる。

☞ KEYWORDS

【第三者委員会】企業等において犯罪行為、法令違反、社会的非難を招くような不正行為が発生した場合に、調査・原因分析を行い、再発防止を提言する弁護士などの外部者を交えた外部委員会。

【弁護士報酬基準】 過去においては、弁護士の報酬は基準が定められていたが、現在では自由化されており、完全成功報酬制度をとる事務所もある。

---

11) 特定商取引に関する法律施行規則32条。

【リーガルオピニオン】法務面に関する意見書。第三者である外部弁護士が作成したものを指すことが多い。

📖 法務実務基礎知識

① 弁護士費用

日本弁護士連合会によると、事件の内容 (当事者間の争いの有無や難易度の違い) によって金額が異なるとしつつ、弁護士に支払う費用の種類として、「着手金」「報酬金」「手数料」「法律相談料」「顧問料」「日当」「実費」を以下のように説明している。

- 着手金

  弁護士に事件依頼時に支払うもので、事件の結果 (不成功でも) に関係なく返還されないもので、報酬金の内金や手付ではない。

- 報酬金

  事件が成功に終わった場合、事件終了の段階で支払うもので、成功は一部成功の場合も含まれ、その度合いに応じて支払うが、まったく不成功の場合は支払う必要はない。

- 手数料

  当事者間に実質的に争いのないケースでの事務的な手続きを依頼する場合に支払うものである。手数料を支払う場合としては、書類 (契約書、遺言など) 作成、遺言執行、会社設立、登記、登録などがある。

- 法律相談料

  依頼者に対して行う法律相談の費用である。

- 顧問料

  企業や個人と顧問契約を締結し、その契約に基づき継続的に行う一定の法律事務に対して支払われるものである。

- 交通費、宿泊費、日当

  出張を要する事件についてかかる費用である。

- 実費

  文字どおり事件処理のため実際に出費されるもので、裁判を起こす場合

でいえば、裁判所に納める印紙代と予納郵券（切手）代、記録謄写費用、事件によっては保証金、鑑定料である。

② 第三者委員会

日本弁護士連合会は、「企業等不祥事における第三者委員会ガイドライン」（最近改訂：2010年12月17日）を公表している。このガイドラインは、企業等から独立した委員のみで構成される委員会についてカバーしている。

▌法務業務プロセス 006：法律事務所への依頼 ▌▌▶

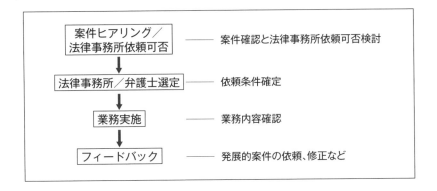

▫ 弁護士起用の必要性 ▫

法務部門には、外部弁護士を起用して案件を処理する必要が生じる場合がある。弁護士を起用する理由は、各社それぞれの社内ルールとそれぞれの事情によって異なる。もちろん、必ず弁護士を起用しなければならないような訴訟や事件も突発的に発生することもある。昨今では弁護士を法務部門で採用している企業もあるので（インハウスロイヤー）、案件によって法律事務所にアウトソーシングする理由を明確に持たなければ、法務部門の存在意義を問われることになる。一方、弁護士の起用方法を間違えると、営業部門からは「案件をまとめられない」「コストがかかる」「時間がかかる」「法務部の存在意義がわからない」といった批判がなされ、結局コストアップの原因とな

り、案件を成立させることができないことさえある。そのため、事前に外部弁護士起用のルールを取り決めておく必要がある。なお、適切に弁護士の起用を行えなければ法務部門そのものの信頼を失うことになるので、慎重な対応が必要である。また、案件ごとに適切な弁護士に依頼するために日頃から弁護士と関係を構築しておくことが必要である。

◾ リーガルオピニオン取得の理由 ◾

契約書の審査、M&Aや税務スキーム構築において、リーガルオピニオン（弁護士意見書）を取得して案件を進める場合がある。しかし、オピニオンが依頼者側の期待する結論にならない場合もある。インハウスロイヤーがいる場合においても、当事者でない第三者の意見書が必要になってくる。

◾ 法律事務所起用の方針 ◾

法律事務所に意見を求めても、利用できない意見であったり（前提事項や免責事項が多く記載されていて、はっきりした結論がみえないケース）、契約書のドラフトの作成を依頼しても、実務では使えない契約書ができあがったりすることがある（きちんとしたヒアリングがないままにドラフティングがなされたため案件に利用できない、あるいは案件交渉が同時に進んでドラフティングが追いつかないといったケース）。法律事務所に案件を依頼する場合は、十分に案件ヒアリングを行うことが必要である。法律事務所はどこでもよいというわけではなく、それぞれの事務所に得意分野がある。また大手事務所においても、専門が細分化されており、その事務所の中で適切な弁護士に依頼できるよう日頃から情報を収集しておくことが有用である。

◾ 弁護士マネジメントの必要性 ◾

弁護士費用は、時間制で請求される条件と事件の規模などによって請求される条件があり、それぞれに一長一短がある。例えば、有能な弁護士が短い時間で業務を完了するのであれば時間制請求が効率的だが、何度も修正や、やり直しを行ったりする場合は、時間制請求では高額な請求になることもある。一方、同じような書面を作成する時間や労力は同じなのに案件が大きいと請求額が高くなるのは合理的でないと感じることも事実であるが、案件によって弁護士費用を予測できるというメリットもある。

◨ 営業部門と法律事務所 ◨

　営業部門が法務部門に相談せずに、直接法律事務所に案件を依頼したり、「法務部門は役に立たない」といった批判を行うことがある。このような動きは、法務部門が他の部署からの信頼を得ていないことの表れであり、法務部門の存在価値を疑問が呈されてることにほかならず、最終的に法務部門の崩壊につながることもある。また、法務部門の担当者をまったく置かない会社も存在する。このような会社では、主にファイナンス部門が窓口になり、外部法律事務所に法務案件をすべて任せるという手法をとっていることが多い。

☑ **【法律事務所への依頼】業務遂行チェックリスト**
　　□ 社外弁護士でなければ処理できない案件であるか
　　□ 法律意見書を弁護士に求める必要があるか

◪ ケーススタディ 006
▶弁護士によって対応方針が決定されたら？

- -

　海外の取引先と訴訟になり、訴状が国際宅配便で送付され、さらに訳文が添付されなかった場合をとりあげる。このような場合、被告としては、送達について争う防訴抗弁を行うのか、答弁書を直ちに作成するのかを選択できる。ところが、この選択を含めて、「訴訟は弁護士に任せた。専門的なことはわからない」という立場をとると、判断について弁護士任せになってしまうことがある。防訴抗弁を行うことについて、費用や時間について十分に理解しないまま、「先生にお任せします」と、簡単に承認を行ってしまい、数ヵ月後に正式なルールでの送達がなされ、結局裁判が進むことになる。一方で、防訴抗弁だけでも弁護士費用は非常に高額である。依頼者としては、裁判に勝訴したいのであり、妨害したいのではない。このような場合、それまでの手続きと弁護士費用は何の意味があったのかわからなくなる。

6）社内リーガルマネジメント

✒ 求められる法務力

- ☐ 法務部門の組織運営に助力できる。
- ☐ 民法改正といった大改正や小改正に至る法令改正に伴い、契約書、業務プロセスなどの変更・修正について構築、助言できる。
- ☐ 法務部門がどのような機能を持つべきか会社全体に提言と実行ができる。
- ☐ 会社全体向けにノウハウ提供や社内法務研修を実施できる。
- ☐ 知的財産権など会社権利の活用方法について提言と実行ができる。

●⇄ KEYWORDS

【プレイブック】もともとはスポーツなどのルール集を指すが、転じて米国企業などの法務部門において整備されている法務業務を進めるための法務部門内の規則、アドバイス集。

【知的財産戦略本部】知的財産基本法に基づき内閣に設置された知的財産の創造、保護及び活用に関する施策を集中的かつ計画的に推進するための組織で、大学にも同様の組織が設置されている。企業においても同様の組織の設置によって知的財産の活用が可能である。

📖 法務実務基礎知識

① 独占禁止法コンプライアンス「3つのK」[12]

独占禁止法コンプライアンスを「リスク管理・回避ツール」として的確に機能させるためには、未然防止のみのプログラムでは不十分である。違反リスクをゼロにできないという前提に立ち、「3つのK」を組み込むことが不可欠である。

- 研修（Kenshu）等による独占禁止法違反行為の未然防止
- 監査（Kansa）等による独占禁止法違反行為の監視と早期発見
- 危機管理（Kikikanri）による独占禁止法違反行為への的確対処

12）公正取引委員会「企業における独占禁止法コンプライアンスに関する取組状況について（概要）」（平成24年11月28日）から一部引用。

② e-文書法

「民間事業者等が行う書面の保存等における情報通信の技術の利用に関する法律」「民間事業者等が行う書面の保存等における情報通信の技術の利用に関する法律の施行に伴う関係法律の整備等に関する法律」の総称。民間事業者等は、保存のうち当該保存に関する他の法令の規定により書面により行わなければならないとされているものについては、当該法令の規定にかかわらず、主務省令で定めるところにより、書面の保存に代えて当該書面に係る電磁的記録の保存を行うことができる。

▌法務業務プロセス 007：社内リーガルマネジメント ▌▌▶

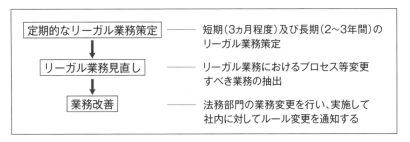

▫ 法務情報提供 ▫

　情報提供業務とは、会社が業務上必要となる法務関連情報（例：締結済契約情報や下請法記録用様式などの法務情報）を提供することであり、法務業務サポートとして、実際の法務業務が円滑に進むように事前に準備することも含む（例：定型契約書作成業務）。社内向けの情報提供は、法律事務所のニュースレターのように法律の説明だけでは不十分である。例えば、下請法の説明を行う場合、法律解説も重要であるが、自社のビジネスではどのような具体的な状況で下請法の適用があるか、適用される場合にどのように実際の書面を作成すべきか、といった事項まで示す必要がある。過去の締結契約情報といった情報については、法務部門は当然として、その他の部門（例：審査部門や経理部門）がどこまでアクセスすることができるかを決定しておかなければならない。

▣ 法務サービスの利用 ▣

最近、社外の法律サブスクリプションサービスを利用することによって、社内システムで構築せず法務管理業務を行うことが可能である。例えば契約書管理システム、契約書作成システム、契約書社内承認取得システム、契約書電子化、電子署名などがある。また、契約書をPDFフォーマットでシステムにファイリングすることにより、法務ならびに他の部門からの検索が可能となる。このようなサービスを利用する場合は、社内規定との整合性、セキュリティ認証があるか、脆弱性診断は受けているか、セキュリティ対策やサービスレベルについて事前確認をすべきである。

▣ 知的財産権等の会社権利の活用 ▣

会社は、かつては法務部門や特許部門を通じて自社の権利を確保することが主流であった。昨今では「稼ぐ法務」として、事業発展のために、自社が有する知的財産権などの権利を積極的に活用する会社も少なくない。具体的には、自社の知的財産侵害に対して法的アクションをとって損害金の支払いを求めたり、ライセンス契約の締結を目指すことである。

▣ 法務規則策定 ▣

法務規則策定業務とは、社内における法務関連業務についてのルールを定めることである。契約検討や法務部門の承認が必要な取引などに関する社内規則を策定するにあたっては、法務部門が適正な実務対応を行えることが必須である。

▣ コンプライアンス推進 ▣

会社のコンプライアンス経営を推進するために、法務部門は積極的に行動しなければならい。コンプライアンスルールを策定し、法令遵守の確保のみならず、自社が直面する様々な問題を解決し、経営をサポートしなければならない。

▣ 予防法務／法務研修 ▣

予防法務や法務研修とは、法律違反や社内ルールに違反しないよう、社内教育と啓発を行うことである。法務研修は、新入社員、中途社員などの入社時のみならず、「入社5年目」など一定の期間経過後にフォローアップ研修を

行うことが求められる。このような研修内容のプログラミングは、法務部門の重要な責務である。最近では業務委託社員や派遣社員による不祥事も起きていることから、正社員以外に研修対象者を広げることも検討すべきである。

さらに、法務部門内における研修、留学、転勤といったローテーションについてのプログラムを準備、運用し、法務パーソンの能力開発と法務部門の質的向上を目指すことが必要である。

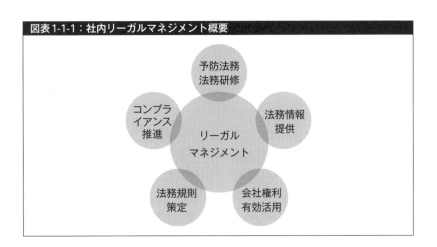

図表1-1-1：社内リーガルマネジメント概要

✓【社内リーガルマネジメント】業務遂行チェックリスト

□ 法務部門が①法務部門内部向け、②会社内部向け、③社外お客様、パートナー、ベンダー向けにそれぞれ法令改正や法務技術革新に対応した部門に変革しているか。

□ 定期的に法務部門業務を見直しているか

第2章

リーガルオペレーション

　企業活動において日常的に発生する法律業務として、契約書の押印・製本・保管や、法務文書の取扱いといったリーガルオペレーションがあげられる。また、社内規程・規則の策定のような法務的観点からの社内承認プロセスの構築作業も含まれ、今後の企業活動の核をなす業務ともいえる。最終的に双方が合意した契約を有効なものとするための最後の重要な役割を果たすだけではなく、締結済みの契約書の保管・破棄も必要である。

POINTS

- 印鑑や署名の扱いは、契約書の有効性に影響する。
- 会社の印鑑管理規程による整備が必須である。
- 公正証書を作成することにより、より強い法的効力が得られる。
- 契約書の保存期間、保存方法が法律で定められている。
- 契約書の電子保存にはメリットとデメリットがあり、適切な対処が求められる。

1）契約書の作成（押印、製本）

🖋 求められる法務力

- ☐ 印鑑の種類、効力、使い分けを理解している（実印、認印、印鑑証明など）。
- ☐ 押印のルールを理解している（訂正印、契印、捨印、割印、消印など）。
- ☐ 署名、記名、押印の違いや使い分けを理解している。
- ☐ 電子署名法、電子署名の仕組みについて理解している。
- ☐ 電子ファイル交換による契約締結が求められたときの対応ができる。
- ☐ 製本の仕方を理解している。
- ☐ 印紙と印紙税について理解している。

●→ KEYWORDS

【代表取締役印】法務局へ届け出ている会社の実印。最も重要であるため、管理には細心の注意が必要。通常は認印が使われる。

【印鑑登録証明書】登録された印影（印鑑を紙に押印したもの）と書類上の印影が同一のものであることを証明する公的証書のこと。登録者の氏名、住所、生年月日などと印影が記載されている。法人用と個人用がある。重要な契約書を取り交わすときは、実印を押印するとともに印鑑登録証明書を添付する。

【サイン証明】印鑑を持っていない外国人が「外国人の署名押印及び無資力証明に関する法律」によりサインで契約締結する際に、印鑑証明の代わりとして提出する書面のことであり、なされたサインが本人のものであることを証明するためのもの。各国の在日大使館などで発行される。

【電子署名法】正式名称を「電子署名及び認証業務に関する法律」といい、手書署名や押印と同等に通用する法的基盤を整備する目的で2001年に施行された法律で、本人による一定の要件を満たす電子署名が行われた電子文書等は、真正に成立したものと推定される。

【公正証書】法務大臣によって任命された法律の専門家である公証人が作成する公文書のこと。公文書であるため、高い証明力がある上、金銭債務に関しては「強制執行認諾条項」を定めることで債務不履行が起こった場合は裁判所の判決を得ることなくすぐに執行手続に入ることができる。

【収入印紙】略して印紙とよばれる、財務省が発行する証票のこと。印紙税法で定められた課税対象となっている文書に貼ることで支払うもの。

📖 法務実務基礎知識

① 印鑑の法的効果

印鑑を使用する際の重要な法的効果の1つは、押印された書類が押印した当事者の意思表示となることである。民事訴訟法（以下「民訴法」という）228条4項は、「私文書は、本人又はその代理人の署名又は押印があるときは、真正に成立したものと推定する」と規定している。押印することにより、法的に証拠として効力があることになる。

② 印鑑の種類

契約書の押印は実印でなければならないといった決まりはなく、押印は実印でも認印でも契約書の効力には影響はない。ただし、認印は偽造されるリスクがあるため、重要な契約書や実印と印鑑証明書が求められる契約書では実印を用いることが多い。

③ 押印のルール

印鑑を押印する場合、押印の仕方によってその用途と効力が異なる。

- 契印

  契約書の枚数が2枚以上になるとき、製本した（綴じた）契約書に後で手を加えることができないように、ページの見開き部分の綴じ目について、契約当事者双方がすべてのページに押印するもの。ただし、綴じた契約書の背の部分を製本テープなどで袋綴じする場合は、表と裏の綴じ目だけに押印する（表か裏の一方にのみ押印することもある）。

- 消印

  契約書に収入印紙を貼った場合に、その印紙が再利用されないように、印紙に半分かかるように押印するもの。押印は契約当事者いずれかの印鑑でよく、本来は両者が押印する必要はない。

- 割印

  契約書の正本と副本を作るとき、または正本を2通作成して契約当事者のそれぞれが1通ずつ保管するときには、後で改ざんされることがないよう、2通の契約書の両方にまたがるように押印する。

- 訂正印

  契約書を作成後訂正する必要が生じたときには、手書きで訂正する。訂正する文字に二重線を引き、正しい語句をその余白に書く。さらに欄外に「3字削除2字加筆」などと書き、最後に契約当事者全員の訂正印を押印する。

- 捨印

  契約書を訂正する際は訂正印を押印するが、その都度相手方に押印を依頼する手間を省くため、あらかじめ余白に押印するもの。縦書きであれば

上部、横書きであれば左の余白部分に契約当事者全員で押印する。文書が複数ページある場合は、ページごとに押印する。捨印は、契約書を自由に訂正して構わないという許可を与えることになるため、相手方当事者によっては悪用されるおそれもある。当事者同士によほどの信頼関係がなければ捨印は押すべきではなく、慎重に扱う必要がある。

④ 署名と記名

契約書を締結する当事者は契約書に署名あるいは記名する。どちらも自分の名前を記すことには違いはないが、署名とは自筆のものをいい、記名とはゴム印やプリンターで印字したもののように自筆ではないものをいう。

⑤ 電子署名

電子署名法の施行により、本人による一定の要件を満たす電子署名がなされた電子文書等は、真正に成立したもの（本人の意思に基づき作成されたもの）と推定される。すなわち、電子署名が手書きの署名や押印と同等に通用する法的基盤が整ったことになる。なお、電子署名の認証業務（電子署名が本人のものであること等を証明する業務）に関し、一定の基準を満たすものは国の認定を受けることができる制度が導入されている。

電子署名と認証の仕組みは、認証業務を行う認証事業者が送信者と受信者の間に入り証明書を発行することによって、受信者は送信者の電子署名が本物であると信用することができるようになる。

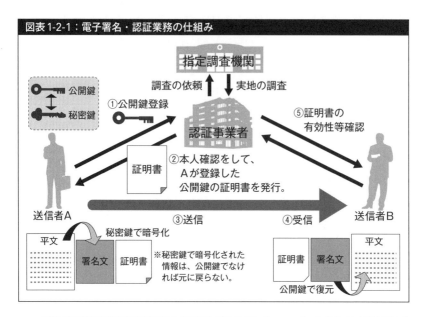

図表1-2-1：電子署名・認証業務の仕組み

指定調査機関

調査の依頼　実地の調査

①公開鍵登録

公開鍵
秘密鍵

認証事業者

⑤証明書の
有効性等確認

証明書

②本人確認をして、
Aが登録した
公開鍵の証明書を発行。

送信者A　　③送信　　④受信　　送信者B

秘密鍵で暗号化

平文

署名文　証明書

※秘密鍵で暗号化された
情報は、公開鍵でなけ
れば元に戻らない。

証明書　署名文

平文

公開鍵で復元

出所）法務省「電子署名法の概要について」（法務省ウェブサイト:http://www.moj.go.jp/MINJI/minji32-1.html）

⑥　押印の見直しと電子署名／テレワーク拡大による動向

　新型コロナウイルス感染症対策としてテレワークが推進され、内閣府・法務省・経済産業省は、契約での押印がテレワーク推進に影響を及ぼすとの懸念を示し、契約における押印について「押印に関するQ&A」を2020年6月に発表した。Q&Aでは、「私法上、契約は当事者の意思の合致により成立するものであり、書面の作成及びその書面への押印は、特段の定めがある場合を除き必要な要件とはされず、特段の定めがある場合を除き、契約に当たり押印をしなくても契約の効力に影響は生じない。」と説明し、必ずしも契約に押印をしなくてもよいと述べた。さらに、民訴法228条4項の規定を、「裁判所は、ある人が自分の押印をした文書は、特に疑わしい事情がない限り、真正に成立したものとして、証拠に使ってよいという意味であり、文書の真正が裁判上争いとなった場合でも、本人による押印があれば、証明の負担が軽減されることになる。」「この規定は、文書の真正な成立を推定するに過ぎない。」と説明している。

　しかし、実際の実務では、押印がなされていない契約書による契約締結は少なく、双方が押印をした上で原本のやりとりをせず、PDF形式のファイルをやりとりすることや電子署名による契約締結が多く行われている。

⑦　電子署名サービスと電子署名法の要件

　様々なサービスプロバイダーが電子署名サービスや、契約書保管システムサービスを提供しており、どのサービスを選択して利用すればよいか悩む。また、相手方から自社が使用しているものと異なる電子署名サービスによる電子署名を要請されることもあり、自社の選択サービスを使用できない事態も生じる。

　電子署名には、ローカル型電子署名（電子署名の秘密鍵等をユーザパソコンで管理し、ユーザの手元で電子署名を付与する）とクラウド型電子署名（電子署名クラウドサービス上で電子署名の管理や署名を行う）方式がある。また、クラウド型電子署名方式には、契約当事者自身の署名鍵により暗号化等を行う電子署名サービスである当事者型電子署名と、契約当事者の指示に基づき電子署名業者の署名鍵により暗号化等を行うサービスである立会人型電子署名の2形態がある。

　そもそも、「契約書が存在しない」、「契約条件が改ざんされた」といった契約の成立や内容の正当性に疑問がなされた場合、民訴法228条1項に規定する「文書は、その成立が真正であることを証明しなければならない」とされる証拠力が電子署名による契約でも証明されることが求められる。「押印のある契約書」を証拠として示すことにより、反論がない限り真正な成立が認められるという理由で契約書へ押印が行われる（民訴法228条4項）。一方、電子署名法は、一定の要件の下で電子署名を使った電子契約にのみ同様の証拠力を認めているため、選択した電子署名サービスがこの電子署名法の要件を満たすかが問題となる。

　総務省・法務省・経済産業省が、2020年7月に発表した「利用者の指示に基づきサービス提供事業者自身の署名鍵により暗号化等を行う電子契約サービスに関するQ&A（電子署名法2条1項に関するQ&A）」では、「『当該措

置を行った者』に該当するためには、必ずしも物理的に当該措置を自ら行うことが必要となるわけではない。」として利用者がクラウド型立会人型電子署名サービスを利用しても当該措置を行ったと評価でき、電子署名法2条1項の要件を満たす可能性があることを示した。そのためには、「技術的・機能的に見て、サービス提供事業者の意思が介在する余地がなく、利用者の意思のみに基づいて機械的に暗号化されたものであることが担保されていると認められる場合であれば、『当該措置を行った者』は、サービス提供事業者ではなく、その利用者であると評価し得るものと考えられる」とした。

　また、総務省・法務省・経済産業省が、2020年9月に発表した「利用者の指示に基づきサービス提供事業者自身の署名鍵により暗号化等を行う電子契約サービスに関するQ&A（電子署名法3条に関するQ&A）」では、利用者と電子署名業者間のプロセスと、利用者の行為を受けて電子署名事業者内部で行われるプロセスの双方で「固有性の要件」（暗号化等の措置を行うための符号について、他人が容易に同一のものを作成できないと認められることが必要）を充足すれば、「本人による電子署名（これを行うために必要な符号及び物件を適正に管理することにより、本人だけが行うことができるものに限る。）」の要件は、利用者がクラウド型立会人型電子署名サービスを利用しても電子署名法3条の要件を満たす可能性があることを示した。なお、二要素認証（例えばユーザIDとアカウント）が固有性の要件を充足しているとされる。

⑧ 製本

　契約書が2枚以上になるときは、ホチキス留めとするか、袋綴じとする。ホチキス留めの場合はすべてのページに契印の押印が必要だが、袋綴じの場合は契約書の表と裏に契印を押印すればよい。袋綴じをするには、契約書の背の部分をホチキスで2、3ヵ所とめ、製本テープでくるんでのり付けする。製本テープがない場合は、細長く切った紙をのり付けしてもよい。

⑨ 印紙と印紙税

　印紙税法で定められた課税文書に対してのみ課税される（電子文書には課

税されない）。どのような文書が課税文書に該当するかは、印紙税法別表第
1により定められており、そこには20種類の文書が掲げられている。例えば、
不動産譲渡契約書、消費貸借に関する契約書、請負に関する契約書などがあ
る。非課税文書とは、課税文書のうち、(1)印紙税法別表第1の課税物件表の
非課税物件欄に規定する文書、(2)国、地方公共団体または印紙税法別表第2
に掲げる者が作成した文書、(3)印紙税法別表第3の上欄に掲げる文書で、同
表の下欄に掲げる者が作成した文書、(4)特別の法律により非課税とされる文
書（健康保険に関する書類や労働者災害補償保険に関する書類など）、のい
ずれかに該当するものである。

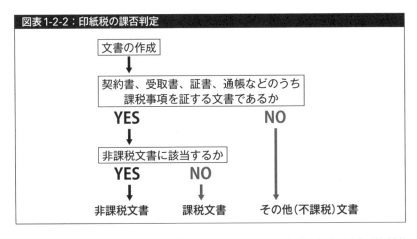

図表1-2-2：印紙税の課否判定

出所）国税庁「印紙税の手引」（国税庁ウェブサイト:https://www.nta.go.jp/publication/pamph/inshi/tebiki/pdf/03.pdf）

　なお、契約書は契約自由の原則により、その形式、内容とも作成者が自由
に作成できることから、その内容には様々なものがある。よって、課否判定
はその契約書の全体的な評価によって決まるのではなく、契約書の記載事項
の中に課税事項となるものが1つでも含まれていれば、その契約書自体が課
税文書となる。また、課税文書に該当する契約書に印紙が貼られていなくと
も契約自体は有効だが、印紙税法上問題となる。

法務業務プロセス 008：契約書作成 ■■▶

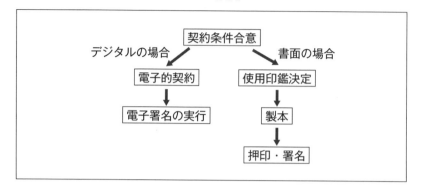

■ 契約書作成準備 ■

営業部門等から契約書作成依頼を受けたら、契約内容を確認し、社内規則を確認した上で、どのように作成するかを検討する。

■ 印鑑使用・署名権限規程 ■

会社では様々な印鑑が使用されており、印鑑の種類により用途や重要度も異なる。管理を徹底しなければ、紛失や盗難の危険性もある。そのため、社内での印鑑使用・署名権限規程をあらかじめ定めておくことが重要である。この規程には、契約書の種類に応じて使用する印鑑の書類、承認者、署名者などを一覧できるように明記すべきである。

■ 押印・署名した契約書の郵送 ■

契約書に押印・署名する際は、両者立会いの下、目の前で押印・署名することが望ましいが、実務では通常、郵送で押印・署名のやりとりを行う。

✓ 【契約書作成】業務遂行チェックリスト
　　□ 正しい位置に押印、署名、日付がなされているか
　　□ デジタル契約の場合、作成、署名プロセスは正しいか
　　□ 印紙の有無と金額を確認したか
　　□ 紙による契約、電子的契約いずれも保管が正しく行われているか

---

2) ビジネス文書の作成

🖋 求められる法務力
□ ビジネス文書の種類、必要性、用途、法的効力を理解している。
□ ビジネス文書の作成手段、方法を理解している。

⚙ KEYWORDS

【e-文書法】民間事業者等に対して法令で課されている書面による保存等に代わり、電磁的記録による保存等を行うことを容認することを定めたもの。従来は紙で保存しなければならなかったが、電子データとして保存できるようになった。

【公文書】公の機関または公務員がその職務上作成した文書のこと。

【私文書】公文書以外の文書のこと。

【内容証明】郵便物の差出日付、差出人、宛先、文書の内容を日本郵便株式会社が謄本により証明する制度のこと。郵便法48条によって定められている。

📖 法務実務基礎知識
① 議事録

議事録とは、会社における会議の主要事項や討議の内容及び議決事項などを文書として記録したものである。

- 議事録（社内）

　社内会議の議事録で、社内のみで取り扱う目的で作成したもの。会議に出席していない者との情報共有や決定事項の明示化をすることにより、社内の活動に役立てる。

- 議事録（社外）

　社外関係者との会議の議事録で、社外関係者と情報共有する目的で作成したもの。会社間の約束事を文書にするため、契約書と同等の法的効力を持つこともあり、注意が必要である。

- 議事録（会社法）

株式会社は株主総会、取締役会、監査役会が開催されたときは、議事録を作成する（会社法318条1項、369条3項、393条2項）。これらの議事録は、開催日から10年間本店に備え置かなければならない。議事録は書面または電磁的記録により、法定記載事項（開催された日時及び場所、議事の経過の要領及びその結果、述べられた意見または発言の内容、議事録の作成に係る職務を行った取締役の氏名など）のほか、任意的記載事項も記載する。

② 注文書

注文書とは、商取引を行う際に、当事者の一方が相手方に取引対象物を購入する申込みをしたことを示す場合に使用する文書のことである。この申込みを承諾したことを示す文書のことを注文請書という。

③ 請求書

請求書とは、取引上生じた債権や商品の引渡しを請求したことを示す文書のことをいう。請求書を相手に送付する行為は、民法153条の「催告」にあたる。もし取引相手が期日を過ぎても支払いを怠る場合には、請求書の発行から6ヵ月以内に裁判上の請求、支払督促の申立て、和解の申立て、民事調停法もしくは家事事件手続法による調停の申立て、破産手続参加、再生手続参加、更生手続参加、差押え、仮差押えまたは仮処分のいずれかの行為をすることにより、消滅時効の進行を止めることができる。

④ 覚書

覚書は、当事者間で取り交わすことにより、内容次第では契約書と同等の効力を持つ。このような覚書は、書き方や当事者の意図が契約書や契約書の一部として作成されたものであれば、法的効力があるとされる。

⑤ 誓約書・念書

誓約書・念書は、一般的には当事者の一方がもう一方に差し入れる形式のため、当事者の一方の署名または押印しかないが契約となる。

▌法務業務プロセス 009：ビジネス文書作成 ▐▐▶

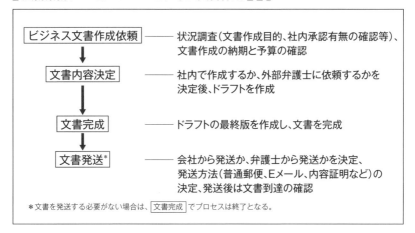

ビジネス文書作成依頼 —— 状況調査（文書作成目的、社内承認有無の確認等）、文書作成の納期と予算の確認

↓

文書内容決定 —— 社内で作成するか、外部弁護士に依頼するかを決定後、ドラフトを作成

↓

文書完成 —— ドラフトの最終版を作成し、文書を完成

↓

文書発送* —— 会社から発送か、弁護士から発送かを決定、発送方法（普通郵便、Eメール、内容証明など）の決定、発送後は文書到達の確認

＊文書を発送する必要がない場合は、文書完成 でプロセスは終了となる。

▫ 内容証明 ▫

内容証明を差し出す場合には、主に以下の条件を満たす必要がある。

- 縦書きの場合は1行20字以内1枚26行以内、横書きの場合は(1)1行20字以内1枚26行以内、(2)1行13字以内1枚40行以内、または(3)1行26字以内1枚20行以内
- 使用できる文字は、(1)仮名、(2)漢字、(3)数字、(4)固有名詞に限り英字、(5)括弧、(6)句読点、(7)一般に記号として使用されるもの
- 文書1通のみを内容としていること。内容文書以外の図面などを同封することはできない。
- 用紙が2枚以上にわたるときは、その綴り目に契印を押印する。

内容証明はすべての郵便局において差し出すことができるものではないため、あらかじめ差し出そうとする郵便局を確認する必要がある。差出方法は、郵便窓口に、(1)受取人へ送付する内容文書、(2)差出人及び郵便局が各1通ずつ保存するための(1)の文書2通、(3)差出人及び受取人の住所氏名を記載した封筒、(4)内容証明の料金及び郵便料金をそろえて提出する。差出人は、5年以内であれば差出郵便局に保存されている内容証明文書の閲覧を請求することができる。

■ 電子内容証明（e内容証明）■

電子内容証明とは、内容証明郵便を電子化し、インターネットを通じて24時間受付を行うサービス。事前に利用者登録が必要で、差し出す文書データを送信することにより、自動的に3部作成され、処理される。差出人が送信した電子内容証明文書のデータは、郵便局の電子内容証明システムで受け付けられ、日付印が押された紙の文書が封筒に入れられて発送される。

☑ **【ビジネス文書作成】業務遂行チェックリスト**
- ☐ 文書の体裁、日付、押印、署名の確認
- ☐ 文書発送手段の確認と文書発送による法的効果の確認
- ☐ 消滅時効の確認と、文書送付後の法的措置の検討

3）契約書の保存と保管

✒ 求められる法務力
- ☐ 契約書の保存期間、保管方法を理解している。
- ☐ 紙による保存か電子保存か、それぞれの保存方法を理解している。
- ☐ 法定保存文書と年限を理解している。
- ☐ 必要な契約書を取捨選択し、保管スペースや事務処理コストを考え、効率的かつ安全に管理することができる。
- ☐ 保存、保管が必要な契約書を選定できる。

●➡ KEYWORDS

【法定保存年限】 法令により義務付けられた会社文書の保存期間。

【e-文書法】 法令により保存が義務付けられている文書について、紙媒体だけでなく電子化された文書ファイルでの保存を認める法律。「民間事業者等が行う書面の保存等における情報通信の技術の利用に関する法律」と「民間事業者等が行う書面の保存等における情報通信の技術の利用に関する法律の施行に伴う関係法律の整備等に関する法律」の総称。

📙 法務実務基礎知識

　法令による保存期間は1年から永久まで多岐にわたり、文書によって保存期間が異なる。企業活動に関わる主な文書の保存期間は、次頁に掲載する図表1-2-3のとおりとなる。

① 契約書の保存と管理の重要性

　契約書には様々な形態があるが、企業活動を行う上で必要な文書と不要な文書を区別し、法令で定められた基準に応じて、文書を適正に扱わなければならない。法定保存年限は、根拠法が会社法、労働基準法、労働安全衛生法など多岐にわたり、税法などでは罰則も設けられているため、注意が必要である。法令で保存が規定されていない文書であっても、企業活動をする上での必要性や法的証拠の保全の必要性（時効など）などに基づき、企業が独自に判断して文書の保存をすることになる。

② 契約書の破棄

　契約書を破棄する方法は、シュレッダー処理や溶解処理がある。文書の量や内容によって、社内処理するか、外部業者を利用するかを決定することが必要である。機密情報が漏えいしないよう細心の注意が必要になる。

③ 電子保存

　e-文書法により、文書の保存は一部の書類を除き、電磁的方法によって行うこともできる。電子保存によるコスト、安全性、実用性などを検討し、紙媒体の保存と比較しながら最適な保存方法を選定する。外部ベンダーによるサービスを利用する場合は、セキュリティなどの確認を行う。

④ 契約書の保存と保管プロセス

　契約期間が満了または取引が完了したら、契約書をどのように、どの期間保存するかを決定するとともに、ファイリングシステムなどを確立し、効率的かつ安全に管理する。保存期間が終了したら、破棄する。

図表1-2-3：保存年限一覧

保存期間	文書名	起算日	根拠条文
10年	株主総会議事録	株主総会の日	会社法318条
	取締役会議事録	取締役会の日	会社法371条
	監査役会議事録	監査役会の日	会社法394条
	委員会議事録	委員会の日	会社法413条
	計算書類及び付属明細書	作成した日	会社法435条
	会計帳簿及び事業に関する重要書類	帳簿閉鎖の日	会社法432条
	製品の製造、加工、出荷、販売の記録	製品の引渡しの日	製造物責任法5条
7年	取引に関する帳簿、書類（売掛帳、注文書、契約書、領収書など）	帳簿閉鎖日及び書類作成日・受領日の属する事業年度終了の日の翌日から2ヵ月を経過した日	法人税法施行規則59条、67条
	源泉徴収簿（賃金台帳）	法定申告期限	国税通則法70条
5年	事業報告	株主総会の1週間（取締役会設置会社は2週間）前の日	会社法442条
	監査報告		
	会計監査報告		
	有価証券届出書	内閣総理大臣に提出した日	金融商品取引法25条
	従業員の身元保証書	作成日	身元保証ニ関スル法律1条、2条
	一般健康診断個人票	作成日	労働安全衛生規則51条
3年	四半期報告書	内閣総理大臣に提出した日	金融商品取引法25条
	労働者名簿	退職・解雇・死亡の日	労働基準法109条、労働基準法施行規則56条
	雇入れ・解雇・退職に関する書類	退職・解雇・死亡の日	
	賃金その他労働関係の重要書類（タイムカード、残業報告書など）	完結の日*	
	安全委員会議事録、衛生委員会議事録	作成日	労働安全衛生規則23条
2年	健康保険・厚生年金保険に関する書類	完結の日*	健康保険法施行規則34条、厚生年金保険法施行規則28条

＊退職等で、その適用事業所に在籍しなくなった日のこと。

‖法務業務プロセス 010：契約書の保存と保管 ‖‖▶

契約期間満了、または取引完了 —— 保存形態、保存期間を決定

↓

保存契約書の管理 —— 効率的に、かつ漏えいがないように管理

↓

保存期間が終了したら破棄 —— 破棄方法を決定し、慎重に破棄

破棄方法：シュレッダー、溶解、業者委託、など

☑【契約書の保存と保管】業務遂行チェックリスト
- □ 保存は法律で定められているか、保存年限を確認
- □ 法律で定められていない場合についても保存年限を検討
- □ 保管方法と検索方法を検討

◢ ケーススタディ 007
▶国際契約においては、署名だけで問題ないか？

署名だけで契約書が有効となるかの判断にあたっては、準拠法に注目すべきである。例えば、準拠法がカリフォルニア州であれば署名だけで足りる。準拠法が日本であれば、民事訴訟法228条4項により、署名がなされた私文書は法的効力を有するため、署名だけでも問題はない。

◢ ケーススタディ 008
▶契約書の形式に決まりはあるか？

法律で特段の定めがない限り、契約書の形式に特に決まりはなく、縦書き、横書きのいずれでも構わない。ひな形を利用するには標準的な条項が入っているため、個々の取引に応じて条文文言の削除、追加、修正が必要になる。

第3章
企画法務

　多くの企業には、自社の企業戦略の一環として計画・実行されるプロジェクトがある。それらのプロジェクトの多くは、単発の計画として企画され、多数の取引先・相手方企業と反復継続して行われることは予定されていない。中には、担当者にとって生涯に二度と経験しない種類のプロジェクトというものも存在する。

　その一方で、これらのプロジェクトは、企業の戦略上重要なものも少なくなく、多分野の専門家を必要としたり、巨額の資金を投入する必要のある案件もある。また、案件の進行中には、マネジメントによる判断を仰がなければならないような重要問題が発生することも往々にしてある。

　法務部門は、「プロジェクトの目的は何か」及び「プロジェクトがどのように進行するのか」について正しく理解した上で、プロジェクトに適切に関与（案件と状況によってはハンドリング）することが求められる。具体的には、外部の弁護士をはじめとする専門家の知見をフルに活用し、また、適切なタイミングでマネジメントの判断を求めるなど、関係者間の意思疎通を円滑にし、かつ高度のチーム・マネジメントを行う能力が求められるのである。

POINTS

- 他社との提携の方法にはどのようなものがあるかについて基本的な理解を得ておく。
- 他社と提携するにあたり自社の利益確保のため押さえておくべき要点を把握しておく。
- 組織再編の種類及び方法、それぞれの手続きの違いについて正確な理解を身に付ける。
- M&Aにおいては、どのように手続きが進行するのか、現在関与している業務がプロジェクトのどの部分に位置し、他の部分とどのように関係しているのかについて理解しておく。

1）プロジェクト法務

✒ 求められる法務力

□ 事業の目的にふさわしい提携方法を提案できる。

□ 自社の企図するプロジェクトの目的を理解している。

□ プロジェクトの類型と当該類型において生じる法律問題の所在を把握している。

□ 自社の利益確保の見地からとるべき対応・措置を理解している。

□ プロジェクトに必要となる契約・文書を理解している。

□ プロジェクトに適用され得る法規制を理解している。

●⇒ KEYWORDS

【秘密保持契約】 自社の企業秘密その他の企業情報を他社に開示する場合において、開示情報の機密性の保持や、望ましくない開示先企業による開示情報の利用を避けるために締結される契約をいう。

【株主間契約】 株主数が比較的少数の株式会社の株主間において締結される、会社経営に関する基本事項を定める契約書をいう。

【種類株式】 株主の権利に関して普通株とは異なった内容を認められた株式をいう。取締役の選任権その他の議決権の内容や数、配当等に関して特別の権利が定められる。

【デッドロック（deadlock）】（ジョイント・ベンチャー企業において）会社経営をめぐり株主間における意見の相違が解決できないため会社としての意思決定・経営判断ができない状況にあることをいう。

📖 法務実務基礎知識

① 契約締結までの各段階における注意事項

▫ 当初案の検討 ▫

　法務部門に持ち込まれる営業部門作成の当初案は法的な分析がなされていないことが多く、提案における用語と、実際に行いたい提携内容との間に齟

齬があることもある。また、持ち込まれた提携案について相手方当事者と検討や協議を重ねるうちに、当初の内容とは異なった形態の提携で合意することもある。法務部門としては、当初案にある（「ライセンス契約」などの）用語に拘泥することなく、営業部門が真に実行したい取引が何かを酌み取って提案内容を修正することが求められる。なお、提案内容の作り込みにあたっては、実際に社内（研究開発部門等）において受諾・実行可能かを確認することも肝要である。例えば、すでに提携先企業が存在し、当該提携先企業に対して秘密保持義務を負担している技術を、別の提携先企業に開示して共同開発を行うことは、当初の提携先企業に対する契約違反となる。

■ **秘密保持契約の締結** ■

秘密保持契約に盛り込まれる項目はどの契約でもほぼ同じであるが、個々の案件や自社の業務内容に適合するようにアレンジが必要である。

■ **提携契約に関する交渉・締結** ■

一方当事者が用意した契約書のドラフトに他方当事者が修正を加え、それに対してさらに当初当事者が修正コメントを加えるというやりとりを経て契約書の内容が徐々に詰められていく。

各提携契約の概要及び各々の契約書作成上の注意点は、下記の②から⑦のとおりである。なお、知的財産権に関してライセンス契約が締結される場合があるが、その詳細については、**第2部第13章②**を参照のこと。

② 販売店契約・代理店契約

販売店契約は、販売店と製造元との間で、製造元から仕入れた（購入した）商品を販売店自らがエンド・ユーザーに売却することを目的として締結される契約であり、商品がエンド・ユーザーの手に渡るまでに、製造元と販売店との間の売買契約と販売店とエンド・ユーザーとの間の売買契約の2つの売買契約が存在する。

他方、代理店契約は、代理店が製造元のための販売代理人になることを目的として締結される契約であり、エンド・ユーザーとの間で契約に向けての交渉や契約締結作業を行うのは代理店であるものの、商品がエンド・ユーザー

の手に渡るまでに締結される商品の売買契約はエンド・ユーザーと製造元との間の1つのみである。

　日本では一般に販売代理店契約と総称されることが多いが、販売店契約と代理店契約の相違を正しく理解する必要がある。

◖ 販売店契約書・代理店契約書の記載事項 ◗

　販売店契約において通常定められる事項には、以下のものがある。

- 対象商品
- 独占販売権の有無
- 販売地域
- 個別契約の締結方法
- 価格や対象商品の引渡方法など
- 最低購入義務の有無（＋不達成の場合の取扱い：解除権発生、独占権喪失など）
- 競合他社の商品の取扱いの可否について
- 品質保証
- 製造物責任
- 販売状況（数量など）報告義務
- その他一般条項

　一方、代理店契約において通常定められる事項には、以下のものがある。

- 対象商品
- 独占代理権の有無
- 販売地域
- 最低販売数（金額）に関する規定（＋不達成の場合の取扱い：解除権発生、独占権喪失など）
- 競合他社の商品の取扱いの可否について
- 代理店手数料
- その他一般条項

◖ 注意すべき法令 ◗

　販売店契約・代理店契約においては独占禁止法上の流通に関する規制に違

反しないよう配慮が必要となる。

　具体的には、契約書において競業他社商品の取扱いの制限・禁止条項を設ける場合や、販売店契約に関して再販売価格に関する条項を設ける場合には、独占禁止法19条(なお、同法2条9項6号)の定める「不公正な取引方法」(その内容については「不公正な取引方法」(昭和57年6月18日公正取引委員会告示15号)及び「流通・取引慣行に関する独占禁止法上の指針」(公正取引委員会事務局、最近改正:平成29年6月16日)を参照。ここでは、告示11項(排他条件付取引)や12項(拘束条件付取引)が問題となる)に該当しないよう配慮する必要がある。

③ 製造委託契約

　委託者と製造業者である受託者との間で締結される、部品等の特定の製品の製造に関する業務委託契約をいう。対象となる製品を製造するために委託者の有する製造技術を使うことが必要となる場合には、当該技術に関するライセンス権が付与される。

■ 製造委託契約書の記載事項 ■

　製造委託契約において通常定められる事項には、以下のものがある。

- 製造を委託する製品の明細
- 検品方法
- 委託者による原材料等の供給
- 品質保証・契約不適合責任
- 製造物責任(保険付保に関する条項)
- 代金額に関する定め・支払条件
- ライセンス付与条項(委託者の技術のライセンスが必要な場合)
- その他一般条項

■ 注意すべき法令 ■

　製造委託契約においては、主に下請代金等支払遅延防止法(以下「下請法」という)に違反しないよう配慮が必要となる。下請法とは、下請事業者に対して発注者(親事業者)がその優越的地位を利用して、下請代金の支払遅延その他不当な契約内容を押しつけることの防止を目的とする法律である。

　下請法は、すべての下請契約に適用されるものではなく、発注者（親事業者）の資本金額が特定額を超え、かつ、下請事業者の資本金額が特定額以下である一定の取引に限り適用される。

　下請法が適用される場合、親事業者には、下請事業者に対して、下請事業者の業務内容や下請代金額等の事項を記載した書面の交付義務（下請法3条）、製品納入から60日以内の（できる限り短い）期間内での下請代金の支払義務（同法2条の2）、不当な製品納入の拒否や代金減額の禁止義務（同法4条）などが課される。

④ OEM契約

　販売者である委託者と製造業者である受託者との間で締結される、委託者の商標を付して販売することが予定されている商品の製造委託契約であり、法的には、製作物供給契約（売買と請負の混合契約）とされる。

■ OEM契約書の記載事項 ■

　OEM契約において通常定められる事項には、以下のものがある。

- 製造を委託する製品の明細
- 検品方法
- 代金額に関する定め・支払条件
- 品質保証・契約不適合責任
- 製造物責任（保険付保に関する条項）
- 商標の使用や特許・ノウハウについてのライセンス契約
- 一般条項

■ 注意すべき法令 ■

　契約条項の策定にあたり、独占禁止法（不公正な取引方法（優越的地位の濫用））や下請法に違反しないように配慮が必要である（詳細については、上記②販売店契約・代理店契約及び③製造委託契約に関する説明を参照のこと）。

⑤ 共同開発契約

2社以上の企業が特定の製品・技術等に関して各々の保有する技術、情報、ノウハウを持ち寄って共同で開発を行うことを目的とする契約をいう。

■ 共同開発契約書の記載事項 ■

共同開発契約において通常定められる事項には、以下のものがある。なお、各々の企業がそれぞれ担当する開発範囲を分担して共同開発を行う場合であっても、自社技術が共同開発の相手方企業の目に触れることが不可避である場合が少なくなく、自社技術の取扱いに関する秘密保持条項の作り込みなどにおいて慎重な配慮が求められる。

- 開発の目的・各当事者の提供する技術
- 商標の使用や特許・ノウハウについてのライセンス契約
- 契約存続中における成果物の取扱い（共有とするか一方当事者の帰属とするか）や利用方法
- 共同開発終了後の成果物の取扱い（成果物を基礎に一方当事者が独自開発を続けた製品の取扱いなど）
- 秘密保持条項
- 一般条項

⑥ 共同マーケティング

2社以上の企業が特定のセグメント等に関して共同でマーケティングを行うことを目的とする業務提携をいう。

■ 共同マーケティング契約書の記載事項 ■

共同マーケティング契約において通常定められる事項には、以下のものがある。

- マーケティングの目的
- ターゲットとする顧客層・地域
- マーケティングの方法
- 各当事者がマーケティングのために提供する技術・情報等
- 一般条項

⑦ ジョイント・ベンチャー（合弁事業）

上記②から⑥においては、提携する企業間で契約関係を通じて業務提携に入ることを想定しているが、業務提携を行うための事業体を設立する場合もある。設立される事業体には、株式会社や合同会社などが用いられるが、ここでは、株式会社を新設して合弁事業が行われる場合について説明する。

株式会社を設立して合弁事業を行う場合には、株式会社の定款において合弁事業に関する合意内容を定められるが、定款に記載できない事項もあるため、株主間契約（または合弁契約）が別途締結されるのが通常である。ただし、定款とは異なり、株主間契約に違反する行為は当然には無効とはならず事後的救済方法は損害賠償に限られるなど、株主間契約の実効性には限界がある。そのため、定款・株主間契約の双方に規定される事項もある。

▫ 定款の記載事項 ▫

定款において通常定められる事項には、以下のものがある。

- 事業目的
- 取締役の選任に関する定め（種類株式ではなく株主間契約における合意のみで済ませる場合もある）
- 配当
- 重要事項に関しての株主の拒否権
- 株式譲渡に関する制限
- 解散事由など

▫ 株主間契約書の記載事項 ▫

株主間契約において通常定められる事項には、以下のものがある。

- 取締役の選任（各株主がそれぞれ何名を選ぶか）
- 代表取締役の選任方法
- 重要事項に関しての株主の拒否権
- デッドロックに陥った場合の対処方法（経営委員会の設置など）
- 追加出資
- 配当

- 製品や原材料の供給
- 経営のモニタリング（帳簿の閲覧など）
- 従業員の派遣（別途派遣契約が締結されることを念頭に）
- 各株主が提供する知的財産権・企業秘密の取扱いなど
- 株式の売却禁止・売却する場合の手続き（他の株主に優先交渉権を与えるなど）
- その他一般条項

▌法務業務プロセス 011：業務提携契約の締結 ▌▌▶

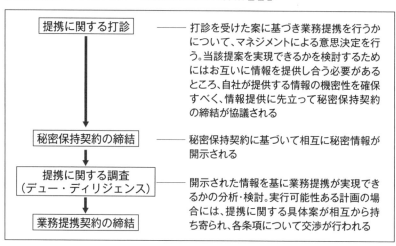

契約書作成業務の詳細については、第1部第1章を参照のこと。

☑ **【業務提携契約】業務遂行チェックリスト**
- ☐ 提携目的は何か
- ☐ 提携目的にふさわしい提携形態をとっているか
- ☐ 提携目的に適合した契約条項になっているか
- ☐ どのような法令（強行法規）が適用されるか
- ☐ 自社の企業秘密・財産権が提携前・提携中・提携後の各段階で守られているか

2) M&A

✒ 求められる法務力

□ 取引の基本的な流れを理解している。

□ 株式譲渡契約書の基本的な構成要素を理解している。

□ 取引の各段階と契約書の各条項との関係を理解している。

□ 取引の各段階における注意点を理解している。

🗝 KEYWORDS

【基本合意書】 取引の初期段階において締結される合意書をいう。売買それ自体を目的とする書面ではなく、売買に向けての両当事者間の基本的な関係(売主から提供される情報についての買主の秘密保持義務、売主から買主への独占的交渉権の付与や、予定している売買に向けてのスケジュールなど)を規律することを目的に作成される。

【デュー・ディリジェンス】 買主が売買契約締結に先立って、あるいは締結後売買実行までの間に、対象会社の事業内容を精査する活動一般をいう。法務面に関して外部の法律事務所を用いて行われる法務デュー・ディリジェンスのほか、会計士などによる財務デュー・ディリジェンスや税務デュー・ディリジェンスなどが並行して行われるのが通常である。法務デュー・ディリジェンスにおいては、対象会社が営んでいる事業は適用ある法令を遵守しているかという点や、売買を実行することにより主要取引先との契約に問題が生じないかなど、法律面に関する事項が精査の対象となる。

【クロージング】 株式譲渡契約が締結された後、譲渡が実行されるまでに一定の期間が設けられることが多いが、その場合に売主・買主及びその他の関係者が一堂に会して代金の支払い(振込着金の確認)や必要書類の授受などを行い、譲渡を実行することを一般に「クロージング」という。

【前提条件】 株式譲渡契約において売主・買主それぞれによって通常設定される、売買の実行のための一定の条件のことをいう。クロージング日においてこれらの条件を充足していることが確認された後に売買が実行される。

【表明保証】株式譲渡契約の一方当事者により、相手方当事者に関して、相手方当事者が当該売買契約を締結するにあたり前提としている各種事項（とりわけ対象会社に関する事項）について、もし誤りがあればそれに起因する相手方の損害を補償する趣旨でなされる、真実であるとの表明をいう。

【誓約条項】株式譲渡契約において、主に買主に対して設定される一定の作為または不作為に関する義務を定めた条項をいう。譲渡契約締結から売買の実行（クロージング）までの期間に関する義務（例：新株発行の禁止など）を定める条項と、売買実行後の売主の義務を定める条項（競業禁止や従業員の引き抜き禁止など）とに大別される。

📖 法務実務基礎知識

① 取引契約・組織再編の概要

◖ 株式譲渡 ◗

対象会社の株式の現所有者である売主と買主との売買契約（相対取引）を通じて対象会社を取得する方法である。対象会社が売主の完全子会社の場合における子会社の全株式の譲渡が典型例である。

なお、対象会社が公開会社である場合、金融商品取引法上の規制をも考慮する必要が生じ、株式の公開買付が必要となったり、インサイダー取引規制を遵守するなどの配慮が必要となる。また、対象会社や買主の規模等によっては海外の独占禁止法その他の法規制を考慮する必要が生じる。

◖ 事業譲渡 ◗

譲渡の対象が会社それ自体ではなく、売主の一部の事業部門である場合もある。この場合には、当該事業部門それ自体を譲渡する方法がとられる。ここにいう事業とは、一定の営業目的のため組織化され、有機的一体として機能する財産の全部または重要な一部をいう。

事業譲渡は売主と買主との間の契約を通じて行われる（組織行為ではなく取引行為）が、会社の存続に与える影響が大きいため、会社法上、譲受会社は取締役会決議（ただし、事業全部の譲受けの場合には株主総会の特別決議）が必要とされ、また、譲渡会社は、事業の全部または重要な一部を譲渡する

ときは株主総会の特別決議が必要とされるのが原則である。

事業譲渡の場合には、譲渡対象に含まれている個々の資産・負債や権利・義務をすべて個別に移転させる手続きが必要となる。譲渡対象に含まれている契約に関しては、契約上の地位の譲渡として契約の相手方の承諾を個別に求めることが必要となる。

▫ 合併・株式移転 ▫

他社からの対象会社取得の手段として対象会社を自社に吸収合併させる場合があれば、他社から買収して完全子会社化した後の組織再編の一環として吸収合併が使われる場合もある。また、株式移転により自社の親会社となる会社に、対象会社にも株式移転させることによって、自社と対象会社との共同の親会社（持株会社）を作り出すこともある。

合併や株式移転における権利義務の移転は包括承継とされ、事業譲渡とは異なって資産・負債の個別の移転手続は必要ない。ただし、債権者保護手続が法律上要求されており、公告、債権者への個別の通知に加え、債権者のための1ヵ月以上の異議申立期間を設ける必要がある。

合併も株式移転も、株主総会の特別決議事項とされており、取締役会決議がなされた後に承認のための株主総会を開催する必要がある。

② 取引に適用される法規制
▫ 独占禁止法上の規制 ▫

独占禁止法上、一定の取引分野における競争を実質的に制限することとなる合併、事業の譲受け、株式の取得（企業買収）は禁止されている。いかなる場合が「一定の取引分野における競争を実質的に制限することとなる」かに関する公正取引委員会の見解は「企業結合審査に関する独占禁止法の運用指針」（「企業結合ガイドライン」）により明らかにされている。

また、買主と対象会社の国内売上高の合計額が一定の金額を超えるなど、規模の大きい企業結合として法令の定める要件を充足する企業買収等については事前届出義務が課されている。事前届出が必要となる場合、届出を行ってから30日を経過するまでは取引を実行できない。

■ 適時開示規制（上場会社が買収する場合など）■

　買主が上場会社（証券取引所において株式公開をしている会社）の場合には、金融商品取引法の定める適時開示規制を受けることから、株式譲渡等の取引について適時開示を行う必要がある。開示について契約書上明記しておくことが必要である。

■ 対象会社に適用される業法との関係での配慮 ■

　対象会社に適用される業規制の関係で、対象会社が監督官庁への登録（第一種金融商品取引業の登録など）や許可（医薬品製造業の許可など）を得ている場合、事業譲渡という方法では買主に登録・許可が承継されず、その一方で買主が新たに登録や許可を取得するにはある程度の時間を要することから、事業譲渡を選択できないことがある。

　また、個別の業法上、対象会社を買収することに支障となる業規制（買主が外国法人の場合において、対象会社が（航空法・放送法などに基づき）外国人が保有できる株式数や割合に上限を設ける外資規制の対象となっている場合など）がないかの確認が必要となる場合がある。

③ 取引進行中の検討事項

■ ストラクチャーの選択 ■

　株式譲渡や事業譲渡などのとり得る手段のうち、どのストラクチャーをとるかの検討が必要となる。税務上の配慮なくして最善のストラクチャーを策定できないため、税務の専門家が入ってストラクチャーを検討するのが通常である（買収資金を銀行借入によってまかなう場合などには複雑なストラクチャーとなることが多い）。なお、当初は全株式を譲り受けることを検討していたものの、デュー・ディリジェンスの結果、複数ある事業部門のうち一部の事業部門以外は不要との結論に達して事業譲渡に切り替えるなどのストラクチャーの変更が行われることもある。

■ 対象会社の役員・従業員の取扱い（残ってもらう役員の選別など）■

　対象会社の従業員のクロージング後の雇用条件、対象会社に労働組合がある場合における組合対応、クロージング後も対象会社にアドバイザーとして

一定期間残ってもらいたいと考えている対象会社役員の処遇などを決めておく必要がある。なお、クロージング後に売主によって対象会社従業員の引き抜き等が行われないように契約書に手当てすることが必要な場合もある。

◘ **デュー・ディリジェンスにおける精査事項の確定** ◘

　デュー・ディリジェンスにおける調査対象は、対象会社の業種や事業形態等に鑑み個別具体的な事情を加味して決定すべきであるが、大要以下のようなものがある。

- 対象会社の設立、存続等について
- 対象会社の保有資産について：保有資産に関する所有権の帰属、対象会社が保有する不動産における土壌汚染（調査会社が用いられる）
- 紛争について：巨額の負債が発生する可能性のある訴訟またはそのおそれ
- 対象会社の事業活動について：（監督官庁による業務停止命令等につながる）業規制の不遵守その他の法令違反
- 会計・経理について：粉飾決算や簿外債務
- 取引先との関係について：重要な契約書におけるチェンジ・オブ・コントロール条項（会社の支配権が変わると相手方当事者に契約解除権が発生する条項）

▌ 法務業務プロセス 012：株式譲渡契約締結 ▌▌▶

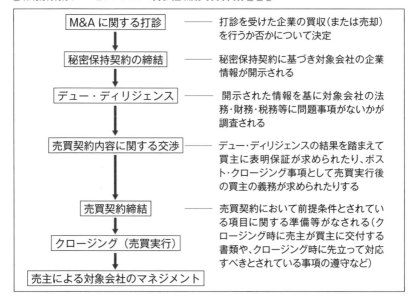

■ **買収・売却提案** ■

　アドバイザー等を介して、買主より売主に対してあるいは売主より買主に対して子会社（または事業部門。以下同じ）の買収または売却の打診がなされる。

■ **秘密保持契約書や基本合意書の締結** ■

　当該子会社を売却したいとの売主の意向と、当該子会社を買収したいとの買主の意向が合致した場合、両者間において、当該子会社に関して提供される情報に関し、買主が秘密保持義務を負うことを定める秘密保持契約書が締結される。なお、基本合意書が締結されることもある。

■ **デュー・ディリジェンスの実施** ■

　秘密保持契約書（または基本合意書）により、買主の秘密保持義務が設定された後、売主から買主に対して対象会社の内部情報が開示される。買主は開示された情報を精査して、当初の予定どおり買収を実行することに問題はないか、値付けをどうするか等について確認・精査を行う。デュー・ディリジェンスを実施するにあたっては、時間的制約やマンパワーの問題、さらには、日常業務を行いつつ買主からの開示要求に応える対象会社の負担等に鑑み、売主、対象会社と買主とで調査範囲や開示の進め方について協議が行われる。協議結果を踏まえて開示書類のリストが買主側から売主側に送付され、売主側から提供される資料を買主側の弁護士や会計士などが閲読する。

　問題点が見つかった場合、買主側としては、(1)そもそも取引を行わない、(2)売買契約締結に先立って売主に是正を求め、是正が確認できてから売買契約を締結する、(3)売買契約におけるクロージング（売買実行）前提条件として、買主によって当該問題点が是正されたことを要求する（売主が是正しなければ売買は実行されない）、(4)クロージングまでに間に合わない事項について（是正が可能な場合）は、売買契約上の売主に誓約条項において、ポスト・クロージング事項として是正義務を負わせる、(5)売買代金に反映させる（売主に減額を求める）、といった対応を行うことになる。見つかった問題について、契約書上売主に何らかの義務を負担させる（(2)〜(5)）ことで対応可能なものなのか、それとも取引中断（(1)）を検討すべき重大問題かについて早い段階で見極めることが極めて重要である。なお、ここにいう問題点には、

法律上のものに限らず、財務上、税務上、さらには事業それ自体に関するものが含まれる。

◨ 売買契約書の内容の交渉 ◧

　デュー・ディリジェンス作業がある程度進んだ段階で、売主・買主間で売買契約の条項に関して交渉が行われる。買主としては、前述のようにデュー・ディリジェンスで見つかった結果を踏まえて、売買価格、クロージング前提条件や誓約条項について売主側に一定の義務を負わせるべく交渉していくことになる。また、デュー・ディリジェンスで問題が発見された事柄に関して、発見された事項以外には問題がないこと（例えば、対象会社が保有している土地の一部に土壌汚染が見つかった場合、他の売主保有の土地には土壌汚染がないこと）を確認すべく表明保証を求めるといった対応がなされる。

◨ 売買契約書締結・クロージングに向けての準備 ◧

　契約内容が確定して売買契約書が締結されると、クロージングに向けての準備段階に移る。デュー・ディリジェンスで見つかった問題点への対応やクロージング前提条件として交付が必要な書類の準備等や、事案によっては独占禁止法その他の法令に基づく届出等の作業が必要となる。

◨ 売買契約の実行（クロージング） ◧

　クロージング日に売主、買主及び関係者が集まって前提条件が充足されていることを確認し、代金の支払い及び株式譲渡が実行される。

◨ 売買契約実行後（表明保証違反などの場合への対応） ◧

　売買実行から数ヵ月（事柄によっては数年）経過した後に、売買契約書における売主の表明保証違反が判明することがある。買主としては表明保証違反に基づいて売主の責任を追及していくことになるが、売買契約書には、表明保証の期間（表明保証違反が見つかった場合に買主が売主の責任を追及できる期間）に関する定めや、売主の補償金額の上限等に関する規定が設けられることが多いため、売主から補償を得られないこともある。

　なお、前述のとおり、売買実行後に売主が対象会社を吸収合併することもある。

▌法務業務プロセス 013：合併 ▌▌▶

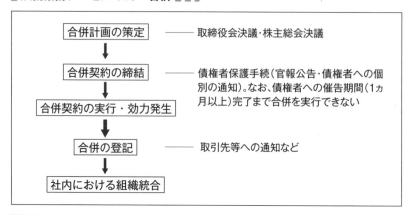

合併計画の策定 —— 取締役会決議・株主総会決議

合併契約の締結 —— 債権者保護手続（官報公告・債権者への個別の通知）。なお、債権者への催告期間（1ヵ月以上）完了まで合併を実行できない

合併契約の実行・効力発生

合併の登記 —— 取引先等への通知など

社内における組織統合

☑【M&A】業務遂行チェックリスト

☐ 取引の目的に適合した取引形態（株式譲渡など）を選択できているか

☐ デュー・ディリジェンスで見つかった問題について、問題にふさわしい対策を講じられたか

☐ 判明した問題や要検討事項について、適切にマネジメントや関係部署に報告できているか

☐ 取引に適用される業規制を遵守できているか

☐ 取引の各段階の関係を理解できているか

▌ケーススタディ 009

▶他社との共同開発案件が終了した後、同社から、共同開発に提供した自社の固有技術を使った製品が販売されていたら？

まず、共同開発契約書（あるいは契約終了にあたり交わされた合意書）において契約終了後の秘密情報の取扱いがどうなっているかを確認する必要がある。自社の秘密情報を本件のような形で他社に利用されたくないのであれば、共同開発契約書（または共同開発終了合意書）において、共同開発期間中に提供された技術情報や共同開発の成果物の取扱い（本件の場合には自社

の提供した技術の相手方による使用禁止)について明確に定めておく必要がある。

◢ ケーススタディ 010

▶ **M&Aにおけるデュー・ディリジェンスの一環として、対象会社の研究所の敷地を調査したところ、土壌汚染があることが判明したら？**

敷地上の建築物による制約や、予定どおりに売買契約締結やクロージングを行いたいとの思惑から、買主による徹底的な調査が行われない (あるいは行えない)場合が少なくない。ある程度の追加調査に留めておいた上で、売主に対して(1)土壌汚染に関する表明保証を求める、(2)売買代金減額を求める、(3)契約締結に向けての作業と並行して土壌調査を引き続き実施し万一問題があればクロージング後に売主の費用で対応するなどを提案することが考えられる (ただし、売主としても予測が難しい費用負担を余儀なくされる懸念があるため、交渉が難航する場合が多い)。

なお、地歴に鑑みると、判明しているよりもはるかに深刻な汚染の可能性がある場合などには、取引自体をとりやめることも検討対象となる。

◢ ケーススタディ 011

▶ **大口取引先から、合併するので異議があれば申し出るようにと通知が来たらどうすべきか？**

合併の場合、債権者保護手続として各債権者に対して個別に合併する旨の通知を行うことが法律によって要求されている。通知を受けた債権者は合併後の会社の財務状態に不安があるときは異議を述べることができるが、異議を述べたからといって合併が中止されるわけではないことに注意を要する。

異議を述べられた場合、会社 (本問では大口取引先)としては、異議を述べた債権者に対し、弁済、担保の提供 (または弁済のための財産を信託会社等に信託)を行うことにより、予定どおりに合併することができる (合併し

ても異議を述べた債権者を害するおそれがないことを立証したときは、これ
ら措置を講じる必要すらない)。

第4章

紛争処理法務

　企業活動において避けられないのが紛争である。売買代金未払から生じる売買代金請求訴訟紛争、個人情報漏えい事件における情報1件の損害額算定に関する紛争、保証条件がカバーする品質不良か否かの判断に関する顧客とメーカー間の紛争、社員発明に関わる報奨金についての会社と社員間の紛争など、その内容は多種多様である。

　紛争における相手方は、国内外パートナー、競合他社、政府、顧客（ビジネス並びに消費者）、株主、（元）社員、知的財産権利者などである。紛争の形態についても、裁判や行政事件だけでなく、調停、保全処分や単なるクレーム通知（内容証明郵便などによる）などである。

　裁判になれば法務部門が担当することが多いとはいえ、会社によっては法務部門がすべての紛争を担当するわけではなく、その基準は会社によって大きく異なる。しかし、法務部門は、紛争の法的分析を行い、紛争による二次的被害を抑え、早期にかつコストをかけずに解決するため主体的な動きや助言が求められることになる。

POINTS

- 紛争処理手続の違いを理解し、個別案件においてどの手続きが最適か検討できるようにしておく。
- 保全手続によって将来の執行を保全したり、担保権を実行しても、「空振り」となり、費用倒れになる危険性がある。
- 労働関係紛争は労働者と会社の紛争であるが、債権者からの給与差押えといった紛争もある。
- 公正取引委員会による調査、税関輸入差止といった行政機関が行う手続きを理解する。
- 最近では、日本法人であっても海外の法律が域外適用され、外国裁判の被告となるケースが増加している。

1）裁判、仲裁、調停

求められる法務力

- □ 紛争解決手段の種類と手続き（時間、リスク、コスト等）を理解している。
- □ 紛争処理手続における様々な書類の準備、作成ができる。
- □ 裁判における証人の証拠調べの準備ができる。
- □ 文書提出命令の内容と対応方法を理解している。
- □ 契約書において、紛争解決条項をドラフトできる。

●⇒ KEYWORDS

【防訴抗弁】本案前に訴訟要件が欠けていることを理由に訴えの却下を求める抗弁。

【文書提出命令】当事者が訴訟において引用した文書を自ら所持するときに文書の引渡しや閲覧を求めること（民事訴訟法223条1項）。これに従わない場合、裁判所は当該文書の記載に関する相手方の主張を真実と認めることができる（同法224条1項）。

【ADR (Alternative Dispute Resolution)】裁判外紛争解決手続のこと。手続きの執行機関としては、例えば、重要消費者紛争の解決のための仲裁を行う国民生活センター紛争解決委員会、個別労働紛争のあっせんを行う中央労働委員会などがある。

【仲裁合意】民事上の紛争または将来において生ずる一定の法律関係に関する民事上の紛争の全部または一部の解決を仲裁人に委ね、仲裁判断に服する旨の合意。

法務実務基礎知識

① 裁判制度

　裁判とは、法律用語としては裁判所が当事者に対して示す判断のことであるが、ここでは裁判所手続一般を述べる。日本において、裁判は三審制度をとっている。地方裁判所による第一審判決に不服であり、高等裁判所で第二審の裁判を求める場合を「控訴」、さらに最高裁判所の審議を仰ぐことを「上

告」という。簡易裁判所が第一審裁判所の場合、第三審は高等裁判所になる。「上告」と「上訴」の用語を混同してはならない。「上訴」とは、裁判が確定するまでに上級裁判所に取消しや変更を求める訴えのことをいう。なお、訴訟手続の流れは以下のとおりである。

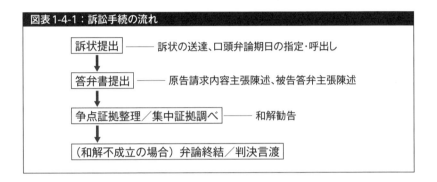

図表1-4-1：訴訟手続の流れ

■ 事物管轄と土地管轄 ■

事物管轄とは、事件の性質の違いにより定められる管轄のことであり、訴額（訴訟物の価格）が140万円以下の場合は、簡易裁判所が第一審の裁判権を有する（裁判所法33条1項2号）。土地管轄とは、どの裁判所が当該裁判を担当するかの定めをいい、普通裁判籍は、民事訴訟の原則的な裁判権として、住所、日本国内に住所がないとき、または住所が知れないときは居所により、日本国内に居所がないとき、または居所が知れないときは最後の住所によって定まる（民事訴訟法4条）。

■ 知的財産管轄裁判所 ■

知的財産関連の紛争における管轄裁判所は、以下のとおりとなる。

- 技術型

  東京地方裁判所あるいは大阪地方裁判所が管轄を持つ。民事控訴事件は知的財産高等裁判所がすべての事件を扱う。技術型とは、特許権等に関する訴え（実用新案権を含む）のことである。

- 審決取消訴訟

  知的財産高等裁判所がすべての事件を扱う。

- 非技術型

    非技術型の第一審は全国の地方裁判所 (ただし、当事者の選択により、東日本であれば東京地方裁判所、西日本であれば大阪地方裁判所も可能 (民事訴訟法6条の2))、第二審はその管轄の高等裁判所が扱い、知的財産高等裁判所は東京高等裁判所管轄事件のみ扱う。非技術型とは、商標権、意匠権、著作者の権利 (プログラム著作物除く)、出版権、著作隣接権などである (同法6条の2)。

▣ 口頭弁論期日と証人尋問 ▣

口頭弁論期日においては、裁判長の指揮の下、事前に裁判所に提出した準備書面を基に主張を述べ、その主張を裏付ける証拠を提出することが要求される。被告が欠席した場合、被告に不利な内容の判決が言い渡される可能性がある。裁判長は、当事者の主張や証拠について質問したり、次回期日に明らかにするよう準備することを命ずることができる(釈明権(民事訴訟法149条))。

裁判所は、証人尋問の証拠調べを効率的に行うことを準備するため、争点及び証拠の整理手続を行うことができる (非公開。電話会議システムの使用が可能)。これには、準備的口頭弁論(同法164条)、弁論準備手続(同法168条)、書面による準備手続 (同法175条)の3種類があり、裁判所が適切な手続を選択することができる。

▣ 訴訟提起の可否 ▣

日本はしばしば、米国との対比の中で訴訟社会でないといわれる。訴訟によって解決するのでなく他の手段で解決することも検討すべきである。

② 仲裁

仲裁は、それぞれの仲裁機関が仲裁規則を有し、仲裁裁判所を設けている (仲裁は国の機関ではなく任意のADR機関である)。それぞれの仲裁機関に特色があり、国際的な仲裁機関 (例えば、国際商業会議所、ICC)と日本のみに存在する仲裁機関 (例えば、日本商事仲裁協会)が存在する。また、仲裁については、日本法では仲裁合意と書面が必要であるが、要件は準拠法による。仲裁手続はそれぞれの仲裁機関によって異なる。

▣ 仲裁の特徴 ▣

仲裁の特徴は以下のとおりである。

- 当事者が選んだ仲裁人が仲裁判断を行う。仲裁人は業界専門家を指名することができる。
- 原則的に非公開であるため、業務上の秘密やプライバシーが守られる。
- 裁判の三審制と異なり、一審制である。迅速性が担保される。
- 仲裁判断は確定判決と同様、強制執行力がある（仲裁法45条1項）。
- 仲裁判断執行には、別途執行決定を経る必要がある（同法45条1項）。

③ 調停

　裁判所の調停とは、身近なトラブルや事業の立て直し等、裁判所の調停機関が当事者の間に入り、話し合いによる適正・妥当な解決を図る制度であり、民事調停、特定調停（民事調停の特例）、家事調停がある。裁判所の民事調停は、家事・刑事事件以外のすべての法律上の問題・トラブル・事件を扱う。企業活動においても労働事件、交通事故、請負代金未払などの事件で利用される場合がある。特定調停は、民事調停の特例として、返済を続けることが難しい個人や法人が、債権者と返済方法に関する話し合いを行い、生活や事業の立て直しを行うため、経済的に合理的な解決を見い出す制度である。

▣ 調停の特徴 ▣

調停の特徴は、以下のとおりである。

- 裁判と異なり、調停室のテーブルを囲んで話し合いによる解決を図る。
- 裁判官のほか、一般市民から選ばれた調停委員2人以上で組織される（民事調停法6条）。調停委員は弁護士のほか、各種専門家や社会で幅広く活躍した有識者から選ぶことが可能であることが多い。
- 相手との直接交渉を希望しない場合は、同席を避けることもできる。
- 合意に至ると、その内容を盛り込んだ「調停調書」が作成される。これには確定判決と同様の効果があり、これに基づき強制執行を申し立てることができる（民事調停法17条）。
- 非公開であるため業務上の秘密やプライバシーが守られる。

法務業務プロセス 014：訴訟業務 ■■▶

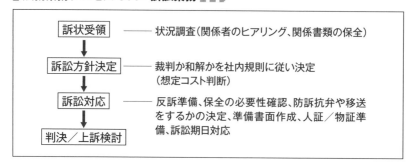

□ **訴状受領** □

　訴状を受け取った場合、内容を確認し、社内規則を確認した上で、どのように行動すべきかを検討する。訴訟担当者は（担当弁護士が委任された場合には弁護士とともに）訴状に記載されている事実の確認を行い、証拠書類を集め、関係者から事情を聞く。訴訟方針を決定するにあたっては、送達について争うか、裁判をほかの場所で行う移送申立てを行うか、保全や反訴の必要がないか、訴訟を進行させるより和解すべきかといった事項も検討する。

□ **尋問準備** □

　尋問準備において、主尋問と反対尋問の（想定）質問と回答を準備する。文書提出命令がなされる場合、相手方に実施する場合のどちらの準備もできるようにしておく。文書提出命令に対し、除外文書に該当するとの立証義務を負うのは、文書の所持者である。一般提出義務にも除外事由が規定され、イン・カメラ審理手続が認められている。文書提出を拒む事由があるかを判断するために必要があると認めるとき、裁判所に提示させ、裁判官だけが文書を見て判断することができる。文書提出命令の申立てがあると、裁判所は、証拠書類、相手方の意見書のほか、当事者・参考人の審尋や第三者の審尋を行う。また、公務員の職務上の秘密に関する文書については、公務秘密文書にあたるかに関して監督官庁の意見を聴かなければならない。なお、文書提出命令が出されても、文書の取調べの必要がないと認められる部分がある場合、裁判所が一部提出を命ずることができる（以上につき、民事訴訟法223条）。

▫ マスコミ対策 ▫

　事件によっては、記者会見が行われたり、テレビ局などの取材を受ける可能性があるため、マスコミ対策が必要である（代表者に社外で直接取材が行われる可能性があり、その際の対応が悪いと企業イメージの悪化を招く）。

✓ **【訴訟業務】業務遂行チェックリスト**
- ☐ 裁判所や仲裁裁判所からの書類の確認（特に答弁書提出日）
- ☐ 原告、被告の確認（共同被告がいるか、どのような立場か）
- ☐ 社内関係部署との連携（債務支払停止等の処置）
- ☐ 基本契約解除の必要性
- ☐ 社外弁護士の起用可否
- ☐ 和解の検討
- ☐ 報道機関対応の必要性
- ☐ 違反行為を発見した場合、自発的に関係機関に申し出るかの検討
- ☐ 文書提出命令に何を提出すべきかの検討
- ☐ 反訴、仮処分等、上訴するかの検討

---

2) 債権回収

✒ 求められる法務力
- ☐ 保全手続の種類と使用できる状況を理解している。
- ☐ 債務者に対する債権回収通知書面をドラフトできる。
- ☐ 債務承認と支払確約契約書をドラフトできる。
- ☐ 担保権の種類（法定担保と約定担保）とそれぞれの対抗要件について理解し、担保権実行の準備ができる。
- ☐ 連帯保証と単純保証の違いがわかる。

●➡ KEYWORDS

【詐害行為取消権】 債権者が、債権者を害することを知りながら債務者が行っ

た財産権に関する法律行為の取消しを、裁判所に請求することができる権利。

【保全手続】民事訴訟において、本案の権利実現を保全するための仮差押え、係争物に関する仮処分、民事訴訟の本案の権利関係につき仮の地位を定めるための仮処分。

【対抗要件】すでに効力の生じている権利関係の変動などを第三者に主張するための要件。

【時効の中断】時効の計算が中断されること。請求、差押え、仮差押えまたは仮処分、承認によって中断する。

📎 法務実務基礎知識

　債権回収には様々な方法があるが、それぞれに法律要件が異なるため、これらを理解した上で比較検討を行うことになる。また、時効の中断をしておかなければ、時効によって債権回収ができない事態が生じる。

- 請求：口頭や書面による請求（督促状）、内容証明郵便による請求、債務承諾書、担保取得
- 担保回収：人的保証、物上担保による回収（土地建物の抵当権実行を含む）
- 法的手続による請求：支払催促、少額訴訟、民事調停、即決和解、民事保全、通常訴訟
- その他の回収：相殺、債権譲渡（サービサーへの債権自体の売却等）

◘ 保全処分 ◘

　保全処分とは、民事保全法に規定された「民事保全の命令」のことであり、仮差押えと仮処分がある。仮差押えとは、金銭の支払を目的とする債権について、強制執行ができなくなるおそれがあるとき、または強制執行をするために著しい困難を生ずるおそれがあるときに、物に対して発せられる。仮処分とは、係争物に対して、その現状の変更により、債権者が権利を実行することができなくなるおそれがあるとき、または権利を実行するために著しい困難を生ずるおそれがあるときに発せられる。これらの保全処分は、現物が存在することが必要であるが、裁判所の手続きを行っている間に滅失したり、他の債権者による保全処分や第三者への転売のおそれもあり、必ず成功する

というわけではない。このような保全処分は、倒産状態になったときに行われるものであるが、破産手続などの法的手続に移行した場合（担保権がない限り）、自社のみが優先的に回収することはできない。

▎法務業務プロセス 015：債権回収 ▮▮▶

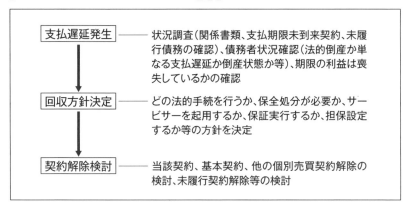

債権回収とは、債権者が自己の債権を回収することであり、債権者は、詐害行為に該当しないように、適法に回収を進める必要がある。

債権回収の方針を決定するにあたっては、まず債務者の状況を見極めることが必要である。債務者が法的倒産手続に入っているのであれば、法的手続の枠内で回収することしかできない（自社のみ有利な回収を進めれば管財人から詐害行為取消権を行使され、行為が取り消される）。そのような状況でない限り、自社が他社に先駆けて回収することが必要になる。

▫ 債権回収リスク ▫

債権回収のための法的手続が可能であっても、債務者に責任財産（強制執行の直接の目的物である財産、権利）がなければ、「空振り」になってしまう。例えば、仮差押えの場合、物件が担保不足である（先順位担保権が実行されれば回収はできない）場合、仮差押えをしても意味がない。さらに、弁護士費用がかかり、債務者から回収することは困難であり、裁判所への担保保証金は容易には解除されないことを理解すべきである。

■ **債権譲渡** ■

　債権をその同一性を変えずに、債権者の意思によって他人に移転させる債権譲渡は、譲渡禁止特約がない限り、債務者の承諾なく譲渡することができる。債権回収や事業部門分離にあたっては、債権をサービサー(債権買取業者)に譲渡することが行われる。

☑ **【債権回収】業務遂行チェックリスト**
　　□ 債権の確認(疎明書類並びに弁済期にあるか)
　　□ 期限の利益を喪失させる必要があるかの検討
　　□ 担保取得時(性質と余力)と実行時(換価性とコスト)の確認

---

3) クレーム／事故対応と製品不良対応

✒ 求められる法務力

□ クレームに対し、法的義務と社内規定に基づく解決提案ができる。

□ クレーム・事故の現場対応(先方との交渉含む)ができる。

□ 契約書の紛争解決条項や和解契約をドラフトできる。

⌗ KEYWORDS

【重大製品事故】 死亡、30日以上の疾病、火災等が生じた事故(消費生活用製品安全法2条6項及び同法施行令5条にて規定)。

📖 法務実務基礎知識

① 法律に基づくリコール

　自動車やオートバイの設計・製造段階に不具合が発見された場合、道路運送車両法に基づき、製品を回収して無料修理するリコールが定められている。一般製品の場合、消費生活用製品安全法に基づき、重大な欠陥製品に対し、経済産業大臣が、危害防止命令としてリコールを命じる権限を有しているが、過去数例しかない[1]。健康食品や医薬品については、薬事法に基づき、また

---

　1) 本稿執筆時点では、松下電器(現パナソニック)石油温風機、パロマ湯沸かし器、TDK加湿器の3件のみである。

食品衛生法においても製品回収の指示が出される。なお、重大製品事故が発生したことを知った製造者または輸入者は、そのことを知った日から10日以内に製品の名称、事故の内容等を主務大臣に報告しなければならない。非重大事故に関しては、NITE（独立行政法人製品評価技術基盤機構）が情報収集を行い、結果は公表され、製品事故の未然・再発防止が図られている。

② 製品自主回収

　法的にリコールすることが求められていない場合でも、製品に問題が発生した場合、自主的な回収（製品回収、交換、返金）がなされる例が多くみられる。法的な義務がなく、安全性に疑いがないのであれば、コストをかけて回収する理由が必要となるが、顧客の安全を考える企業姿勢が評価される。

③ PSCマーク

　消費生活用製品のうち、一般消費者の生命または身体に対して特に危害を及ぼすおそれが多いと認められる特別特定製品と特定製品には、国の定めた技術基準に適合したマークを付けなければ販売することができない。特別特定製品は、第三者適合機関による適合性検査が必要であり、特定製品については製造または輸入した事業者が届出をし、自ら検査する。

▌法務業務プロセス 016：クレーム／事故対応 ▌▌▶

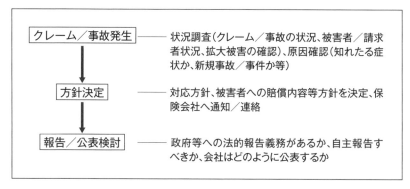

クレーム（苦情）や事故は、企業活動の様々な局面で生じる。クレームは法的な権利や根拠に基づくものではない場合も多く、顧客からのクレームだけでなく、取引先からクレームが寄せられる場合もある。これらの請求について、法的請求権がある損害賠償の対象となるものであるかを判断する前提は、販売条件や保証書（対消費者）、取引基本契約（対パートナー）であり、契約条件が合意されていなければ、法律の原則に基づいて判断される。

なお、法律に基づく賠償額は最低限の義務であり、法律上の義務を超えて対応する必要があるかについても検討される必要がある。これは、損害賠償の範囲について判断するときに重要である。例えば、精密機械メーカーにおけるクレームを例にあげると、対消費者と対取引先のそれぞれについて対応を検討することが必要になる。故障そのものがクレームとなり得るし、修理の対応、修理代金、修理方法についても同様にクレームとなるおそれがある。精密機械に含まれたデータ損失といった派生的損害から生じるクレームもあるが、こういった損害の算定は難しい。取引先との関係では、納期遅延、スペック違い、性能未達といったクレームや製品発火の事故などが考えられる。

☑ **【クレーム／事故対応】業務遂行チェックリスト**
- ☐ 法的報告義務があるクレーム／事故か
- ☐ 被害者／請求者の状況はどうか
- ☐ 保険会社へ通知したか
- ☐ 損害の範囲を算定したか
- ☐ 和解契約は必要か

4）行政調査

✒ 求められる法務力
- ☐ 行政調査の種類概略（期間、リスク、コスト等）を理解している。
- ☐ 行政調査の対応ができる。
- ☐ 行政調査において政府等機関に提出すべき報告書を作成できる。

●➡ KEYWORDS

【事前通知】 行政機関が違反行為をみつけた場合、必要な排除措置命令や課徴金命令の内容を決定し、命令の前にその内容を知らせること。これに対して意見を述べ、証拠を提出することができる。

【域外適用】 法規制や当局対応において、当該国内にとどまらず、自国外にも含め広く法規制や罰則が適用すること。

📖 法務実務基礎知識

　行政調査は、行政機関が事業活動等私人の行為に対して情報を集め、事案を解明し、違反行為に対しては刑事責任を追及すべく検察に告訴することである。強制調査は、法律の根拠が必要であり、税務調査、証券取引等監視委員会調査、公正取引委員会調査、消費者庁調査、食品衛生法調査などがある。間接調査は、罰則に担保された調査をいい（例：消費者安全法による調査）、任意調査は、相手方の同意の下で行われるものである。

① 行政調査の手法

　行政調査の手法としては、本人や本人以外からの報告要求、立入り、質問、出頭要求、資料提出要求、物件保全、物件移動の禁止、立入禁止要求、物品集取、収去などがある。刑事告発に相当すると判断された事件の調査は、強制調査となるが、これは裁判官が発する許可状に基づくものである。

② 公正取引委員会による調査

　公正取引委員会は、独占禁止法に違反する行為が行われている疑いがある場合、関係事業者の事業所内の関係書類や関係者の供述などの証拠を収集する調査権限を与えられている。この調査には、「行政調査」（立入調査、報告命令、提出命令が可能な強制調査と、任意で報告や物件の提出を行う任意調査）と「犯則調査」とがある。行政調査は、独占禁止法に違反する事実があると判断した場合、行政処分（排除措置命令や課徴金納付命令）を行うことを前提として行われる調査である。相手方が調査に応じない場合、刑罰が科

せられる間接強制の方法により、営業所などへの立入検査を実施して関係書類の提出を命じ、関係者に出頭を命じて事情聴取するなどの調査を行うことができる。犯則調査は、公正取引委員会が刑事告発に相当する事案であると判断した犯則事件を調査するために行われる調査であり、関係者からの事情聴取、所持品の検査等の調査を行うことができる。調査の結果、刑事告発が相当と認められたとき、検事総長に告発が行われる。

③ 下請法違反事件

下請法違反がないか、書面による定期調査と一般からの情報提供による立入検査により調査が行われる。その結果違反が判明すると、罰金や勧告がなされる。

④ 海外独占禁止法違反事件

海外の独占禁止法（例：米国法）が日本法人に適用される域外適用にも留意する必要がある。最近は、日本法人であっても米国法に違反したとして、訴えられ、収監される[2]米国反トラスト法違反事件が多くみられる。

参考事件
・2013年3月　矢崎総業、古川電工、デンソーなどの自動車部品カルテルに関わった12名が執行猶予なしの禁固刑で収監された。日本企業同士での日本における情報交換も違法とされた。
・2013年7月　パナソニックが自動車ワイパースイッチに関して米国反トラスト法に違反する価格操作に関与したとして、4,580万ドルの罰金が科された 。

独占禁止法違反に対してはリニエンシー制度が設けられており、事業者が自ら関与したカルテル・談合について、その違反内容を公正取引委員会に自主的に報告した場合、その事業者に限り当該カルテル行為に関する課徴金が減免される制度である。下請法においても、下請法違反行為を申し出た親事業者については勧告がなされない取扱いがなされている。違反行為を調査前に発見した場合、自発的に申し出る必要があるか検討する必要がある。

2) 実際には自主渡米して収監されている（矢崎総業他が報道されている）。

▌法務業務プロセス 017：行政調査 ▌▌▶

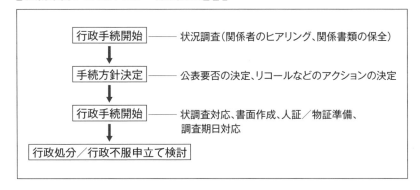

行政調査は、ある日突然開始されるので、日頃から立入調査に備えておく必要がある。独占禁止法違反調査の場合、受付、法務部門、社員や関係部署に対する対応、顧問弁護士への連絡方法を事前に取り決めておく。審査官を個室に案内して、弁護士が来るまで待っていてほしいと伝えても、「待てない」と答えられる可能性がある。対応する予定であった責任者（法務部長など）や弁護士が休暇中であったり、出張中であった場合には、自ら担当者として対応しなければならない可能性もあるため、そのような状況にも備えておかなければならない。名刺や手帳の原本とパソコン、Eメールなどの写しは証拠として押さえられるため、コピー機を用意するように依頼を受けたり、関係担当者が事情聴取のために公正取引委員会に同行を求められることになる。なお、関係者の事情聴取において、審尋調書（出頭命令の場合）と供述調書（任意の事情聴取の場合）が作成されることになる。

▫ 下請法調査 ▫

下請法調査票が送られてきた場合、基本契約の確認、個別売買はどのように行われているか（支払時期や検収条件の確認）、注文書や注文請書はどのように作成され、相手方に送られているか、支払条件はどこに記載されているか、実際どのサイトで支払いが行われているかを確認し、記入する。

▫ 景品表示法調査 ▫

景品表示法に違反する不当な表示や、過大な景品類の提供が行われている

疑いがある場合、消費者庁は、関連資料の収集、事業者への事情聴取などの調査を実施する（都道府県からの調査が行われる場合もある）。このような調査では、証拠の保全が重要である。例えば、ウェブ表現についての調査が行われた場合、マーケティング部門によってウェブが変更されることがあるので、スクリーンショットなどで証拠を残しておく必要がある。

> ☑ **【行政調査】業務遂行チェックリスト**
> - ☐ 行政機関からの書類の確認（特に回答書提出日）
> - ☐ 社内関係部署との連携、関係社員からの事情聴取
> - ☐ 関係書類、証拠の収集、証拠の保全
> - ☐ 社外弁護士の起用可否
> - ☐ 報道機関対応の必要性
> - ☐ 違反行為を発見した場合、自発的に申し出るかの検討
> - ☐ 不服申立てをするかどうかの検討

◼ ケーススタディ 012
▶契約書における合意管轄裁判地が否定されたら？

債権者の住所を合意管轄裁判地とする事業者と消費者との間の消費貸借契約に基づき、債権者が大阪簡易裁判所での裁判を提起した。消費者は現在の住所地である福岡簡易裁判所への移送を申し立てたが、債権者はこれを認めなかった。裁判所は、「一般に債務者が種々の事情で契約時の住所から変更することは有りうる」として、合意管轄条項によらず、移送を認めた。契約書に記載された合意管轄裁判地が否定された事例である[3]。

 3) 平成11年1月14日大阪地方裁判所決定・判例時報1699号99頁。

▨ ケーススタディ 013
▶社内クレーム報告書について文書提出命令がなされた場合どうすればよいか？

　社内クレーム報告書は自己使用文書として、裁判所や行政機関に文書提出したくない。しかし、企業・私人が所持する文書については原則として提出義務がある（当事者が訴訟において引用した文書を自ら所持する場合は拒否できない）。例外として、文書の所持者またはその一定の近親者の名誉を害すべき事項が記載されている文書、医師、弁護士等もしくはこれらの職にあった者が職務上知り得た事実で黙秘すべきもの、自己使用文書などがある（民事訴訟法220条4項）。社内クレーム報告書は、第三者に積極的に開示することを予定して作成されているものではないが、例外にあてはまらず提出義務ありとされる可能性が高い（銀行社内稟議書は開示が求められたが開示を認められなかったケースがある）[4]ので注意が必要である。

▨ ケーススタディ 014
▶製品事故が発生し、消費者がメーカーとのやりとりを公開する主張している。どう対応すべきか？

　製品事故であれば、端緒としてメーカー側が消費者にお詫びする立場である。しかし、消費者が納得せず、賠償額がまとまらないことも多くある。消費者は、メーカーを非難する内容や担当者の個人名や受け取ったメールなどをブログ等のネットに掲示すると迫ったり、実際に掲示することもある。担当者の住所氏名などを掲示する内容であれば脅迫罪、土下座を強要すれば強要罪となるが、法的な対応策がとれない場合もある。

第5章
会社法務

　企業活動において、グループ会社の統廃合を含む組織再編や、株主総会・取締役会の運営等は、欠かせない業務といえる。設立・組織再編等については、大企業はもちろん、中小規模の企業においても、子会社の設立や、既存の事業部門の分社化等で対応が必要になる場面が想定される。公告、登記等の手続きが必要になる場合もあり、手続きについての正確な理解が求められる。

　株主総会・取締役会の手続き等については、主に会社法によって詳細に規定されており、会社法の理解が不可欠である。スケジュールについても、法に所定の期間の定めがある場合が多く、法に従ったスケジュール管理が求められる。法務部門としては、実務を担当する関連部門と連携し、手続き等が関連法規の要請を満たしているかをチェックし、的確にアドバイスすることなどが求められる。

POINTS

● 設立・組織再編、株主総会、取締役会に関しては、手続き等に関して、主に会社法に詳細な規定があり、会社法を正確に理解することが重要である。

● 会社の組織は、会社法上設置が義務付けられる機関も踏まえ、自社に適した機関設計を行うことが求められる。

● 組織再編には、複数の手続きが用意されており、吸収型再編／新設型再編、包括承継／個別承継といった観点から、再編の目的等に応じて、適切な手続きを選択することが肝要である。

● 株主総会の運営は、スケジュール作成、事前準備、当日の運営等、対応が必要な項目が多数あるので、それぞれ会社法等の法令を遵守した対応がとられているかを確認する必要がある。

● 取締役会は、広範な権限を有する株式会社における極めて重要な意思決定機関であり、そこでの意思決定は経営に直結するので、会社法に従った適切な運営、決議を行うことが求められる。

1) 組織（設立・機関・組織再編）・事業承継

✒ 求められる法務力

- ☐ 会社設立の流れ、手続きを理解し、実務対応ができる。
- ☐ 自社の会社法上の性質と、設置が必要な機関等の会社法上の制限を理解している。
- ☐ 組織再編の種類及び特徴、手続きを理解している。
- ☐ 組織再編等にかかる公告、登記等に関わる実務作業ができる。
- ☐ 事業承継の概要を理解している。

●━ KEYWORDS

【大会社】最終事業年度の貸借対照表に計上された資本金額が5億円以上または負債合計額が200億円以上の会社をいう。

【公開会社／非公開会社】発行する株式の全部が譲渡制限付株式である株式会社を非公開会社といい、それ以外の株式会社を公開会社という。譲渡制限付株式を他人に譲渡しようとする場合、会社（取締役会設置会社においては取締役会、それ以外の場合は株主総会）の承認が必要であり、株主は、譲渡の承認をしないときは、会社または会社の指定する者が当該譲渡制限付株式を買い取ることを請求することができる。

【吸収型再編／新設型再編】既存の他社との間で行われる組織再編を吸収型再編といい、吸収合併、吸収分割、株式交換がある。組織再編に伴い新会社が設立される組織再編を新設型再編といい、新設合併、新設分割、株式移転がある。

【事業承継】経営者が相続、株式譲渡等の方法により、財産権、経営権を、他者に承継することをいう。

📖 法務実務基礎知識

① 設立

株式会社の設立手続は、概要、定款作成、出資、機関の設置等、設立登記という流れで行われる。自社の子会社を設立する場合にも、同様の手続きを経ることになる。

定款は発起人が作成し、署名又は記名押印（電磁的記録による場合、これに代わる措置）する必要があり（会社法26条）、作成された定款は、公証人による認証を受ける必要がある（同法30条1項）。出資については、設立時発行株式を引き受ける者が発起人に限られるかにより、発起設立と募集設立に区分されるが、いずれの場合も、株主となるためには、出資を履行する必要がある（同法34条、36条、63条）。

次に、発起設立の場合には発起人により、また募集設立の場合には創立総会により、設立時の役員を選任する（同法38条、88条）。その後、会社の代表者が設立の登記申請を行い、登記完了の日をもって会社が成立することになる（同法49条）。

② 組織・機関

株式会社においては、株主総会が最高の意思決定機関であるが、その他にも、定款の定めにより、取締役会等の機関が設置される。機関設計について変更を行う場合には、定款の変更を行う必要がある。

株式会社は、その性質により、「公開会社」と「公開会社以外の会社」、「大会社」と「大会社以外の会社」といった区分がなされ、それぞれ、設置が必要な機関も異なっているため、自社がどのタイプの会社にあたり、どのような機関設計が義務付けられているか、またどのような機関設計が可能かといったことを把握しておく必要がある。

株式会社以外の持分会社としては、合名会社、合資会社、合同会社の3種類があり、それぞれ、社員構成（有限責任社員／無限責任社員）に違いがある。持分会社においては、株式会社の株主総会に相当する機関として社員総会があり、業務執行を行う株式会社の取締役に相当する機関として、業務執行社

員が存在する。

③ 組織再編手続の種類

　会社組織の再編を行う場合の手続きとしては、合併、会社分割、株式交換、株式移転等の手続きがある。また、事業譲渡を用いることも考えられる。

　組織再編行為のうち、既存の他社との間で行われる組織再編を吸収型再編といい、これには吸収合併、吸収分割、株式交換が該当する。一方で、組織再編に伴い新会社が設立される組織再編を新設型再編といい、これには新設合併、新設分割、株式移転が該当する。

　組織再編行為に関する手続きは会社法で規定されており、会社法の定めに従って進めることが必要となる。また、場合によっては、金融商品取引法、独占禁止法等の規制にも留意する必要がある。

④ 事業承継

　再編組織行為とは別の問題として、特に代表者がオーナー経営者であるような会社において、経営権や財産権を他者に承継させる問題があり、これを「事業承継」とよぶ。

　事業承継の方法としては、相続の方法によるもの、株式譲渡等の会社法上の手続きを用いる方法等がある。相続の方法がとられることから顕著なように、経営者の親族間での問題であることが多いが、その際の手続きについては、民法や会社法等の規定に従う必要があり、法務担当者としては、それらの法令との関係で問題がないかの確認が必要である。

✓【組織・事業継承】業務遂行チェックリスト
- □ スケジュール、会社法上必要な手続きの確認
- □ 契約書（合併契約書等）等のチェック
- □ 公告事項のチェック、公告手続の準備
- □ 登記事項のチェック、登記手続の準備

2) 株主総会の準備と運営

✒ 求められる法務力

☐ 株主総会の権限や決議の方法を理解している。

☐ 株主総会のスケジュールを理解しており、会社法の要件を満たすかの チェックや、スケジュール管理ができる。

☐ 株主総会招集通知の記載事項を理解しており、発送にかかる対応ができる。

☐ 株主総会参考書類を理解している。

☐ 株主総会のシナリオ、想定問答を作成できる。

☐ 株主総会の決議方法を理解している。

☐ 株主総会議事録の作成事務ができる。

●⇒ KEYWORDS

【定時株主総会／臨時株主総会】 毎事業年度の終了後一定の時期に招集することが義務付けられている株主総会を定時株主総会、それ以外に必要に応じて開催できる株主総会を臨時株主総会という。

【株主総会招集通知】 株主総会の招集にあたり、取締役から株主に対して発することが義務付けられている通知。必要な記載事項が定められている。

【株主総会資料の電子提供制度】 制度の採用を定款で定めた会社において、取締役が、株主総会資料を自社ホームページ等のウェブサイトに掲載し、株主に対し、当該ウェブサイトのアドレス等を書面で通知した場合には、株主の個別の承諾を要することなく、株主に対して株主総会資料を適法に提供したものとする制度（令和元年改正により導入。令和4年施行見込み）。

【計算関係書類】 成立の日における貸借対照表、各事業年度に係る計算書類（貸借対照表、損益計算書、株主資本等変動計算書、個別注記表）及びその附属明細書、臨時計算書類、連結計算書類をいう。

【バーチャル株主総会】 会社の取締役等や株主が、インターネット等の電子的手段を用いて参加又は出席することが許容されている株主総会。

📖 法務実務基礎知識

① 株主総会の権限

　株主総会は、株式会社における最高の意思決定機関であり、取締役会設置会社以外の会社においては、会社法に規定する事項、及び株式会社の組織、運営、管理その他株式会社に関する一切の事項について決議する権限を有する（会社法295条1項）。

　一方、取締役会設置会社においては、株主総会の決議事項は、会社法に規定する事項及び定款で定めた事項に限定されている（同法295条2項）。定款において取締役会を設置することは、所有と経営の分離を進め、経営については取締役会の意思決定を尊重する趣旨であることから定められた規定である。

② 株主総会の事前準備

　株主総会には、毎事業年度の終了後一定の時期に招集することが義務付けられている定時株主総会と、それ以外に必要に応じて開催できる臨時株主総会がある。定時株主総会については、事業年度との関係で、要件を満たす日時で開催日を決定する必要があり、開催日により、招集通知の発送期限が決まるなど、事前準備のスケジュールも決まってくる。

　事前準備の内容は、会社の性質（大会社であるか等）、開催方法によっても変わってくるが、必要書類の作成、取締役会（株主総会招集の決定、計算書類の承認等）、招集通知の発送等があげられる。

　株主総会を招集する場合に取締役会で決定すべき事項は、会社法、会社法施行規則に定められている（会社法298条1項、4項、同法施行規則63条）。

③ 招集通知

　株主総会の招集にあたっては、取締役は、株主総会の2週間前（公開会社でない株式会社は1週間前）までに、株主に対して通知を発することとされている（会社法299条1項）。招集通知の記載事項は、会社法及び会社法施行規則で定められており（同法298条1項、299条4項、同法施行規則63条）、具体的には、株主総会の日時・場所、株主総会の目的事項、書面投票を採用す

る場合はその旨等であり、招集にあたっての取締役会における決議事項と重なる。

④ 当日の運営

　株主総会の運営方式には、大別して、個別上程個別審議方式と一括上程一括審議方式の2つがある。個別上程個別審議方式とは、株主総会の目的事項ごとに上程、質疑応答、採決（決議事項の場合）を繰り返す方法であり、一括上程一括審議方式とは、株主総会の目的事項についてすべて上程した上で、一括して質疑応答を行い、その後各議案の採決を行う方法である。

　株主総会の決議には、普通決議（議決権を行使できる株主の議決権の過半数を有する株主が出席し、出席した株主の議決権の過半数の賛成による）、特別決議（議決権を行使できる株主の議決権の過半数を有する株主が出席し、出席した株主の議決権の3分の2以上の賛成よる）、と特殊決議（議決権を行使できる株主の半数以上が出席し、出席した株主の議決権の3分の2以上の賛成よる）の3種類があり、決議事項によってどの決議方法によるかが定められている。決議の要件については、一定の条件の下、定款で変更することができる。議決権の行使方法について、株主総会の招集者は、株主総会に出席しない株主が書面によって議決権を行使できる旨（書面投票制度）、電磁的方法によって議決権を行使できる旨（電子投票制度）を定めることができる。

▌法務業務プロセス 018：株主総会の準備と運営 ▌▌▶

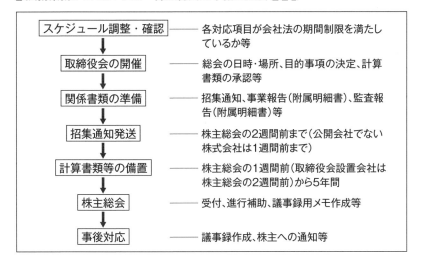

▫ 事前準備 ▫

　株主総会は、必要書類の作成、取締役会、招集通知の発送等、当日までに会社法等に規定された所定の対応を行う必要があることから、スケジュールの把握や関係部門との連絡調整が不可欠である。全体スケジュールについては、関連部門間で調整の上作成されるのが一般的であろうが、法務部門の担当者としては、スケジュールが会社法の規定に沿って作成されているかを確認し、どの程度の余裕があるか等も確認しておく必要がある。計算書類等の必要書類は、関係部門と役割分担をして作成を行う必要がある。また、当日のシナリオや想定問答の作成も必要であり、これらについても、進行が会社法上の要請に合致しているか等の確認を行うことが求められる。

　バーチャル株主総会として実施する場合には、通信手段の確認や通信障害が生じた場合の措置の検討、バーチャルで出席する株主に対する事前説明等も行う必要がある。

▫ 株主への書面発送 ▫

　株主への招集通知等の書面発送については、関連部門と協力して必要な書面を作成の上、発送書類に漏れがないか、書類の記載内容等が会社法の要請

を満たしているか等の確認を行う必要がある。また、書面発送の事務手続についても、関連部門と協力して行い、確実に発送が行われるように留意する必要がある。

◖ 当日運営 ◗

株主総会の当日の進行については、実務上はシナリオを作成しておき、それに従って進行することが一般的である。法務担当者も事前に決められた役割に従った対応をとることになる。

受付においては、議決権のある株主をスムーズに入場させることが重要となる。実務上は、会社が招集通知に同封して株主に送付した議決権行使書面を受付で提出した者を株主本人と推定して入場を認める扱いが一般的である。株主は代理人によって議決権を行使できることとされているが（会社法310条1項）、代理人の資格を定款で制限（他の議決権を有する株主1名等）することも、合理的な理由があれば有効とされている。代理人と称する者が入場を求める場合、代理権を証する書面（委任状等）の提出を求めることになる。

総会の進行中は、動議が出された場合等に必要に応じて進行の補助を行うとともに、実際の進行や決議方法等が会社法の要請を満たしているか等の確認を行い、また、議事録作成の元資料となるメモも作成しておく必要がある。

バーチャル株主総会として実施する場合には、通信障害等の緊急事態が生じた場合についての取扱いを取り決めた上で事前に周知し、実際に緊急事態が生じた場合には、周知した内容に沿って対応し、議事進行が滞らないように進行することが求められる。

◖ 事後対応 ◗

株主総会終了後には、議事録作成等の法定の事項のほか、欠席株主等に対する通知書面の発送等、法律上の要請ではないものの多くの会社で行われている対応がある。事前に作成された全体スケジュールに基づき、漏れのないように対応する必要がある。

☑️ 【株主総会の準備と運営】業務遂行チェックリスト
☐ スケジュール調整
☐ 取締役会開催
☐ 計算書類等作成・提出
☐ 事業報告等作成・提出
☐ 招集通知発送
☐ 計算書類等の備置
☐ シナリオ作成、確認
☐ 想定問答作成、確認
☐ 総会進行補助、議事録用メモ作成
☐ 事後対応

3）取締役会の運営

求められる法務力

☐ 取締役会の権限を理解している。

☐ 取締役会の招集手続を理解し、招集事務のサポートができる。

☐ 取締役会の決議要件や決議の方法を理解し、運営に関するサポートと
リーガルチェックができる。

☐ 特別利害関係人について理解している。

☐ 取締役会議事録の作成事務ができる。

⚷ KEYWORDS

【取締役会設置会社】会社法上、取締役会の設置が義務付けられている会社
（公開会社、監査役会設置会社、委員会設置会社）及び取締役会を設置して
いる会社をいう。

【みなし決議】取締役会設置会社が定款で定めることにより、取締役会の全
員が書面等により決議事項に同意した場合に、当該事項を可決する決議が
あったとみなすこと（会社法370条）。

【特別利害関係人】取締役会の決議に関し、特別の利害関係を有し、議決に

加わることができない取締役をいう。

【取締役会議事録】 取締役会の議事について、法令で作成が義務付けられている書面。出席した役員の署名（記名押印）も求められる。

📖 法務実務基礎知識

① 取締役会の組織

取締役会は、取締役全員で構成される会議体である（会社法362条1項）。取締役会を設置するには、定款でその旨を定めることが必要となる（同法326条2項）。

② 取締役会の権限

取締役会は、業務執行に関する意思決定と、取締役等の職務執行の監督の権限を有する（会社法362条2項）。

取締役会設置会社においては、業務執行の決定権は、個々の取締役ではなく取締役会に帰属することとされており、また、株主総会の権限も限定されるため（同法295条2項）、取締役会の役割が非常に重要になる。

③ 取締役会の招集及び運営

取締役会は各取締役が招集する（会社法366条1項本文）こととされており、原則、各取締役が招集権限を有する。ただし、取締役会の招集権者を定款または取締役会で定めた場合、その取締役のみが招集権限を有する（同法366条1項ただし書、416条4項7号）。取締役会の招集権者を定めた場合、招集権を有しない取締役は、招集権者に対して、招集の請求をすることができる（同法366条2項）。監査役会設置会社の監査役や株主等も、一定の要件を満たす場合、取締役会の招集を請求することができる。

取締役会の議長は法律上必要とされているわけではないが、定款や取締役会規則で定められていることが一般的である。議長に関する定めがない場合、取締役会において定めることとなる。

取締役会の決議は、議決に加わることができる取締役の過半数が出席し、

その過半数の賛成によって行われる。定款でこれより厳格な要件を定めた場合には、それに従うことになる。取締役会の決議に関し、特別の利害関係を有する取締役は、議決に加わることができない(同法369条)。

取締役会は、個人的な信頼に基づいて選任された取締役が相互の意見交換を通じて意思決定を行う場であるため、代理出席は認められない。書面によるいわゆる「持ち回り決議」も原則として認められていないが、定款で同法370条所定の決議の省略(いわゆる「みなし決議」)を定めている場合は可能となる。この同法370条のいわゆる「みなし決議」とは、定款の定めに基づき、取締役会の全員が書面等により決議事項に同意した場合に、当該事項を可決する決議があったとみなすことをいい、全員の同意が提案者に到達したときに決議がなされたものと扱われる。テレビ会議、電話会議等については、各取締役の音声が即時に他の取締役に伝わり、適時的確な意見表明が互いにできるのであれば可能とされている。

④ 取締役会議事録

取締役会を開催した場合には、議事録を作成し、出席した取締役及び監査役は、これに署名または記名押印することとされている(会社法369条3項)。議事録には、開催日時・場所、議事の経過の要領及びその結果等の所定の事項を記載する必要がある(同法369条3項、同法施行規則101条3項)。

▌法務業務プロセス 019：取締役会の運営 ▌▌▶

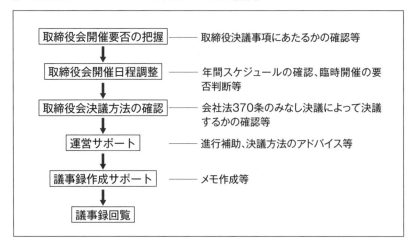

◨ 事前準備 ◨

　取締役会には、取締役、監査役の出席が求められ、また、取締役の業務報告等、定期的な開催が求められる（最低3ヵ月に1回（会社法363条2項、372条2項））ことから、毎月所定の日に開催する、各事業年度の年間予定に組み込む等、事前にスケジュール調整をしておく必要がある。また、法律上は、開催の通知は取締役が行うこととされているが、取締役以外の実務担当者の出席確認、資料配布等の実務上の連絡調整については、総務等の関連部門と協力、役割分担して行うことが求められる。

◨ 運営サポート ◨

　取締役会は、取締役及び監査役が出席し、通常は定款の定めにより代表取締役を議長に選出して進行される。実務上は、適宜、法務担当者が進行補助を行い、決議事項、決議要件、決議方法の確認、進行についてのアドバイス等のサポートを行うことが求められる。また、取締役会議事録作成の元資料となるメモ等の作成も必要となる。

◨ 議事録作成 ◨

　取締役会議事録は、署名義務者である取締役に課された義務であるが、事務担当者が履行補助者として関与することは問題ないとされている。そのた

め、実務上は、担当者が議事録案を作成して、担当取締役が承認する形で作成されることとなると考えられる。そこで、法務担当者としては、担当取締役の確認前の段階において、議事録の記載が法令の要件を満たしているか等の確認を行うことが求められる。

☑ **【取締役会の運営】業務遂行チェックリスト**
- ☐ 開催要否の把握
- ☐ 開催日程確認、調整
- ☐ 決議方法の確認
- ☐ 運営サポート
- ☐ 議事録作成サポート
- ☐ 議事録回覧

◾ ケーススタディ 015

▶ある取締役から、取締役会決議を書面で行ってほしいとの要望があった場合、どのようにアドバイスすべきか？

- -

　取締役会を実際に開催せずに、書面で決議をとる「書面決議」「持ち回り決議」などといわれる決議方法は、原則として有効な取締役会決議とならないが、定款で会社法370条のいわゆる「みなし決議」をを定めている場合には、これによることが可能である。そこで、まず定款の定めを確認し、みなし決議の規定がなされていれば、所定の手続きに沿ってみなし決議を行うよう、アドバイスをすべきである。一方、定款にみなし決議の定めがない場合には、書面での決議は有効とならず、このような決議に基づいて業務執行が行われた場合、取締役会決議を経ていない業務執行として、違法と評価される可能性もあるため、日程を調整したり、テレビ会議システムを用いるなどして、取締役が参加した場において決議を行うようアドバイスすべきである。

✔ ケーススタディ 016

▶法務部門の担当者が取締役会議事録を作成してもよいか?

　取締役会議事録の作成義務者は、議事録への署名義務を負う取締役とされている（会社法369条3項）ため、取締役でない法務部門の担当者が取締役議事録の作成者となることはできないが、当該取締役の履行補助者として、議事録作成事務を行うことは差し支えないと考えられており、議事録作成の作業を行うことは可能である。

✔ ケーススタディ 017

▶株主総会の参考書類に誤記があった場合、どのように対応すればよいか?

　総会前の対応としては、WEB修正[1]や、訂正の通知を発送することが考えられる。総会当日の対応としては、正誤表を配布したり、口頭で説明することが考えられる。議案の内容に関わらない軽微な誤記で、決議取消等のリスクが想定されない場合、あえて特段の対応をしないという方法も考えられる。

✔ ケーススタディ 018

▶株式上場を準備中で、これまで株主総会の会場への出席のみで実施していた会社において、取締役から、株主総会をインターネットによる出席のみの形態（バーチャルオンリー株主総会）で実施したいとの要望があった場合、どのように対応すべきか?

　会社法の規定では、株主総会の開催に際し、「場所」を定めなければならない（会社法298条1項1号）とされているため、物理的な会場を設ける必要がある。そのため、現行法においては、バーチャルオンリー株主総会は認められていない。バーチャル株主総会への移行を考える場合、物理的会場を設けた上で、インターネットでの出席も認める形態（ハイブリッド型バーチャル株主総会）を検討すべきである。

1）株主総会参考書類等に修正すべき事項が生じた場合に、修正後の事項を株主に周知させる方法を招集通知と合わせて通知した場合、当該方法による周知が可能となる。実務上はWEB上で周知を図ることが多く、「WEB修正」とよばれる。

　ただし、昨今の社会情勢に鑑みて産業競争力強化法が改正され（令和3年6月施行）、上場会社については、所定の要件を満たした場合には、バーチャルオンリー株主総会を実施できることとされている。最新の動向に注意することが重要である。

第6章
コンプライアンス法務

　企業活動において、法律を遵守することは当然である。経営者は、コンプライアンスを基礎にした経営であるコンプライアンス経営が必要であると企業活動方針で述べてその重要性を理解している。にもかかわらず、過去においては、不正会計、顧客情報流出、食品偽装といった様々な不祥事によって企業の信用が著しく低下する事件が生じてきた。コンプライアンス違反は、レピュテーションリスク、業績悪化、株価低迷、さらに最悪の場合には企業が倒産することさえ起こる。

　法務部門としてコンプライアンス確保にどのように関与すべきかが重要なポイントとなる。法務部門は、従来契約法務や会社法務（株主総会運営）に重点を置いており、コンプライアンス業務は必ずしも法務業務の中心なわけではなく、各社によってその法務部門のコンプライアンス業務への関与度合いは異なる。コンプライアンス法務を構築するためには、まずコンプライアンスルールを定めることから始めることが必要である。なお、多くの企業は日本国内だけでなく海外においても事業を展開しているため、日本法のコンプライアンス対応のみならず、事業を展開する海外の国における法律のコンプライアンス対応が必要となる。

　米国企業の法務部では、コンプライアンス担当者を置くことが通常であり、さらに倫理、データセキュリティ、プライバシーについてもカバーすることが多く、事件が生じたときには法務が不正調査を行うこともある。

POINTS

- 公正な事業を確保し、贈収賄、腐敗行為などのリスクを低減させるためのコンプライアンス・プログラムは、社内用、社外用（一般顧客向け、取引先向け、ベンダー向けなどそれぞれ）を整備することが重要である。
- 社内用コンプライアンス・プログラムは、従業員にコンプライアンスを遵守させるために作成した計画であり、ガイドライン、社員教育、罰則規定などが含まれる。
- 反社会的勢力に対して屈することなく法律に則して対応することや、反社会的勢力に対して資金提供を行わないことは、コンプライアンスそのものである。
- 顧客からの悪質なクレームがなされることがあり、企業として適切な対応をとることがコンプライアンスの観点から求められる。
- 法務部門によるコンプライアンス業務への積極的な関与によってコンプライアンス違反からくるリスクを軽減することが重要である。

1) 贈賄罪・外国公務員汚職防止規制

🖊 求められる法務力

- ☐ 日本および業務に関連する諸外国の贈収賄規制を理解する。
- ☐ 贈賄規制の適用範囲と当局の執行傾向を理解する。
- ☐ 社内および社外のコンプライアンスプログラム内容と運用を理解する。
- ☐ 贈賄禁止ポリシーを社内に浸透させ、社内研修を実施する。
- ☐ コンプライアンス通報窓口の運用と通報後の手続きを理解する。

⚷ KEYWORDS

【単純収賄罪】公務員が、その職務に関し、賄賂を収受し、又はその要求若しくは約束をした罪で他の加重類型と区別するために単純収賄罪という。公務員には「みなし公務員」を含む。刑法197条1項前段。

【受託収賄罪】公務員が、請託を受けて、その職務に関し、賄賂を収受し、

又はその要求若しくは約束をした罪。同法197条1項後段。

【贈賄罪】 賄賂を供与し、又はその申込み若しくは約束をした罪。同法198条。

【加重収賄罪】 単純収賄罪や受託収賄罪の行為があり、さらに実際に不正行為があった場合に刑が重くなる。同法197条の3第1項。

【国家公務員倫理規程】 倫理規程は、国家公務員が、許認可等の相手方、補助金等の交付を受ける者など、国家公務員の職務と利害関係を有する者（利害関係者）から金銭・物品の贈与や接待を受けたりすることなどを禁止しているほか、割り勘でも利害関係者とともにゴルフや旅行などを行うことを禁止している。利害関係者とは国家公務員が接触する相手方のうち、特に慎重な接触が求められるものであり、国家公務員が現に携わっている（異動後3年間を含む）許認可等の申請をしようとする者の事務の相手方をいう。

【外国公務員贈賄罪】 営業上の不正な利益を得るために外国公務員等に対し賄賂を提供することを禁止する。不正競争防止法18条1項。

【外国公務員等】 同法2項における「外国公務員等」とは、主に以下のいずれかの者をいう：①外国政府等の公務に従事する者、②外国の特別法に基づいて設立された政府関係機関の事務に従事する者（日本における特殊法人職員等）、③外国政府等から独占権等の特権を与えられている外国の公的企業の事務に従事する者、④国際機関の公務に従事する者（例：国連職員）、⑤外国政府等または国連機関から委任を受けた事務に従事する者。

【米国海外腐敗行為防止法（FCPA）】 Foreign Corrupt Practices Act of 1977 米国における外国公務員に対する賄賂禁止法制。米国内部の行為のみならず、域外（例えば日本国内）の行為に適用される可能性がある。

📖 法務実務基礎知識

① 贈収賄罪と取締役等贈収賄罪

公務員に対する贈収賄罪が成立すると、懲役や罰金の他に政府や地方公共機関の入札募集要項等によって入札参加停止等の処分になる。

賄賂罪（収賄罪）は、公務員が対象であり、一般人が商取引に関連して不正に金銭などを受け取っても犯罪の問題は生じないが、会社法は、株式会社

の取締役や会計参与、監査役、執行役などが職務に強い公共的性格が認められることから、その公正さを守るために特に贈収賄罪を規定している。なお、会社法では、「不正の請託」を受けた場合についてのみ処罰され、法定刑は「5年以下の懲役」または500万円以下の罰金に処される。

② 外国公務員贈賄罪

　平成9年にOECD（経済協力開発機構）において採択された「外国公務員贈賄防止条約（国際商取引における外国公務員に対する贈賄の防止に関する条約）」に基づき、日本においても各国と共同歩調して同等の措置を講じることになった。犯罪の構成要件は、「ある者が故意に、国際商取引において、商取引又は他の不当な利益を取得し又は維持するために、外国公務員に対し、当該外国公務員が公務の遂行に関して行動し又は行動を差し控えることを目的として、当該外国公務員又は第三者のために、金銭上又はその他の不当な利益を直接に又は仲介者を通じて申し出、約束し又は供与すること」である（不正競争防止法18条）。なお、外国公務員の定義は、外国（外国の地方公共団体も含む）の立法、行政、司法の職にある者、外国の公的機関（公共の利益に関する特定の事務を行うために特別の法令によって設立された組織）の職員等外国のために公的な任務を遂行する者、公的な企業の職員等外国のために公的な任務を遂行する者、公的国際機関の職員又は事務受託者である。経済産業省は、外国公務員贈賄防止指針を作成している。

　外国公務員贈賄罪がどのようなケースで考えられるかというと、外国における国営企業や外国政府との取引を受注する目的や外国政府から許認可を取得する際に外国公務員に賄賂を提供する場合が該当する。なお、日本国外において罪を犯した日本国民に適用される（不正競争防止法21条8項及び刑法3条）。実際の事件として第1件目の執行となった九電工ゴルフセット事件（2007年）は、来日中のフィリピンの捜査局局長ら2名にゴルフクラブセット合計約80万円相当を贈った事件である。この事件では、元副社長に罰金50万円、元社員には20万円の略式命令が下された。第2件目のPCI事件（2009年）は国外で発生した事件である。ベトナムでの政府開発援助事業を受注す

るため、ベトナム現地高官に贈賄したとして、不正競争防止法違反（外国公務員への贈賄）容疑で、元PCI幹部4人が逮捕された。2009年1月、一審の東京地裁は、被告人の元幹部ら3人とPCI社に対し、不正競争防止法違反でいずれも有罪とする判決を下した。

外国公務員贈賄罪の罰則は、**図表1-6-1**のとおりである（不正競争防止法21条2項、22条1項）。

図表1-6-1：外国公務員贈賄罪の罰則	
法　人	3億円以下の罰金刑
個　人	5年以下の懲役若しくは500万円以下の罰金（またはその併科）

③ 米国海外腐敗行為防止法（FCPA）

米国では、ロッキード事件等の賄賂事件がきっかけとなり、米国外の公務員に対する商業目的での賄賂行為を禁止するために1977年に制定された。その基本構成は、贈賄禁止条項、会計処理条項、内部統制条項からなる。賄賂禁止条項とは、米国人や米国の企業等が、取引の獲得や維持、あるいは商取引を誘導する目的で、米国以外の政府関係者・公務員に、賄賂や何らかの価値のあるものの支払いの約束や申し入れ、または承認を助長するような行動を直接的にも間接的にも行ってはならない、と定める。会計処理条項とは、資産の処分及び取引を、合理的に詳細、正確、公正に反映する帳簿、記録、勘定を作成、保存することを義務付けている。内部統制条項は、適切な内部会計統制システムを設置・維持することを義務付けている。

④ 英国贈収賄防止法（Bribery Act 2010）

英国贈収賄防止法は、公務員に対する贈賄だけでなく、私人間の贈収賄も対象としている点において、米国海外腐敗行為防止法と異なる。なお、贈賄を防止することができなかった企業に罰則を科す賄賂防止懈怠罪が導入されている。

▌法務業務プロセス 020：贈賄罪・外国公務員汚職防止規制への対応 ▌▌▶

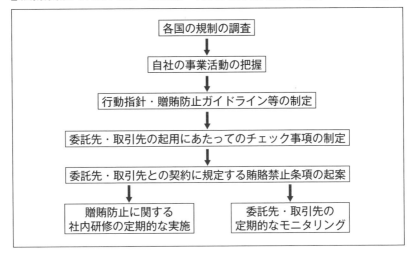

各国の規制の調査
↓
自社の事業活動の把握
↓
行動指針・贈賄防止ガイドライン等の制定
↓
委託先・取引先の起用にあたってのチェック事項の制定
↓
委託先・取引先との契約に規定する賄賂禁止条項の起案
↓　　　　　　　　　　　　　　↓
贈賄防止に関する　　　　　委託先・取引先の
社内研修の定期的な実施　　定期的なモニタリング

　贈賄禁止法令への違反を防ぐためには、社内で贈賄禁止のポリシーを徹底し、これに基づき贈賄防止のためのコンプライアンス・プログラムを制定することが有効である。コンプライアンス・プログラムは、自社の事業活動の規模や地域、接触のある公務員の種類や取引等の内容に応じて、カスタマイズする必要がある。

　公務員に対して直接賄賂を渡す場合だけではなく、第三者を通じて贈賄を行う場合も違法になるため、特に公務員との取引に関連して委託先や代理店等を起用する際は、これらの第三者を通じて公務員に対して贈賄が行われないよう、注意が必要である。そのため、取引先起用にあたっての事前チェック項目や取引先との契約に規定する賄賂禁止条項を準備しておくべきである。

　また、贈賄防止のコンプライアンス・プログラムを浸透させるため、定期的に社内研修を実施し、違反が発覚した場合にはルールに基づき懲罰を実施することも重要となってくる。

　さらに、贈賄禁止法令への違反が発覚した際には、内部調査の実施、当局への自己申告に関する判断、マスコミ対応、当局による捜査への協力等といった不祥事対応も発生する。

☑ **【贈賄罪・外国公務員汚職防止規制への対応】業務遂行チェックリスト**

- ☐ 贈賄罪・外国公務員汚職防止体制が社内で整っているか（社内規程、社内承認プロセスやコンプライアンスポリシーなど）の確認
- ☐ 取引開始時に内外政府機関、政府出資公団、政府関係者個人（個人商店含む）との取引でないか、政府取引禁止リストに含まれていないかの確認
- ☐ 公務員との会食、接待、贈答に関する社内規程の整備確認
- ☐ マネーロンダリングでないかの確認実施
- ☐ 取引先、業務委託先との取引内容と対価の妥当性の確認
- ☐ 贈賄罪・外国公務員汚職防止規制への社内教育の確認
- ☐ 違反事件が発覚した場合のプロセス確認

■ **ケーススタディ 019**

▶ **A国に海外駐在員を派遣するにあたって、予定時期を過ぎてもビザが発給されない。処理を促進するために、A国の入管職員に少額金銭を支払うことに問題はあるか？**

　米国海外腐敗行為防止法（FCPA）においては、少額支払いの例外として本問のような場合に少額金銭を facilitation payments（通常の行政サービスの円滑化のための少額支払い）として、税関の通関手続など公務員給与が低額であることから担当者から要求がある場合に支払っても合法となっている。

　一方、日本の不正競争防止法や英国の贈収賄防止法においては、このような支払いが例外であるとの規定はない。原則的にはこのような支払いは避けるべきである。

2）反社会的勢力への対応

求められる法務力
- ☐ 政府指針、暴力団排除条例を理解している。
- ☐ 暴力団排除条項をドラフトできる。
- ☐ 契約解除通知をドラフトできる。
- ☐ 不当要求対応の初動を指示できる。
- ☐ 警察等への相談資料を準備できる。

☛ KEYWORDS

【反社会的勢力】 暴力団をはじめとする暴力、威力と詐欺的手法を駆使して経済的利益を追求する集団または個人[1]。

【表明確約条項】 相手方に反社会的勢力ではないことを表明・確約させる条項。

【内部統制システム】 事業の規模、特性等に応じたリスク管理体制[2]。大会社等は整備の決定義務を負う（会社法348条4項、362条5項、399条の13第2項、416条2項）。

法務実務基礎知識
① 反社会的勢力と暴力団

　政府の犯罪対策閣僚会議幹事会申合せ「企業が反社会的勢力による被害を防止するための指針」（以下「政府指針」という）は、反社会的勢力を「暴力、威力と詐欺的手法を駆使して経済的利益を追求する集団または個人」と定義し、その該当性の判断に際しては、「暴力団、暴力団関係企業、総会屋、社会運動標ぼうゴロ、政治活動標ぼうゴロ、特殊知能暴力集団等といった属性要件に着目するとともに、暴力的な要求行為、法的な責任を超えた不当な要求といった行為要件にも着目することが重要」[3]であるとしている。「反社会的勢力」は単に暴力団だけを示す概念ではないことに注意を要する。

---

1) 犯罪対策閣僚会議幹事会申合せ「企業が反社会的勢力による被害を防止するための指針」（平成19年6月19日）（ https://www.moj.go.jp/content/000061957.pdf）。
2) ダスキン株主代表訴訟事件（平成18年6月9日大阪高等裁判所判決・判例タイムズ1214号115頁）。
3) 前掲注1を参照。

② 暴力団排除条例

　暴力団排除条例には、事業者の責務を規定するものもある。例えば、東京都の条例(以下「条例」という)では、以下の条項が事業との関係で重要である。

◾ 事業者の契約時における措置 (条例18条) ◾

　契約時に相手方等が暴力団関係者でないことを確認すること (1項)、暴力団関係者であることが判明した場合に無催告解除できる特約を付すこと等(2項)を事業者の努力義務と規定している。

◾ 不動産の譲渡等における措置 (条例19条) ◾

　不動産の譲渡・貸付けに際し不動産の利用目的が暴力団事務所でないことの確認をすること (1項)、不動産が暴力団事務所に利用されていることが判明した場合の無催告解除特約や買戻特約を付すこと等 (2項)を努力義務と規定している。

◾ 事業者の規制対象者等に対する利益供与の禁止等 (条例24条) ◾

　事業者がその事業に関して規制対象者 (2条5号)の威力を利用することの対価として利益供与すること (24条1項)、事業者が暴力団の活動を助長し、またはその運営に資することを知って利益供与すること (同条3項)等を禁止している。

③ 暴力団排除条項

　暴力団排除条項 (以下「暴排条項」という)とは、契約の相手方が反社会的勢力であると判明した場合に、契約を解除する条項である。一般的な暴排条項は、以下に説明する表明確約条項と無催告解除特約で構成されている。なお、反社会的勢力の該当性判断が難しい場合もあるため、表明確約条項と無催告解除特約に加えて、契約の相手方に調査協力義務を課すこともある。

◾ 表明確約条項 ◾

　反社会的勢力との契約締結を回避するため、反社会的勢力でないことを表明・確約させる条項である (条項例は以下を参照)。契約後に表明・確約に違反する事実が判明した場合は、無催告解除特約による解除を検討する。

> （暴力団等反社会的勢力の排除）
> 第●条　乙は、甲に対し、本件契約時において、乙（乙が法人の場合は、代表者、役員又は実質的に経営を支配する者。）が暴力団、暴力団員、暴力団関係企業、総会屋、社会運動標ぼうゴロ、政治運動標ぼうゴロ、特殊知能暴力集団、その他反社会的勢力（以下「暴力団等反社会的勢力」という。）に該当しないことを表明し、かつ将来にわたっても該当しないことを確約する。

出所）大阪府警察「暴力団排除条項の記載例」1 一般的契約例
(https://www.police.pref.osaka.lg.jp/material/files/group/2/ippan.pdf)

▣ 無催告解除特約 ▣

　契約の相手方が反社会的勢力であることが判明した場合に、無催告で解除できることを定める条項である（条項例は以下を参照）。事実関係によっては解除が認められない場合もあるので、弁護士に相談して手続きを進めることも必要である[4]。

> （契約の解除等）
> 第●条　甲は、乙が暴力団等反社会的勢力に属すると判明した場合、催告をすることなく、本件契約を解除することができる。
> 2　甲が、前項の規定により、個別契約を解除した場合には、甲はこれによる乙の損害を賠償する責を負わない。
> 3　第1項の規定により甲が本契約を解除した場合には、乙は甲に対し違約金として金●●円を払う。

出所）大阪府警察「暴力団排除条項の記載例」1 一般的契約例
(https://www.police.pref.osaka.lg.jp/material/files/group/2/ippan.pdf)

④ 内部統制システムとの関係

　政府指針は、「反社会的勢力による被害の防止は、業務の適正を確保するために必要な法令等遵守・リスク管理事項として、内部統制システム」に位置付ける必要性を指摘している。そして、政府指針の解説[5]には、「取締役の善管注意義務の判断に際して（中略）本指針が参考にされることなどはあり

---

4)　参考：昭和43年11月21日最高裁判所第一小法廷判決・民集22巻12号2741頁（家屋賃貸借契約における無催告解除特約の効力を肯定した事例）。
5)　犯罪対策閣僚会議幹事会申合せ「企業が反社会的勢力による被害を防止するための指針に関する解説」（平成19年6月19日）(https://www.moj.go.jp/content/000061959.pdf）。

得る」と記されている[6]。

　以上を考慮すると、企業は、善管注意義務との関係にも留意し、反社会的勢力との関係遮断を進める必要がある。

▌法務業務プロセス 021：不当要求（攻撃型）への対応▐▐▶

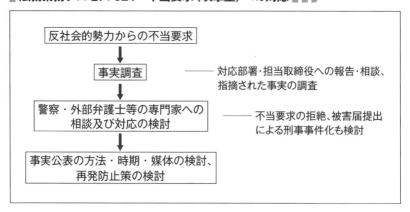

▫ 不当要求の類型 ▫

　政府指針の解説は、下表のとおり、不当要求を「接近型」と「攻撃型」の2つに分類している[7]。

図表1-6-2：不当要求の類型

類 型	内 容	対 応 策
接近型	反社会的勢力が、機関誌の購読要求、物品の購入要求、寄付金や賛助金の要求、下請け契約の要求を行うなど、「一方的なお願い」あるいは「勧誘」という形で近づいてくるもの	・不当要求は断る
攻撃型	反社会的勢力が、企業のミスや役員のスキャンダルを攻撃材料として公開質問状を出したり、街宣車による街宣活動をしたりして金銭を要求する場合や、商品の欠陥や従業員の対応の悪さを材料としてクレームをつけ、金銭を要求する場合	・事実関係を調査 ・不当要求は断る ・事実関係の開示 ・再発防止策の徹底

6）参考：蛇の目ミシン株主代表訴訟上告審判決（平成18年4月10日最高裁判所判決・民集60巻4号1273頁）。
7）前掲注5を参照。

■ 不祥事の公表 ■

指摘されたスキャンダル等が事実であった場合、不祥事の態様、社会的な関心の高さなどを考慮し、事実関係を公表するかどうかを検討する。公表が必要と判断した場合は、事案の性質に応じて、プレスリリース、記者会見などの媒体を選択し、速やかに公表することが重要である。

■ 不当要求防止責任者講習 ■

都道府県暴力追放運動推進センターは、不当要求防止責任者講習を開催している。この講習では、暴力団の活動実態、不当要求の手口、警察への連絡方法などを学ぶことができる。不当要求防止責任者は参加する方がよいだろう。

☑ 【不当要求対応】業務遂行チェックリスト
- □ 攻撃型不当要求の場合は、事実関係の調査
- □ 警察・外部弁護士等へ相談
- □ 役員・従業員の安全確保の必要性の判断
- □ 被害届を提出すべきか検討
- □ 事実公表（中間報告を含む）の時期、媒体、内容の検討

◼ ケーススタディ 020

▶取引先が反社会的勢力であるとの情報が入った。どう対応すべきか？

まず警察等の外部機関へ相談・照会を行う。この際、取引先の情報（登記情報、役員の氏名・生年月日など）、契約書、反社会的勢力であると疑った経緯などを用意して臨むとよい。反社会的勢力との関係自体がリスク[8]となる現実を踏まえ、契約解除、取引先の見直しなどを迅速に実施することが大切である。なお、取引契約に暴排条項の規定がない場合は、他の解除事由や契約更新拒絶による関係解消を検討することになる。

8）不動産の立退交渉を反社会的勢力に委託したとの報道を契機に資金調達が困難となり、民事再生の申立てをした2008年の株式会社スルガコーポレーションの事例が参考になる。

3) 危機管理体制の構築

✒ 求められる法務力

☐ 不可抗力免責条項・危険負担条項をドラフトできる。

☐ 緊急時に営業部等からの相談に対応できる。

☐ 災害対応マニュアルのドラフトを作成できる。

●➡ KEYWORDS

【不可抗力事由】 地震など、外部から発生した事実で、取引上要求できる注意や予防方法を講じても防止できないもの。

【不可抗力免責条項】 不可抗力事由を原因とする債務者の免責を認める条項。

【安全配慮義務】 ある法律関係に基づいて特別な社会的接触の関係に入った当事者間において、当該法律関係の付随義務として当事者の一方又は双方が相手方に対して信義則上負う義務[9]。

📖 法務実務基礎知識

　不可抗力事由が発生すると、契約債務を履行できない場合や従業員の安全が脅かされる場合がある。こういった事態に対処できるよう、以下の知識を持つことが大切である。

① 不可抗力免責条項

　不可抗力免責条項の適用があると、債務者は損害賠償責任を免れる。このように、条項の効果が大きいため、適用の可否については当事者間で利害の対立が起こりやすい。そこで、不可抗力事由や契約解除権の発生要件とその効果を契約書に明記しておくことが望ましい。

　なお、不可抗力免責の対象は、金銭債務以外の一般債務であるから、金銭債務の債務者は不可抗力の場合でも責任を負うことを忘れてはならない（民法419条3項）。

---

　9) 自衛隊車両整備工場事件（昭和50年2月25日最高裁判所判決・民集29巻2号143頁）。

◘ 不可抗力事由 ◘

一般に、以下の不可抗力事由が契約に規定されている。

- 天変地変：地震、火事、風害、水害、落雷
- 騒乱：戦争、暴動、内乱、革命、テロ
- 公権力：法令の制定・改廃、命令・処分等、通関の遅延
- 労働争議：ストライキ、サボタージュ、ロックアウト
- インフラ：公衆通信回線の障害[10]、電力供給の逼迫
- 病気：感染症（SARS等）
- その他：輸送事故、仕入先の債務不履行、原材料不足
- 包括的な事項：その他当事者の責めに帰すことのできない事由

◘ 不可抗力免責条項の例 ◘

　下記は不可抗力免責条項の一例である。ただし書に、不可抗力事由が「90日以上継続した場合は、（中略）責任を負うことなく、本契約（中略）を解除」できると、解除権の発生要件と効果が明記されている。これは、例えば、洪水や戦争が止むまで当事者に契約関係からの離脱を認めないとすると、不都合な場合があるので、それに対処するための規定である。不可抗力事由を明記するほか、このような仕組みの導入も重要である。

（不可抗力）
　甲が納期までに目的物の納入を完了できないことが、天災、地変、戦争、内乱、乙の責によらない火災、ストライキ、その他不可抗力によることが明らかであるときは、その事由を継続する期間に限り、甲は遅滞の責を負わない。
　ただし、かかる事由が90日以上継続した場合は、甲は解約料の支払いその他の責任を負うことなく、本契約または個別契約の全部もしくは一部を解除することができる。

出所）滝川宜信『取引基本契約書の作成と審査の実務』〔第5版〕（民事法研究会、2014年）322頁

◘ 危険負担との関係 ◘

　危険負担とは、双務契約における一方の債務が債務者の責めに帰することができない事由により履行不能となった場合に、他方は反対債務の履行を拒

絶できるのか、という問題である。例えば、売買契約における売主の引き渡す債務が地震等の不可抗力事由を原因とする目的物の滅失により履行不能となった場合、買主は代金の支払いを拒絶できるのか、という問題である。

　これについて、民法は、債務者が危険を負担する、つまり債権者は反対債務の履行を拒絶できるとする債務者主義を採用しているが（民法536条1項）、履行を拒絶できない例外的な場合として、(1)債権者の帰責事由による履行不能の場合（民法536条2項）と(2)受領遅滞となった後の当事者双方の帰責事由によらない履行不能の場合（債権者の帰責事由による履行不能とみなされる。民法413条の2第2項）を認めている。そして、売買の危険負担については民法567条に特則があり、特定された目的物を買主に引き渡した場合や買主の受領遅滞の場合において、それ以後に当事者双方の帰責事由によらずに目的物が滅失・損傷したときは、買主は代金の支払いを拒絶できないと定められている。

　したがって、上述の売買契約の例では、原則として、買主は代金の支払いを拒絶できる。ただし、特定された目的物の引渡し後や買主の受領遅滞中に目的物が滅失した場合であれば、買主は代金の支払いを拒絶できない。

　ところで、旧民法は、特定物に関する物権の設定又は移転を目的とする双務契約について、債権者が危険を負担する債権者主義を採用していた（旧民法534条）。この考え方によると、売買契約の買主は引渡し前に目的物が地震によって滅失した場合でも代金を支払う義務を負うという問題があった。そこで、実務上、事業者間では、「商品引渡しの時（買主が検査し受領した時と特約する場合もある）に目的物の滅失等の危険が買主に移転」[11]との特約（以下「危険負担条項」という）が利用されていた。上記の問題は現行法の下では解決されたものの、当事者間で「引渡し」や「受領」の解釈に誤解が生じないよう、危険負担条項により危険の移転時期を明確に定めることは引き続き有用と考えられる。

② 安全配慮義務

　企業は、従業員が「生命、身体等の安全を確保しつつ労働することができ

 11）江頭憲治郎『商取引法』〔第7版〕（弘文堂、2013年）20頁。

るよう、必要な配慮」をする安全配慮義務を負っている（労働契約法5条）。その内容として、物的設備や安全教育を施すこと等が重要とされる[12]。

そこで、安全配慮義務の一環として、防災用品の備蓄、マニュアル整備、避難訓練・危機対応研修、情報伝達方法の整備など、ハード・ソフトの両面から体制を整備することも重要である。

▌法務業務プロセス 022：不可抗力事由発生時の対応 ▐▐▶

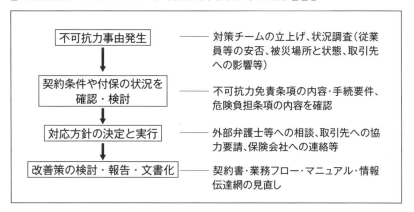

▫取引契約の確認▫

災害が起こると、部品供給が途絶えた、納期に間に合わない、といった事態が起こる。この場合、取引先との契約条件（主に不可抗力免責条項、危険負担条項）を確認した上で、対応方針を決定することが大切である。

不可抗力免責条項については、不可抗力事由の該当性、免責の手続要件、契約解除権の発生要件と効果を確認する。必要に応じて免責や契約解除の主張をするためである。そして、危険負担条項については、危険の移転時期を確認する。代金を請求できるのか否か、または代金を支払う必要があるのか否かの判断に関わるためである。

☑ **【不可抗力事由発生時の対応】業務遂行チェックリスト**
- ☐ 事件・事故の情報を確認
- ☐ 従業員等の安否を確認
- ☐ 不可抗力免責条項・危険負担条項等を確認
- ☐ 取引先・顧客への対応方針を検討
- ☐ 保険契約の確認と保険会社への連絡

■ ケーススタディ 021

▶顧客の精密機器を保管していたが、落雷で焼失してしまった。顧客から損害賠償請求を受けた場合、免責を主張できるか？

　契約に不可抗力免責条項を規定している場合はその規定に従うことになる。契約に規定がない場合が問題となるが、一般的に天変地変が原因の場合は、債務者の「責めに帰すべき事由」がないとして免責を受けるとされている。

　ただし、裁判例[13]は、不可抗力を原因とする履行不能であっても、一律に免責を認めるわけではなく、債務者の予見可能性、結果回避可能性を問題とし、「責めに帰すべき事由」を判断しているようである。

4) クレーム対応／平常時

✐ 求められる法務力

- ☐ クレームの根拠となる事実を正確に確認することができる。
- ☐ 確認した事実に基づき、契約及び関係法令に照らして自社の責任の有無を判断することができる。
- ☐ 不当要求について、社外弁護士や警察との必要な連携を行った上で法的手続による解決提案ができる。
- ☐ 法的手続による解決に備えて、自社に必要な証拠の作成、収集を行うことができる。

13) 参考：平成15年1月22日名古屋地方裁判所判決・平成13年(ワ)369号。

●➡ KEYWORDS

【不当要求】 企業に対する何らかの不満を理由に、合理的な理由なく謝罪や面会、経済的利益等を要求する行為のうち、特に要求内容や要求方法が通常許容される範囲を超えたものをいう。顧客による場合が多いが、顧客以外の者による場合もある。

📖 法務実務基礎知識

① クレームと不当要求

　クレーム（苦情）とは、企業の商品・サービスに対する不満を理由とする顧客や消費者からの改善要求や要望をいう。不満の原因は、企業の商品・サービスの性能・品質そのものの場合もあるが、アフターサービスや販売時の接客態度、クレーム処理等に関する接客対応の不備の場合もある。

　こうしたクレームは、通常、企業にとっては商品・サービスの改良、改善や商品を原因とする事故の早期発見等のための貴重な財産となる。そのため、企業は、顧客から自社の製品・サービスについて何らかのクレームがあれば、その原因を調査の上、顧客の不満を解消し、信頼の回復のために努めるのが通常である。

　しかし、実際には、クレームの名を借りて、またはクレームの範囲を超えて、自己にのみ特別な対応や処遇を求め、ときには暴力・威力を背景として不当・不法な要求を行う者も少なからず存在する。まったく要求の根拠がない場合（言いがかり）をはじめ、実際に発生した事実に比して過剰な要求をしたり、異常な頻度での来社、架電を繰り返す、対応担当者を執拗に誹謗中傷するなど、要求内容や要求態度が異常な場合もある。クレームを安易に不当要求と認定して排除しようとすることは厳に慎むべきだが、不当要求に対しては、これに応じることが、他の顧客に対する不平等、不誠実な対応となることを認識しなければならない。

　クレームは、通常は、自社の顧客属性に精通した顧客対応窓口の担当部門によって適切な対応が行われ、それ以上の問題になることなく終了する。しかし、不当要求については法的手続による対応が必要なことから、法務部門

に対応窓口を変更して対応することがある。

② レピュテーションリスクへの配慮

　近年、ツイッターや、フェイスブック等に代表されるSNS（Social Networking Service）の普及に伴い、顧客、特に一般消費者が、企業の役職員に直接コンタクトを取ることが可能となった。これにより、従来は「お客様相談室」等に集中して寄せられていたクレームが、複数のルートから同時に寄せられるようになった。

　また、スマートフォン等の機能の向上に伴い、一般消費者が企業側のクレーム対応の様子を録音・録画し、インターネット上に公開することも容易になった。これにより、クレームが、いわば「公開質問状」のようになり、企業のクレーム対応は公衆の目に晒されることもある。企業としては、個々のクレームに対しても、レピュテーション（企業の評判・評価）への配慮が必要となる。クレーム対応が企業のレピュテーションに影響することが明らかになった例として、以下の事例を紹介する。

◧ 大手電機メーカーユーザーサポート問題 ◧

　大手電機メーカーに対し、製品修理を依頼したユーザーがサポート担当者から暴言を受けたとして、音声データを自己のホームページにおいて公開したところ、メーカー側に対するインターネットユーザーの非難が集中した。メーカー側はホームページの一部削除を求める仮処分の申立てを行っていたがこれを取り下げ、記者会見を開いた上、謝罪文を公開した。

▌法務業務プロセス 023：クレーム対応／平常時 ▌▌▶

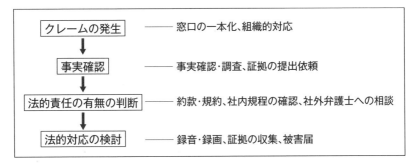

▫ 事実確認 ▫

　クレームに迅速に対応するためには、まず前提として、事実確認を行わなければならない。この事実確認を疎かにし、クレームの根拠を曖昧にしたままでは、相手方の真意を酌んだ的確な対応はなし得ない。事実確認にあたっては、特に以下の点を正確に把握する必要がある。

- 相手方の特定（氏名、住所、電話番号等）
- 要望の内容
- 要望の原因・根拠となる事実（How Much? を加えた5W2H）
- 原因・根拠となる事実に関して証拠があるか
- 相手方の証拠を自社で確認することが可能か

　相手方の主張する事実について、自社で独自に確認することが不可能な場合には、相手方に対し、証拠の提出について協力を要請することになる。この段階では、事実確認に協力している相手方の感情にも十分に配慮した企業姿勢を示す必要がある。

▫ 窓口の一本化 ▫

　クレームの相手方と継続してやりとりを続ける場合、連絡のたびに担当者が異なると対応や発言内容に矛盾や齟齬が生じ、相手方の信頼を失う等により解決が難しくなることがある。そのため、担当者を決めて窓口を一本化し、一貫した対応が行えるようにする必要がある。窓口担当以外の者は担当者をバックアップする体制を整え、担当者を孤立させないよう心がける。

　また、同一人物が、自社の広報・IR担当部門や他の事業所等の複数の窓口に対しクレームを行っていることがあるため、全社的に統一した対応を行えるよう情報を共有する必要がある。

　なお、クレームの相手方との会話は録音・録画によって記録しておくことで事後の社内検証時の資料や法的手続の際の重要な証拠になり得る。録音・録画を行う場合は、これをあらかじめ相手方に告げることで、感情的になりがちなクレームの相手方に対する抑止力になることもある。

◧ 法的責任の有無 ◨

　次に、事実確認の結果に基づき、自社の責任の有無を判断する。クレームの根拠となる事実が認定できると判断した場合には、自社と相手方との間に適用される約款や利用規約等の内容、及び関係法令に照らして責任の有無を検討し、適切な対応方針を提案することになる。その際、相当因果関係に基づいた合理的な損害賠償額や過失相殺等対応の限界の判断にあたっては、外部弁護士等の専門家の関与が必要となる場合がある。

　他方、クレームの根拠となる事実が確認できない場合やクレームを正当化する法的根拠がない場合であって、自社に責任がないと判断するときは、その旨を端的に相手方に伝えることが望ましい。

◧ 社外との連携 ◨

　自社には責任がないとの結論を相手方に伝えたものの、相手方がこれに納得せず、合理的な理由もなく執拗に面談や謝罪を要求し、または経済的な利益を要求し続ける場合もある。この場合にも、一旦決定した対応方針は徹底して実行し、組織として一貫した対応を行うことが肝要である。要求に対して曖昧な回答を行ったり、回答までの時間の引き延ばしを行うことはせず、相手方に対して、要求を繰り返しても受け入れる余地はないという企業姿勢を示す必要がある。

　相手方が誹謗中傷を行ったり、または何らかの暴力・威力等を背景に要求を行ってくる場合には、これを不当要求と判断し、社外弁護士または警察等の外部機関と連携した上で法的手段を講じることが有効である。これに備えて、法務部門としては十分な証拠・疎明資料を準備しておく必要がある。例

えば、電話の内容の録音、面談時の録画、クレーム対応時の記録（相手方の要求内容、態度、対応日時、担当者、自社の回答内容等）、クレーム内容に関する調査報告書の作成などが考えられる。

- **仮処分の申立て、訴訟の提起**

    正当な企業の営業活動を妨害する行為については、業務用財産の利用妨害及び業務のための人的資源の円滑な業務遂行（労働権）の侵害を根拠に差止めを求める仮処分（面会強要禁止、来店禁止、架電禁止の仮処分等）の申立て（民事保全法23条1項）を行うことが可能である。なお、命令を発せられた債務者が命令に従わない場合、強制執行（間接強制）を行うことができる（同法52条、民事執行法172条）。

    また、債権不存在確認訴訟を提起し、要求に応じる義務がないことを確認する旨の判決を得ておく方法もある。なお、実際には、法務部門が配達証明付内容証明郵便によって要求を拒否する旨の書面を送付したり、社外弁護士が受任通知を送付することが功を奏するケースも多い。

- **告訴**

    相手方の要求内容や要求態様によっては、強要罪（刑法223条）、脅迫罪（同法222条）、業務妨害罪（同法233条及び234条）、建造物侵入罪・不退去罪（同法130条）等の刑事犯罪を構成する場合がある。この場合またはそのおそれがある場合には、あらかじめ警察署に相談の上、被害届の提出や告訴の検討を行う。実際には、所轄の警察署に内容を報告し、今後相談するかもしれないとの一報を入れておくとよい。事前に相談しておくことで、実際に被害届や告訴状を提出した際の対応がスムーズに行われることが期待できる。

☑ **【クレーム対応／平常時】業務遂行チェックリスト**
- □ クレームの対応の窓口を一本化しているか
- □ クレームの相手方を特定したか（氏名、住所、電話番号等）
- □ クレームの内容を正確に把握したか
- □ クレームの原因・根拠となる事実及びその証拠は何か
- □ 相手方の証拠を自社で確認することが可能か
- □ クレームの内容に関して自社に法的責任があるか
- □ 対応の記録、証拠の保全を適切に行っているか（電話録音装置、ICレコーダーの準備）
- □ 不当要求への対応について社外弁護士、警察等の外部機関に必要な相談をしたか
- □ 所轄警察署、社外弁護士の夜間・休日の緊急連絡先を控えているか

■ ケーススタディ 022

▶ **クレームの相手方から直接会って話したいとの申入れがあったが、これに応じる場合はどこで面談するのがよいか？**

　面談の要求には、常に応じる義務はないものの、会社の責任の有無や程度、被害の内容及びクレームの段階によっては、面談を行うことで適切な解決につながることがある。

　面談の場所は、基本的には自社内の応接室や会議室とする。心理的な余裕をもって対応することができるほか、録画・録音装置の準備や面談時間のコントロールが容易になるからである。自社内が難しい場合には、状況に応じてホテルのロビーや喫茶店等の公共の場所を選択する。また、出口が2か所以上あることが望ましいが、そうでない場合には出口に近い席に自社の担当者を配置することで出口の確保を行う。なお、面談は必ず複数人で対応する。

5）レピュテーションリスクへの対応

求められる法務力

□ 自社にとって重要なレピュテーションリスクを認識・理解し、予防のための措置を提案することができる。

□ レピュテーションの低下が生じた際に、その回復のために必要な手段を検討することができる。

● KEYWORDS

【レピュテーション】企業に対する評判・評価。

【ステークホルダー】企業の経営活動に関わる利害関係者をいう。消費者、取引先、就職希望者、役職員並びにその家族、株主、一般投資家、監督官庁及びマスメディア等があげられる。

法務実務基礎知識

① レピュテーションリスクとは

レピュテーションのうち特に否定的な評価・評判が広まることによって企業の信用力、ブランド価値、人材確保のための競争力または資金調達力等が低下し、企業が損失を受ける危険度を「レピュテーションリスク」とよぶ。

企業は、こうしたレピュテーションの維持や向上のため、日頃からIR（Investor Relations、企業が投資家に向けて経営状況や財務状況、業績動向に関する情報を発信する活動）やCSR（Corporate Social Responsibility、企業の社会的責任）にも力を注いでいる。

もっとも、重視すべきレピュテーションの種類や、何をもってレピュテーションの低下と判断すべきかの基準は、その時々の状況を踏まえて、それぞれの企業の経営方針によって異なっている。

なお、近時は、特にソーシャルメディアを通じた誹謗中傷や風評、いわゆる「炎上」状態によるオンライン・レピュテーションリスクが注目されている。

特に、役職員の私的な情報発信が不適切であったことや内部情報が流出し

たことに起因して、最終的に経営者が謝罪を行うケースも多い。

② レピュテーションリスク対策と法的手段

　実際にレピュテーションが低下し、またはそのおそれがある場合には、企業としては、損失の防止や拡大を図るために対応を検討することになる。レピュテーションリスクが問題となる場面では、必ずしも法的責任の有無が問われるわけではないため、企業は、自社が果たすべき社会的責任・同義的責任や経営方針を踏まえた検討が必要となる。

　法務部門としては、レピュテーション低下の原因となる事実の確認・調査を行った上で、自社の法的責任の有無を検討するほか、マスメディアをはじめとする社外とのコミュニケーションに関しては、必要に応じてIRや広報担当部門と連携して対応を行う。また、第三者の意図的な行為によりレピュテーションが低下し、自社の権利が侵害されているような場合には、法的手段によって損害の回復を図る必要性が高いことがある。この場合には、法務部門は証拠を保全した上、しかるべき措置を講じることになるが、法的手続に出ることがさらなるレピュテーションの低下につながるおそれがあることも想定の上、状況に応じて冷静に手段の選択を行わなければならない。

■ 利用規約によるレピュテーションリスク ■

　法務部門が直接担当する業務に起因してレピュテーションリスクが生じる例としては、インターネットサービスの利用規約の問題がある。

　2008年のSNSサービス運営企業によるユーザーの投稿する日記の著作権に関する規約変更をはじめ、近時も、大手衣料品店が配信するTシャツデザインアプリにおける著作権譲渡条項、テレビ局の動画投稿サイトにおけるユーザー動画の改変、編集に関する条項がユーザーから問題視され、それぞれ規約の訂正やサイトの一時停止等を余儀なくされた。

▍法務業務プロセス024：レピュテーションリスクへの対応 ▍▍▶

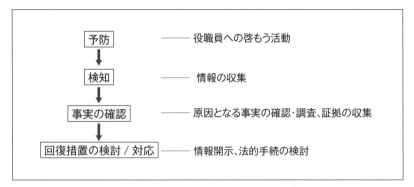

▫ オンライン・レピュテーションリスクの予防 ▫

　オンライン・レピュテーションリスクのうち、特に役職員の私的な情報発信によるものの予防については、役職員への啓もう活動を地道に行っていくことが必要である。

　役職員のプライベートや自由な情報発信を尊重しつつ、企業としてのスタンスを明らかにするものとして、ソーシャルメディアポリシー等を作成している例もある。これに関しては、総務省の「国家公務員のソーシャルメディアの私的利用に当たっての留意点」[14]が参考になる。

　また、日頃から自社が関連する業界において、ステークホルダーがどのような話題に注目し、どのような事柄に敏感に反応し得るのか、常に最新の動向を調査・分析し、予防措置を検討することが重要である。

▫ オンライン・レピュテーションリスクの検知 ▫

　オンライン・レピュテーションについては、瞬間的かつ広範囲に情報伝達される特性があるため、できるだけ早い段階でレピュテーションの低下を検知し、損失を最小限に抑える必要がある。

　検知方法としては、自社の社名や商品・サービス名等をインターネット上でキーワード検索して情報を収集するほか、ユーザーからの問合せ、クレームの内容による検知、取引先からの情報提供などが考えられる。

■ インターネット上の情報の削除 ■

　自社の名誉を毀損する表現がなされた場合には、情報発信者に対して、人格権に基づく削除請求、不法行為を理由とする損害賠償請求（民法709条）や名誉回復措置としての謝罪文掲載等の請求を行うことができる。

　インターネット上の情報による場合も同様の請求が可能であるが、行為者が特定できない場合には、サーバ管理者に対する情報の削除依頼や発信者情報の開示請求（特定電気通信役務提供者の損害賠償責任の制限及び発信者情報の開示に関する法律4条1項）を行うことを検討する必要がある。

　削除等を請求されたサーバ管理者は、利用契約者である情報発信者に対して削除についての意見の照会を行うが、通常はこの照会の通知が情報発信者に対する警告の役割を果たし、情報発信者が自主的に情報を削除することも少なくない。

　近時は、民事保全手続として、投稿記事の削除、発信者情報の仮の開示及び消去禁止等の仮処分の申立てが増加しており、2013年の東京地方裁判所における仮処分申立総数の40%がインターネット関係の仮処分であると報道されている[15]。

　また、直接的な削除の請求ではないが、名誉毀損罪（刑法230条1項）に該当するとして、刑事告訴の検討も行う。サーバ管理者等も警察からの捜査関係事項照会に応じて発信者の情報を開示することがあり、発信者の特定のための情報が得られる可能性がある。

☑ **【レピュテーションリスクへの対応】業務遂行チェックリスト**
- ☐ 役職員に対して私的な情報発信に関する啓もう活動を行っているか
- ☐ 定期的に自社の商品・サービスに関するレビュー等の情報を収集しているか
- ☐ インターネット上の情報の削除等の依頼のための証拠保全（画面キャプチャ等の保存）を行ったか
- ☐ 情報発信者、サーバ管理者等の特定を行ったか
- ☐ 仮処分の申立ての検討

---

　15)　2014年10月27日付け日本経済新聞電子版「ネット関係の仮処分申し立て、4年で20倍　投稿削除要請など」より。

第7章
労働関係法務

　労働問題における法務対応では、(1)就業規則を中心とした社内規程、(2)労働関連法規や判例法理による規制、(3)労働組合や労働協約のような集団的労使関係、の同時並行的な検討が必要になる。法務部門や弁護士は、これらを「法律」という視点で整理し、解決の道筋をたてていくことになる。

　部下に対する注意指導や人事異動のような社内問題でも、「パワーハラスメント」や「配転命令権の濫用」として法的問題に発展することがある。また、近時の非正規社員の増加に伴って非正規社員の待遇設定や雇用管理も重要になっている。

　従業員の不祥事が発覚した場合、懲戒処分の有効性以外にも、ヒアリング等の調査方法、証拠の保全・収集、懲戒処分に伴う退職金の不支給・減額や被害弁償など様々な検討課題がある。

　個別のトラブル対応や解決方法でも、他の社員への「人的波及効果」や過去・将来の雇用関係への影響という「時間的波及効果」を視野に入れなければならない。労働契約関係は集団的かつ継続的であるため、使用者（会社）側の措置・対応は、その後の労使関係に影響するからである。

POINTS

- ● 人事・労務問題において適用される法律・制度を労働関連法規の中から、規定の趣旨・効力という視点で整理する。
- ● 人事・労務問題は、労働審判や労働委員会等の独自の解決手続があり、労働基準監督署や都道府県労働局による指導等も紛争解決の方法として機能している。
- ● 就業規則等の根拠条項があり、該当条項に相当する行為・事象があっても、具体的な人事措置が条項の限定解釈や権利濫用法理等によって無効となることがある。

1）法的視点からの紛争分析・法律関係の整理

✒ 求められる法務力

☐ 労働関係法規、行政通達、判例・裁判例の調査・検索ができる。

☐ 就業規則、労働協約、個別労働契約（雇用契約書）にある規定相互の優劣
関係を判断できる。

☐ 労働関係で用いられる専門用語の意味や区別ができる。

☐ 人事労務トラブルの紛争解決機関の種類と特徴を理解している。

☐ 人事・総務部門と協力して対応すべき問題を理解している。

●➡ KEYWORDS

【個別労働紛争】個別の労働者の権利要求や使用者による個別の人事措置・
処分の有効性が争われる労使紛争。

【集団的労使紛争】ストライキや団体交渉、労働組合員であることを理由と
した不利益取扱い等、使用者と労働組合との間における労使紛争。

【個別労働紛争解決制度】「個別労働紛争の解決の促進に関する法律」（以下
「個別労働紛争解決促進法」という）に基づく制度であり、(1)都道府県労働
局の総合労働相談コーナーによる「相談」と「情報提供」、(2)都道府県労働
局長による「助言」と「指導」、(3)紛争調整委員会による「あっせん」がある。

【労働審判】個別労働紛争について、裁判官と労使の専門家から構成される
労働審判委員会が、原則3回以内の期日で調停や審判を行う裁判手続。

📖 法務実務基礎知識

① 人事労務トラブルの種類

　人事労務トラブルについて、弁護士（社内弁護士を含む）や法務部員とし
て関与する場合、各社ごとの人事制度の違いや労働法分野の特殊性（労働関
連法規の多さ・改正の頻繁さ）に戸惑い、法的問題点の所在や整理方法の見
当がつかないことがある。そのような場合、人事労務トラブルの紛争形態か
ら考えていくと、法的論点や解決方法の課題の切り口を見つけやすい。典型

的な人事労務トラブルをあげると以下のようなものがある。

◽ **人事労務トラブルの典型例** ◽

- 使用者が行った人事制度自体の変更（例：就業規則の不利益変更、労働協約の変更・解約）や労働者に対する待遇変更（例：降職、賃金減額）の有効性
- 人事制度・就業規則に基づいて使用者が行った個別の人事措置（例：解雇、雇止め、懲戒処分）の有効性
- 法律上認められている労働者の権利（例：割増賃金、年次有給休暇）や休職者の復職等の労働者からの個別要求に対する使用者の応諾義務
- 法律・法改正に合致していない人事制度や不適切な人事措置に対する改善要求
- 労働組合との団体交渉や争議行為に関する紛争（例：団体交渉拒否を理由とする不当労働行為救済命令申立等）

② 対応の視点と注意点

　人事労務トラブルについて、法的見地からの意見・分析を求められた場合、(1)法令の内容や適用関係、(2)当事者（労使間）の契約関係や権利義務内容の確認、(3)行政通達や判例・裁判例のチェックをするのが基本である。その上で、以下の2点に留意して対応を検討する。

◽ **第1：人事制度間の関連性** ◽

　労使関係を規律する諸制度・諸規則は相互に関連しており、これらの関連性を踏まえた制度・措置の検討が必要である。例えば、就業規則で労働時間に関する規定を変更する場合には、賃金規程（給与規程）における割増賃金に関する規定との整合性の確認が必要である。また、服務規律違反を理由とする懲戒処分として「懲戒解雇」の実施を検討する場合には、就業規則上の懲戒処分に関する規定に加え、解雇予告等の解雇手続や退職金の不支給・減額規定も併せて確認する必要がある。

◽ **第2：時間的・人的な波及効果** ◽

　労働契約関係は、継続的かつ集団的であることから、使用者（会社）側の

措置・対応は、その後の労使関係に影響する。制度変更や割増賃金等に関するトラブルは、他の社員にとっても関心事であり、個別対応のつもりでも、その後に他の社員から同種の紛争を起こされることがある。

③ 労使紛争の解決制度

労使紛争には、多様な「紛争解決制度」があり、それぞれの解決制度の特徴に即した対応が必要である。例えば、(1)保全手続としての仮処分、(2)原則1回の期日で終了する都道府県労働局の「あっせん」、(3)原則3回以内の期日で終了する労働審判では、使用者（会社）側は短期間での主張書面作成や立証対応が必要になる。

都道府県労働委員会に対して労働組合が不当労働行為の救済申立を行った場合、行政機関である労働委員会では、手続きの進行方法や不服申立方法が裁判とは異なるので、注意が必要である。

労働基準監督署から是正勧告や指導が行われ、使用者（会社）側が是正対応を行うことで紛争解決にいたることもある（**ケーススタディ 024**を参照のこと）。

④ 関係部署との連携

人事労務トラブルが発生した場合、必要な情報・資料の収集を行うためには、人事・総務部門との連携・協力関係が不可欠である。

例えば、残業代のトラブルでは、適用される労働時間制度や割増賃金の計算方法の情報が不可欠である。また、労働組合が絡む問題では、従前から労使交渉をしてきた部署・担当者からの情報提供が不可欠である。労働者・労働組合側が、どのような場面で法的紛争にまで踏み切るか、という温度感は、過去の労使紛争や現在の労使関係を踏まえた人事担当者の知識と経験なしには判断が難しいところである。

▌法務業務プロセス 025：労使間の法律関係の整理 ▋▋▶

```
                    就業規則
             ↗              ↖
        労働協約  ◀──▶  雇用契約書
                    ⬇
```

(1)労働契約法	〔就業規則の効力〕 ・12条（労働契約との関係・最低基準効） ・13条（法令・労働協約との関係） ・9条、10条（就業規則の不利益変更）
(2)労働基準法	〔就業規則に関する規制〕 ・89条、90条（作成・変更の手続き） ・92条（法令・労働協約との関係）
(3)労働組合法	〔労働協約の効力〕 ・16条（労働協約で定めた基準の効力） ・17条、18条（組合員以外への拘束力）

▣ 権利義務関係の確認 ▣

【収集すべき資料】

人事労務トラブルを法的視点から検討する場合、まずは、契約当事者である対象労働者の契約内容を確認する必要がある。

具体的には、対象労働者の契約形態、適用される就業規則・労働協約を確認し、個別に作成された雇用契約書や労働条件通知書、誓約書等も確認する。労働協約（労働組合と会社との間で締結された文書による協定）では、具体的な労働条件のほか、制度変更や組合員に対する解雇や懲戒処分にあたって労働組合との事前協議や同意を要するとの規定（協議条項・同意条項）が設けられているかも確認する必要がある。

【諸規定の優劣関係の整理】

就業規則や労働協約、労働者個人との個別労働契約（雇用契約書）では、以下のように優劣関係が法律で決められている。したがって、関連する諸規定を対比して、相互の優劣関係を整理することが必須である。実務では、労

働者側に最も有利に解釈されることを前提に整理することが無難である。

- **就業規則の最低基準効**

    労働契約法12条により、就業規則で定められた労働条件が最低基準となり、個別に労使間で締結された個別労働契約（雇用契約書）で就業規則より低い労働条件を定めても、就業規則のレベルまで引き上げられる。

- **就業規則の適用・変更の効力**

    個別労働契約（雇用契約書）で特別に定めた労働条件について、就業規則を上回る部分は有効なものとして効力が発生する（労働契約法7条ただし書）。また、個別労働契約で、就業規則変更によっても変更できない労働条件として合意された事項も、就業規則の変更の効力は及ばない（同法10条ただし書）。就業規則の変更については、下記2)で説明する。

- **労働協約の効力**

    労働基準法92条1項は、就業規則は労働協約に反してはならないと規定しており、労働協約が別個の定めを許容する趣旨でない限り、労働協約と異なる定めをしてはならないと解されている。

- **法令との関係**

    労働契約法13条は、法令及び労働協約に反する就業規則の効力が否定されることを規定している。また、労働関係法規の多くは強行法規であり、労使間で労働基準法や最低賃金法を下回る合意をしても、その効力は否定され、無効となった部分は同法の基準で規律される（例：労働基準法13条、最低賃金法4条2項）。

■ 関連法規の抽出・整理 ■

人事労務トラブルの分析・解決にあたっては、以下のように、労働関連法規からの適用条文を抽出し、相互の関係整理が必要となる。

【具体例1（解雇）】

解雇の問題を検討する場合、解雇予告や解雇予告手当といった手続面を労働基準法20条、21条が規定している。解雇の有効性の問題（解雇権濫用として無効となるかの問題）は、労働契約法16条が規定しているが、解雇の対象者が有期雇用労働者である場合には、同条ではなく同法17条1項の適用

条項になる。さらに、「懲戒解雇」とする場合、懲戒処分としての有効性も問題となり、同法15条も併せて検討する必要がある。懲戒処分については、下記5)で説明する。

【具体例2（定年退職後の再雇用）】

正社員の定年退職後の継続雇用措置（再雇用制度）を検討する場合、「高年齢者等の雇用の安定に関する法律」（高年齢者雇用安定法）の9条1項2号における「継続雇用制度」に関する規制を検討する。また、現行法では努力義務ではあるが、65歳から70歳までの就業確保措置（同法10条の2）に関する社内の対応状況も確認しておく。加えて、再雇用後の雇用形態については、非正規社員に関する規制、具体的には①有期労働契約に関する規制（労働契約法17条〜19条、労働基準法14条）、②下記4）で説明する正社員との待遇差の問題（同一労働同一賃金に関する法規制）も検討する必要がある。

✔ **【労使間の法律関係の整理】業務遂行チェックリスト**
□ 就業規則、雇用契約書（労働条件通知書）、労働協約等の人事関係文書の入手と相互の関係（優劣）の確認
□ 適用法令の抽出と条文の整理
□ 法律上の保管・交付文書の確認
□ 紛争解決機関ごとの特徴や出頭・応諾義務の確認

2）就業規則

✎ 求められる法務力
□ 就業規則における必要記載事項や任意記載事項の確認ができる。
□ 就業規則に付与された法律上の効力を理解している。
□ 就業規則で規定することのメリットとデメリットを理解している。
□ 就業規則の作成・変更等に関する労働基準法上の規制を理解している。
□ 就業規則と関連規程、雇用契約書や労働協約との整合性を分析できる。

●→ KEYWORDS

【就業規則の最低基準効】 就業規則を下回る労働条件を労働者と合意しても、かかる合意の効力は否定され、その部分は就業規則で定めた基準（労働条件）によって規律されるという効力（労働契約法12条）。

【就業規則の不利益変更】 就業規則を労働者側に不利益に変更することをいい、この場合に、変更の有効性を争う者（変更に同意しない者）についても、不利益変更の拘束力が及ぶか否かが問題となる（労働契約法9条、10条）。

【労働協約】 労働組合と使用者が、労働条件等に関して協定し、両当事者が署名または記名押印した書面（労働組合法14条）。

📖 法務実務基礎知識

① 就業規則の機能・効力

就業規則の機能・効力としては、以下の4つがある[1]。

- 労働契約締結の際、就業規則が労働契約のひな形として、当事者の合意の対象となるという機能（労働契約のひな形機能）
- 就業規則を下回る労働契約部分を無効とし、その部分を就業規則の労働条件で規律する効力（最低基準効）
- 就業規則の内容が合理的であれば労働者の知・不知を問わず労働契約の内容となる効力（補充効）
- 就業規則の不利益変更が合理的であれば反対する労働者も拘束する効力（変更効）

多くの企業では、就業規則や付属規程の各条項により、(1)従業員との労働契約における権利・義務、(2)使用者の労務管理権限、(3)労使間の諸手続き、が具体化されている。そのため、人事労務トラブルでは、対象者に適用される就業規則の確認が不可欠となるが、就業規則に該当条項があるからといって、当該条項の措置が直ちに有効となるわけではない。

解雇や懲戒処分の有効性が裁判になるのは、就業規則に該当条項があり、それに従って処分を行ったことを前提として、当該処分が労働契約法15条、16条等に照らして有効であるか否かが問題となるからである。

[1] 荒木尚志『労働法』〔第4版〕（有斐閣、2020年）381頁、荒木尚志・菅野和夫・山川隆一『詳説 労働契約法』〔第2版〕（弘文堂、2014年）103頁の整理によった。

② 就業規則の不利益変更

　労働契約法では、合意による労働条件変更が原則とされている（同法8条）。そのため、同法9条は、労働者との合意を前提とせずに就業規則変更によって労働者に不利益に労働条件を変更することは原則としてなし得ないとし、例外として、就業規則の不利益変更が認められる場合の要件を同法10条で定めている。

　就業規則の不利益変更について労働者が同意している場合は、同法10条の問題にはならないが（同法9条本文参照）、裁判所は、この「同意」の存在を厳格に審査しており、単に変更について労働者側が異議を述べなかったなどというだけで「同意」が存在したとは判断していない点に注意を要する[2]。

▌法務業務プロセス 026：就業規則の作成・変更 ▌▌▶

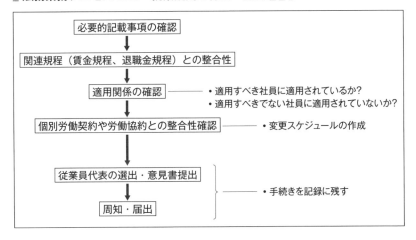

▫ 就業規則の検討手順 ▫

　人事規程の整合性を確認する場合には、順序立てた検討が必要である。

　まずは、(1)各規程の冒頭にある定義や適用範囲に関する規定、(2)他規程との関連性に関する規定を確認し、規程相互の関係性や適用範囲を確認する。そして、(3)就業規則をベースに、他規程で該当する条項の対比表を作成して整合性をチェックするというのが、基本的な手順である。

---

2) 山梨県民信用組合事件（平成28年2月19日最高裁判所第二小法廷判決・労働判例1136号6頁、判例時報2313号119頁）。

◨ 作成に関与する場合 ◨

【記載事項や提出手続は労働基準法で規定】

就業規則の必要記載事項は労働基準法89条が規定しており、条項例は厚生労働省のホームページや各種書籍にも掲載されているが、企業の規模や過去の労使関係等の実情に合わせた修正が必要である。

作成した就業規則は、従業員代表から提出された意見書を添付して所轄の労働基準監督署に届出を行う(同法89条、90条2項)。就業規則の効力は社内周知によって発生するので、上記の意見書提出や就業規則の届出とともに社内周知の事実や日時も意識的に記録に残しておく。

【就業規則で規定することのリスク・デメリット】

就業規則で労働条件を定めると、個別の労働契約でそれを下回る労働条件を定めても就業規則のレベルに引き上げられる(就業規則の最低基準効)。

勤務形態や賃金については、社員毎の個別事情によって異なる労働条件を定める必要性が生じることがある。しかし、就業規則で一律に定めてしまうと、労使間の個別合意による個別的・可変的な取扱いができなくなる。就業規則の変更には手間がかかるので、人事制度や労働条件を就業規則で一律的・固定的に規律すると、実際のトラブルで臨機応変な対応をする妨げになることがある。

【個別労働契約や就業規則との関係】

就業規則を上回る個別労働契約や労働協約があれば、個別労働契約(雇用契約書)や労働協約の内容が優先するので(労働契約法7条ただし書、同法13条、労働基準法92条1項)、個別労働契約や労働協約との整合性を図る必要がある。

◨ 変更手続に関与する場合 ◨

【変更手続・スケジュール】

就業規則の変更手続では、従業員代表からの意見書提出や所轄の労働基準監督署への届出、社内周知が必要である。変更する内容が既存の個別労働契約や労働協約と乖離がある場合、事前に変更の協議・手続きを行う。労働協約の変更ができずに労働協約を解約せざるを得ない場合には、90日前の解約予告が必要なので、スケジュール設定では注意を要する(労働組合法15条3

項、4項)。

【代償措置・経過措置】

就業規則の不利益変更は、労働契約法10条で判断要素が列挙されているが、最終的には裁判所の総合判断となり、事前予測が難しい。そこで、実務では、就業規則の変更によって直接的な不利益を受ける労働者に対し、「経過措置」や「代償措置」を設けて不利益を緩和させたり、変更に同意する書面(同意書)を対象労働者から取得して、就業規則の不利益変更が法的紛争(裁判)に発展するリスクを減らす措置を講じることがある。

☑ 【就業規則の作成・変更】業務遂行チェックリスト
- ☐ 就業規則の作成・変更に関する労働基準法上の規制(従業員代表の選出、労働基準監督署への届出等)の履行
- ☐ 就業規則の社内周知及びその記録の確認
- ☐ 雇用契約書や労働協約との整合性の確認
- ☐ 就業規則の不利益変更に関する検討
- ☐ 就業規則の附則にある施行時期・経過措置・代償措置の確認

3) ハラスメント

求められる法務力
- ☐ セクシュアルハラスメントの定義や類型を理解している。
- ☐ パワーハラスメントの類型や問題点を理解している。
- ☐ マタニティハラスメントが問題となる場面を理解している。
- ☐ ハラスメント問題が起きた場合の法的問題を指摘できる。
- ☐ ハラスメント問題が起きた場合の対応方法やヒアリングの注意点を理解している。

●➡ KEYWORDS

【セクシュアルハラスメント】職場における性的な言動に対する労働者の対

応により当該労働者が労働条件の不利益を受けるもの (対価型) と、職場における性的な言動により労働者の就業環境が害されるもの (環境型) をいう。

【職場におけるパワーハラスメント】職場において行われる①優越的関係を背景とした言動であって、②業務上必要かつ相当な範囲を超えたものにより、③労働者の就業環境が害されるものであり、①②③の要素をすべて満たすものをいう。

【安全配慮義務】使用者が、労働者の労務提供の課程において、労働者の生命・身体を危険から保護するように配慮すべき義務 (労働契約法5条)。

【使用者責任】事業のために他人 (被用者) を使用する者 (使用者) が、被用者が当該事業の執行について第三者 (被害者) に加えた損害を賠償する責任 (民法715条)。

📎 法務実務基礎知識

① セクシュアルハラスメントとは

KEYWORDSにあるセクシュアルハラスメントの定義・分類は、男女雇用機会均等法[3]に基づく「セクハラ指針」[4]に規定されている。

裁判事例の多くは「対価型」のセクシュアルハラスメントであるが、問題となる言動は、加害者・被害者だけの密室状態で行われることも多く、客観的な証拠が乏しいことが多い。また、過去の恋愛・不倫関係が背景になっていることもあり、社内調査では事実認定や違法性判断が難しいケースがある。

② パワーハラスメントとは

労働施策総合推進法[5]は、パワーハラスメント防止のための雇用管理上の措置義務 (相談体制の整備等) を企業に課している (中小企業は2022年3月31日までは努力義務)。

暴行や脅迫行為が違法であることは明らかであるが、不祥事やミスをした従業員に対して注意指導をすることは当然で、上司としての権限・義務としての側面もある。裁判所も、パワーハラスメントについて原因・背景を踏まえた慎重な事実認定と評価 (法的判断) を行っている。パワーハラスメント

---

3) 正式名称は「雇用の分野における男女の均等な機会及び待遇の確保等に関する法律」である。
4) 「事業主が職場における性的な言動に起因する問題に関して雇用管理上講ずべき措置についての指針」(平成18年10月11日厚生労働省告示615号)。
5) 正式名称は「労働施策の総合的な推進並びに労働者の雇用の安定及び職業生活の充実等に関する法律」である。

の主張の中には、問題行為の弁解や上司に対する牽制と考えられるケースも
あり、安易なパワハラ認定や過剰な注意喚起は、上司の正当な注意指導を萎
縮させる弊害もある点に注意が必要である。

③ ハラスメントをめぐる法的問題

ハラスメントが純粋な社内問題にとどまらず、法的問題に発展するケース
としては、以下があげられる。

■ 使用者責任 ■

行為者本人の雇用主（使用者）として、民法715条の使用者責任を追及さ
れることがあり、①行為者本人の不法行為責任と②当該行為が同条1項の「事
業の執行について」なされたものであるか否かが問題になる。②について判
例は、⑴使用者の事業の範囲に属するか否か、⑵被用者の職務の範囲に属
するか否か、の2段階に分けて検討し[6]、⑴には事業と密接に関連する行為、
⑵には外形から被用者の職務の範囲に属する行為、をそれぞれ含めている。

■ 債務不履行・不法行為責任 ■

安全配慮義務違反や職場環境配慮義務違反を理由として使用者自身の債務
不履行や不法行為の責任を追及されることがある。

ハラスメントの発生自体には法的責任がない場合でも、ハラスメントの申
告を受けたのに誠実・適切に対応しなかった場合やハラスメント防止のため
の適切な措置がとられなかった場合は、職場環境配慮義務や職場環境維持・
調整義務を怠ったとして、会社側（使用者）に法的責任が問われることがある[7]。

■ マタニティハラスメント ■

妊娠・出産、育児休業等に対する不利益取扱いは、マタニティハラスメン
ト（マタハラ）として、男女雇用機会均等法や育児・介護休業法で禁止され
ている。

労働条件の変更や解雇・雇止め等の労働者側に対する不利益な人事措置が
マタハラとして問題とされるケースが近時増加している。育児・介護休業法
は法改正が頻繁なので、改正動向も確認しておく必要がある。

---

6) 平成22年3月30日最高裁判所第三小法廷判決・判例時報2079号40頁、判例タイムズ1323号111頁。
7) 近時は、子会社におけるハラスメントの問題について、親会社の対応が問題とされることもある（イビデン事件（平成30年2月15日
最高裁判所第一小法廷判決・労働判例1181号5頁、判例時報2383号15頁）参照）。

■ **労災認定** ■

　休職・休業中の労働者が、疾病の原因が職場のハラスメントであると主張し、疾病の業務起因性・労災認定と関連してハラスメントの有無・内容が問題となることがある。疾病が業務に起因するもの (労働災害) と認定された場合、労働基準法19条によって労働者に対する解雇が制限 (禁止) される点に注意が必要である。

▌法務業務プロセス 027：ハラスメントの調査・対応 ▌▌▶

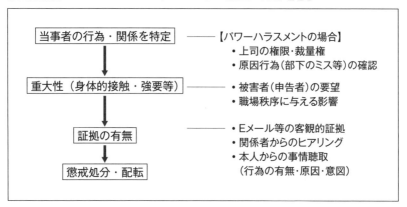

■ **事実調査** ■

　事実調査を効率的に行うためには、確認すべき点を事前にピックアップしておくのがよい。まずは、申告された行為・事象を以下の観点から特定・整理する。

- 誰から誰に対する行為か (行為の特定)
- 問題となっている行為の具体的内容と当該行為への対応内容
- 問題となっている行為の継続性・執拗性
- 証拠の有無とその内容
- 問題となっている具体的行為の背景事情

　ハラスメントでは被害者・加害者のプライバシーに配慮が必要であり、事実関係の調査段階でも不必要な口外・情報提供は避けなければならない。

■ 懲戒処分 ■

　加害者の懲戒処分の検討については、下記5）で説明する。

　ハラスメントの事案で懲戒処分を行う場合、加害者及び被害者の名誉・プライバシーへの配慮が必要であり、実名で懲戒処分を公表することは控えるべきである。これは、ハラスメントの被害者側から懲戒処分の社内公表を要求された場合でも同様である[8]。

☑ **【ハラスメントの調査・対応】業務遂行チェックリスト**
- ☐ 客観的証拠や事実経過との整合性
- ☐ ハラスメントが行われた状況の確認
- ☐ 加害者の配転・懲戒処分
- ☐ ハラスメントの調査期間中の暫定措置
- ☐ ハラスメントが認定できなかった場合の措置
- ☐ ハラスメントの申告・相談者に対する報告の内容・方法

4）非正規社員の雇用管理

✒ 求められる法務力

- ☐ 労働者の中から、非正規社員を抽出し、その特徴に応じた分類ができる。
- ☐「雇止め」が問題となる場面及び法規制を理解している。
- ☐ 労働契約法18条による「無期転換制度」の内容を理解している。
- ☐ 非正規社員（有期雇用労働者、パートタイム労働者）の労働条件に関する法規制を理解している。
- ☐ 正社員用の就業規則や関連規程のうち、非正規社員に適用すべきでない制度を理解している。

●➡KEYWORDS

【正社員】労働契約期間や職務・勤務場所等の限定がなく、長期雇用を前提とした待遇を受ける正規型の労働者。

8）X社事件（平成25年9月25日東京地方裁判所判決・労働経済判例速報2195号3頁）を参照。

【有期雇用労働者】労働契約の期間を定める形式で雇用される労働者。単に「有期社員」や「契約社員」と呼ぶこともある。

【パートタイム労働者】パートタイム・有期雇用労働法[9]では「短時間労働者」といい、同法2条では「一週間の所定労働時間が同一の事業場に雇用される通常の労働者（中略）の一週間の所定労働時間に比し短い労働者」と定義されている。

【派遣労働者】派遣先から指揮命令を受けて労務提供を行うが、労働契約は派遣先との間には存在せず、派遣元との間にのみ存在する労働者をいう。派遣労働者の賃金支払いや解雇・退職等の雇用管理は派遣元が行う。

📖 法務実務基礎知識

①「雇用指針」における人事労務管理の分析

　非正規社員の増加に伴い、労働契約法やパートタイム労働法等が改正され、正社員を中心とした雇用管理の見直しが必要になっている。非正規社員に関する法規制の理解には、典型的な正社員の雇用管理方法を理解しておくとよい。

　国家戦略特別区域法に基づく「雇用指針」では、典型的な日本企業に見られる内部労働市場型の人事労務管理における特徴を以下のように整理している。

- 新規学校卒業者の定期採用、職務や勤務地の限定なし、長期間の勤続、仕事の習熟度や勤続年数等を考慮した人事・賃金制度の下での昇格・昇給
- 幅広い配転や出向
- 就業規則による統一的な労働条件の設定
- 景気後退に際し、所定外労働の削減、新規採用の縮減・停止、休業、配転・出向等による雇用調整。雇用終了の場合は、整理解雇の前に早期退職希望の募集等を実施

② 有期雇用労働者の無期転換・雇止めルール

▫ 無期転換制度 ▫

　労働契約法18条が定める無期転換制度は、(1)有期労働契約が少なくとも

 9）正式名称は「短時間労働者及び有期雇用労働者の雇用管理の改善等に関する法律」である。

1回以上更新され、(2)通算契約期間が5年を超えた場合に、当該有期雇用労働者による申込みとこれに対する使用者の承諾みなしという手法によって、無期労働契約への転換（新たな無期労働契約の締結）を認めている。

無期転換後の労働条件は、「別段の定め」がない限り、有期労働契約を締結していた際の労働条件が存続する（無期転換しても、契約期間の定めがなくなるだけで、他の労働条件は変わらない）。

▪ 雇止め法理 ▪

労働契約法19条の雇止め法理の適用要件は、(1)有期労働契約の期間満了までに同条1号または2号の要件が備わっていること、(2)有期雇用労働者が更新・契約締結の申込みをしたこと、(3)使用者がその申込みを拒絶したこと、である。上記の要件を満たした場合、同一の労働条件で更新されたものとみなされる。

③ 非正規社員における不合理な待遇差の禁止

パートタイム・有期雇用労働法は、正社員（通常の労働者）と非正規社員（パートタイム労働者及び有期雇用労働者）との間の不合理な待遇差を禁止しており、これが一般に「同一労働同一賃金」に関する法規制といわれるものである[10]。

正社員との待遇差の根拠が不明確な場合、職務内容や配転範囲等について正社員と非正規社員を明確に区別しておく必要がある（次頁**法務業務プロセス028**を参照）。

▪ 不合理な待遇差の禁止 ▪

同一企業内において、正社員と非正規社員との間で、不合理な待遇差を設けることが禁止されている。具体的には、パートタイム・有期雇用労働法8条における「均衡待遇規定」で不合理な待遇差を禁止し、同法9条の「均等待遇規定」によって「差別的取扱い」を禁止している。なお、待遇毎の判断を明確化するため同法15条に基づく「指針（同一労働同一賃金ガイドライン）」も策定されている。

10）労働者派遣法では派遣労働者の待遇を「派遣先均等・均衡方式（派遣先の通常の労働者との均等・均衡待遇）」と「労使協定方式（一定の要件を満たす労使協定による待遇）」の選択制とする特別の規制を設けている。

◪ 待遇差の説明義務 ◪

　パートタイム・有期雇用労働法14条2項は、企業に対し、パートタイム労働者及び有期雇用労働者から求めがあった場合には「正社員との待遇差の内容・理由等」を説明する義務を課している。

　上記説明を求めたことを理由とする不利益取扱いも禁止されており（同条3項）、企業においては「不合理な待遇差の禁止」への対応だけでなく、待遇差の説明を求められた場合の説明内容や説明方法も検討しておく必要がある。

▎法務業務プロセス 028：非正規社員の雇用管理（職責等の明確化）▊▊▶

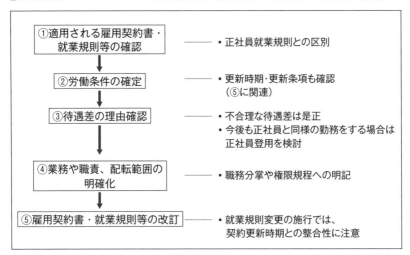

◪ 非正規社員の労働条件の確認 ◪

　非正規社員用の就業規則のほか、社員ごとに労働条件通知書や雇用契約書が作成されている場合がある。また、正社員用の就業規則の中に非正規社員に適用する規定（または適用されない規定）を個別に設けているケースもある。いずれの場合でも、非正規社員に適用される条項の中に、正社員のみを対象とした条項（非正規社員への適用を想定していない条項）が存在しないかを確認する。

▫ 正社員との待遇差の理由確認 ▫

前記**法務実務基礎知識**で説明したパートタイム・有期雇用労働法に関しては、指針（同一労働同一賃金ガイドライン）や厚生労働省のリーフレットを参考に、不合理な差別と判断される要素・基準を抽出する。その上で、現状における正社員との待遇差が、(1)有期雇用であることを理由とするのか、(2)短時間勤務（パートタイム）であることを理由とするものなのか、(3)上記(1)(2)の双方なのか、(4)どちらでもない別の理由なのか、を整理する。

▫ 職務内容や配転範囲の明確化 ▫

正社員と同様の職責（役職）を担い、配転範囲も同様の有期雇用労働者やパートタイム労働者であれば、(1)正社員に登用するか、(2)賃金等の待遇を是正するか、(3)配転範囲や職制を区別・整理すべきである。職務内容については、役職はもちろん、職務分掌や権限規程で業務や職責の範囲を明確化しておく。

☑ **【非正規社員の雇用管理】業務遂行チェックリスト**
　　□ 契約形態や適用される規則の確認
　　□ 契約期間、更新状況の確認
　　□ 無期転換制度（労働契約法18条）の確認
　　□ 正社員との待遇差及びその根拠の確認
　　□ 正社員との職務内容・配転範囲の差異を明確化
　　□ 待遇差の説明内容（回答例）の準備

5）不祥事対応・懲戒処分

✒ 求められる法務力

□ 問題行為を起こした社員への対応（自宅待機、資料提出命令等）を法的観点から検討できる。

□ 所持品検査や他社員への調査や社用パソコンのモニタリング等について、労働法上の問題点を理解している。

□ 懲戒処分や解雇を行う場合に、必要な証拠の作成・指示ができる。

□ 懲戒処分通知や解雇通知の作成・チェックができる。

□ 懲戒処分や解雇後に発生する可能性がある問題を理解し、対応策を説明
できる。

●➡KEYWORDS

【懲戒処分】 企業秩序の維持・確保のため、使用者が服務規律・職場秩序に
違反した労働者に対して行う制裁としての不利益処理 (社内処分)。

【懲戒権の濫用】 懲戒処分が、客観的な合理的理由と社会通念上の相当性を
欠く場合には、労働契約法15条により懲戒権の濫用として無効となるとい
う法理。

【懲戒処分通知書】 懲戒処分の内容を記載した書面である。法律上の必要記
載事項はないが、懲戒処分の日時・該当事由・種類 (量刑)・根拠条項を記
載するのが通常である。

📖 法務実務基礎知識

① 懲戒処分の意義

◧ 種類 ◧

懲戒処分は、企業秩序の維持・確保のため、使用者が服務規律・職場秩序
に違反した労働者に対して行う制裁としての不利益処理 (社内処分)であり、
通常は就業規則に基づいて実施される。懲戒処分の種類としては、「譴責」「戒
告」「減給」「出勤停止」「降職・降格」「諭旨退職・諭旨解雇」「懲戒解雇」があるが、
実際に懲戒処分を行う場合は、就業規則に規定された懲戒事由に対応した懲
戒処分を選択することになる。

◧ 懲戒権の濫用 ◧

労働契約法15条は、客観的な合理的理由と社会通念上の相当性がない懲
戒処分が、権利の濫用として無効となることを規定している。懲戒解雇では、
退職金の不支給・減額を伴うのが一般であり、労働者側の不利益が大きい分、
懲戒権の濫用と判断されるリスクが高くなる。実務において、問題社員を懲
戒解雇とせずに、退職金が支給される「普通解雇」とするケースがあるのは

このためである。

② 私生活上の問題行為

　就業規則の懲戒事由として、私生活上の問題行為を規定し、かかる行為を行った労働者に対して、会社の名誉・信用毀損を理由として懲戒処分を行うことがある。しかし、就業規則に該当条項があっても、その内容・程度、労働者の地位や、報道・公表の有無によって、会社に与える影響・不利益は一律ではない。私生活上の問題行為を理由とする懲戒処分では、実際の会社への影響・不利益を具体的に検証する必要がある。

③ 退職金の不支給・減額

　懲戒解雇や諭旨解雇（諭旨退職）では、退職金の不支給・減額を伴うことがあるので、退職金規程における不支給・減額の根拠規定を確認する。また、労働者側の不利益の程度は懲戒権濫用の判断に影響するので、退職金でマイナスとなる具体的金額の確認も必要である。裁判例では、懲戒解雇を有効としつつも、退職金の一部支給を命じた事例[11]がある。

▌ 法務業務プロセス 029：不祥事対応（検討時の視点・論点整理）▮▮▶

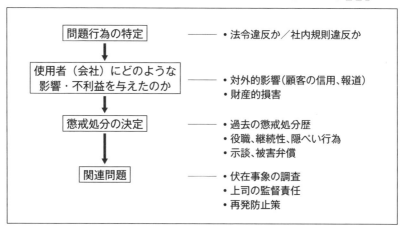

---

11) 小田急電鉄（退職金請求）事件（平成15年12月11日東京高等裁判所判決・労働判例867号5頁）、NTT東日本（退職金請求）事件（平成24年9月28日東京高等裁判所判決・労働判例1063号20頁）。

□ **検討事項** □

使用者は、懲戒処分を検討する場合には、あらかじめ以下を確認しておく必要がある。

- 就業規則上の根拠規定（懲戒処分・懲戒事由）
- 懲戒処分に必要な手続き（弁明の機会付与、懲戒委員会等の手続規定）
- 懲戒事由を裏付ける証拠の収集
- 他処分、類似事案との整合性
- 減給処分の場合は労働基準法91条の金額制限
- 懲戒処分による労働者の不利益の程度

□ **調査方法** □

【自宅待機・始末書】

業務命令として自宅待機を命じる場合は、その間の賃金支給が必要である。始末書の提出は、「始末書が懺悔・反省を強制するものであり使用者が強制できるか」という観点から提出命令の可否が争われることがある。そのため、実務では業務命令として事実関係を説明する「報告書」を提出させることがある。

□ **モニタリング・資料提出命令** □

労働者個人のプライバシーの観点から、社用パソコンのモニタリングでは調査目的や調査方法における合理性が要求される[12]。

デジタル資料の提出を命じる場合、後からプライバシー侵害が問題とされないように、提出に関する同意書を取得する。なお、当該書面では、提出命令以降にデータの消去や改変を行っていないことを誓約させることがある。

□ **労働者からの被害弁償** □

横領や故意・重過失による器物損壊等の事案では、会社の財産的損害を懲戒処分対象者に賠償させることがあるが、賃金からの一方的控除（相殺）の方法で被害弁償させることは、労働基準法24条が定める賃金全額払いの原則により禁止されており、賃金債権の放棄や合意相殺についても判例法理による制限がある[13]。また、労働者の過失によって使用者に損害を与えた場合、

---

12) F社Z事業部事件（平成13年12月3日東京地方裁判所判決・労働判例826号76頁）、日経クイック事件（平成14年2月26日東京地方裁判所判決・労働判例825号50頁）。

13) 賃金債権の放棄は、シンガー・ソーイング・メシーン事件（昭和48年1月19日最高裁判所第二小法廷判決・判例時報695号107頁、判例タイムズ289号203頁）、合意による相殺は、日新製鋼事件（平成2年11月26日最高裁判所第二小法廷判決・労働判例584号6頁、判例時報1392号149頁）。

判例[14]は、使用者の労働者に対する損害賠償請求や求償を信義則上相当と認められる範囲に制限している。

☑ **【不祥事対応】業務遂行チェックリスト**
- ☐ 懲戒処分及び懲戒事由に関する就業規則等の根拠規定
- ☐ 懲戒事実を裏付ける証拠の入手・整理
- ☐ 懲戒処分に必要な手続き
- ☐ 被害弁償と弁償方法
- ☐ 類似事案との比較
- ☐ 懲戒処分通知の作成
- ☐ マスメディア対応・情報管理

■ ケーススタディ 023

▶退職届を提出して自己都合退職した従業員から、違法な退職勧奨によるものとして、復職を求める「あっせん」の申立てがあったと「個別労働関係紛争の解決の促進に関する法律」に基づく「紛争調整委員会」から文書連絡があった。そこには「あっせん」への参加について意向確認の文書も同封されている。参加義務はあるのか？ 参加する場合の準備は？

- -

　あっせんへの参加は任意であり法的な出頭義務はない。あっせんは、原則として1回の期日で終了し、時間は2時間程度である。そのため、あっせん期日に個々の争点の詳細な主張立証を行うことは困難であり、期日に参加する際には、事前に和解案を作成しておく。また、あっせん期日当日でも、和解の条件交渉や決済ができるような手配をしておく必要がある。

■ ケーススタディ 024

▶営業所・支社に労働基準監督署の立入検査（臨検）があり、残業代の計算方法に誤りがあり、その点を改善して報告するよう是正勧告をされた。これには従う必要があるのか？ 是正勧告の内容を争えるか？

- -

　労働基準監督官が労働基準法や労働安全衛生法違反を確認した場合に、事業主に対して違反事項を指摘し、期日を指定して是正を命じることを「是正

勧告」といい、その際に交付されるのが「是正報告書」である。臨検時に交付される文書として「指導票」もあるが、これは、直接の法違反ではないが、改善を図る必要があると判断された事項について、改善点や改善方法を記載して交付されるものである。

　使用者は、是正勧告や指導があった場合には、その理由や根拠規定を確認した上で、速やかな改善と、その内容を報告（是正報告）する必要がある。是正報告に従わない場合、立件（送検）の可能性もある。裁判例[15]では、是正勧告は、被勧告者の権利義務や法的地位に影響を及ぼすものではないとして、使用者が行政訴訟で是正勧告の取消しを求めることはできないと判断したものがある。

■ ケーススタディ 025

▶勤怠不良や手当の不正受給等の様々な問題行為があり、解雇を通告した労働者から「解雇理由証明書」を交付するよう求められた。どのように対応すればよいか？

　労働基準法22条により、解雇または解雇予告された労働者は、解雇理由証明書を交付することを使用者に求めることができる。同条は、解雇理由証明書の記載によって、記載された以外の解雇理由の主張を法的に遮断するものではないが、解雇の有効性が裁判等で争われた場合、解雇理由証明書に記載された以外の解雇理由を主張することは、「後付け」と反論される可能性がある。そこで、就業規則の解雇条項を確認し、解雇理由を整理・列挙した上で、解雇理由証明書に記載すべきである。

---

15) 平成21年4月28日東京地方裁判所判決・労働判例993号94頁、共永交通・札幌労働基準監督官事件（平成2年11月6日札幌地方裁判所判決・労働判例576号59頁）。

第8章

グローバル法務

　グローバル化が進展する中、一部の大企業のみが国外の企業と取引を行い、海外での事業展開を行っていた時代は終わりを告げ、中小企業はもとより個人事業主に至っても、グローバルな観点からビジネスを進めていくことが不可欠となってきた。

　多種多様なビジネス慣行、価値観、文化、法制度が交錯するグローバル・ビジネスでは、国内ビジネスよりも複眼的にビジネスを検討する必要性が高いし、問題が発生したときの損失も巨額に及ぶことがあり、対応を誤った場合、企業の存亡に関わるような結果になることも少なくない。また、当該企業がこれまで経験したことがないような新たな事業上の試みがなされることも多く、それだけに法務部門が関与する度合いが国内ビジネスの場合以上に高いと思われる。

　グローバル法務としてカバーされるべき領域は広いが、ここでは、その中で国際取引（契約・紛争）、企業の海外進出、外部専門家の活用を取り上げる。

POINTS

- 国際取引契約の多くは英文であり、英語力と合わせて、英文契約の根底にある英米法の理解が不可欠となる。
- 国際取引契約に関する紛争は、契約条項の解釈が絡んだものが少なくないので、曖昧な条項にならないように配慮する必要がある。
- 国際取引契約の交渉においては、自社のみならず相手方の要望も可能な限り考慮したWin-Winな妥結が重要である。
- 国際紛争に関しては、紛争解決手段、管轄や各国の制度の違い等に留意して対応する必要がある。

1）国際取引

✒ 求められる法務力

☐ 英文契約を理解するための英語力がある。

☐ 英米法の基礎を理解する。

☐ 国際取引契約をレビューできる。

☐ 国際取引契約をドラフトできる。

☐ 国際紛争対応が行える。

●➡ KEYWORDS

【**準拠法 (governing law)**】ある単位法律関係に対して適用すべきものとして指定された 一定の法域における法。

【**口頭証拠法則 (parol evidence rule)**】契約等について、書面化された合意内容ないし意思内容と異なることを、他の証拠を用いて証明することを許さないという英米法の準則。

【**国際物品売買契約に関する国際連合条約 (United Nations Convention on Contracts for the International Sale of Goods)**】国際物品売買契約に適用される多国間条約。日本も締結国であり、2009年8月1日から発効している。国際物品売買契約条約、ウィーン売買条約、CISGなどの名称でよばれることも多い。

【**インコタームズ (INCOTERMS: International Commercial Terms)**】国際商業会議所 (ICC) が定める貿易に関する取引条件であり、運賃、保険料、危険負担等の条件を定型化して定めている。おおむね10年ごとに改訂がなされており、最新のものはインコタームズ® 2020 (Incoterms® 2020) である。

【**ディスカバリー (discovery)**】正式事実審理の準備として、法廷外で当事者が互いに情報の開示を行う制度。具体的には、質問書 (interrogatories)、文書等の提出 (production of documents and other things)、証言録取 (deposition) などがある。近年は、Eメールなどの電子的情報の提出を要求することが増えてきている。

🔖 法務実務基礎知識

① 国際取引契約

　国際取引を行う際には、その取引に関する契約が不可欠となる。国際取引契約の多くは英文であり、国際取引契約の内容を理解し、レビューし、さらにはドラフトするためには、当然、英語力が必要となる。国際取引契約で用いられる英語は、法律英語としての独特の言い回しのものもあり、慣れが必要である。また、英文の国際取引契約の内容を正確に理解するためには、その根底にある英米法、とりわけ米国法の理解が不可欠となる。

▐ 英文契約と米国法 ▐

　英文の国際取引契約であっても、準拠法については、後述のように当事者の合意によって自由に定められるのが原則である。仮に英米法でない法を準拠法として選択したとしても、英文の国際取引契約書に用いられる構成、用語や概念については、英米法の考え方を出発点としており、英米法、とりわけ米国契約法の理解は不可欠である。

　これについては、英米法や国際取引契約に関する他書も活用し、日本法との異同を意識しながら、別途知識を習得する必要があるが、ビジネスとの関係で最低限理解すべきものとしては以下のようなものがあげられる。

- 契約の成立（約因等）
- 詐欺防止法（Statute of Frauds）
- 義務の免除・消滅（履行不能、実行困難性等）
- 口頭証拠法則
- 保証
- 契約違反（無過失責任等）
- 損害賠償
- 権利の譲渡、義務履行の委任
- 衡平法上の救済方法

一般条項
(General Provisions、Miscellaneous、Boiler-Plate Clauses)

英文契約書には、通常、契約の種類にかかわらず、一般条項として、完全合意、変更・修正、表題／見出し、分離、非放棄、契約の譲渡、不可抗力、通知、言語、準拠法、紛争解決などの条項が設けられる。以下、その主要なものについて概要を述べる。

- **完全合意**(Entire Agreement、Merger)

  口頭証拠法則 (parol evidence rule)の適用を確認する条項である。口頭証拠法則は、契約との関係では、以下の2つの意義を有する。

- 両当事者が契約内容を「最終的に」表現するものとして契約書を作成した場合：契約書作成以前になされた合意を、契約内容を否定するための証拠として提出できない。

- 両当事者が契約内容を「完全に」表現するものとして契約書を作成した場合：契約書作成以前になされた合意を、契約内容を補足するための証拠として提出できない。

  言い換えれば、両当事者が最終的かつ完全な契約書を作成したならば、その契約書だけを拠り所とする準則である。実際の英文契約では、この口頭証拠法則の適用を意識して、以下のような完全合意条項が盛り込まれることが一般的である。

This Agreement constitutes the entire agreement between the parties and supersedes every previous agreement, communication, expectation, negotiation, representation or understanding, whether oral or written, express or implied, statutory or otherwise, between the parties with respect to the subject matter of this Agreement.

この口頭証拠法則は、口頭証拠のみならずそれ以外の形式の証拠 (文書等)にも適用されること、契約内容のみ適用され契約の取消しや無効等に関する証拠には適用されないこと、契約の曖昧な部分を解釈するための証拠に

は適用されないことに留意する必要がある。

- **変更・修正（Amendment）**

　契約書を変更・修正するための条件を定める条項であり、多くの場合、権限を有する者による書面での合意を条件としている。ただし、英米法の下では、契約書の変更・修正を書面での合意に限定する条項の効力は限定的なものととらえられており、そのような条項の存在にかかわらず、口頭での契約の変更・修正が有効とされることがあるので、注意を要する。

- **表題／見出し（Headings）**

　契約の各条項の表題、見出しが契約条項の解釈に影響を与えるものではないことを記載した条項である。

- **分離（Severability）**

　契約の一部に無効や強制力のないものが含まれている場合であっても、これが他の条項の効力に影響を与えるものではないことを記載した条項である。

- **非放棄（Non-waiver）**

　当事者が契約上のある権利の行使を放棄したり、怠ったりした場合であっても、これが契約上の他の権利の行使を放棄するものではないことを記載した条項である。

- **契約の譲渡（Assignment）**

　契約上の地位や権利などの譲渡に関する条項であり、これらの譲渡、さらには義務の委譲を原則として禁止し、相手方の同意がある場合に例外的に許容する旨の規定を設けていることが多い。

- **不可抗力（Force Majeure）**

　不可抗力によって義務の履行が不可能になったり、困難になったりした場合の義務の免責に関する規定である。英米法では、日本法と異なり、契約責任は無過失責任とされているので、不可抗力条項においては、何が不可抗力にあたり、それらの場合にどのような効果が生じるのかを具体的に記載することが重要である。

- **言語（Language）**

　契約、契約に基づく交信・通知などの言語を取り決める条項である。現

地当局への提出などの必要から、契約書の正本を複数の言語で作成することもあるが、そういったやむを得ない理由がない限り、契約の正本は、1つの言語に限定すべきである。異なる言語で複数の正本を作ると言語による解釈の違いが生じてしまうおそれがある。

- 準拠法

契約の準拠法に関しては、多くの国で意思主義（主観主義）の下、当事者が契約の成立や解釈の基準となる法を選択することが可能である。このことから、国際取引契約では、準拠法に関する条項を設け、当事者が準拠法を指定するのが一般的である。条項例は以下のとおりである。

> 準拠法条項の例
>
> Any and all matters in dispute between the parties to this Agreement arising from or relating in any way to the subject matter of the Agreement shall be governed by and construed in accordance with the laws of the State of New York.

契約の準拠法がどこの国の法であるかによって、留意すべきポイントやそれを配慮した契約書の具体的な記載内容も変わってくることになる。

なお、こういった準拠法の選択を当事者が行っていない場合は、各国の国際私法（抵触法）に従うことになるが、例えば日本では、準拠法の選択を明示的にも黙示的にも当事者が行っていない場合には、当該契約に最も密接な関係がある地の法によることとしている（法の適用に関する通則法8条1項）。

- 紛争解決（Dispute Resolution）

契約に関して紛争が生じた場合の解決方法や解決場所等を取り決める条項であり、下記②で後述するように、解決方法を仲裁として仲裁地等を指定するか、解決方法を裁判として管轄地等を指定するかが一般的である。これらの解決方法の前に調停（mediation）の実施を義務付ける場合もある。

紛争解決を仲裁で行うためには仲裁合意が必要となるが、条項例は以下のとおりである。

> All disputes, controversies or differences which may arise between the parties hereto, out of or in relation to or in connection with this Agreement shall be finally settled by arbitration in (name of city), in accordance with the Commercial Arbitration Rules of The Japan Commercial Arbitration Association[1].

　なお、仲裁合意があるにもかかわらず、当事者が裁判所に訴えを提起した場合は、裁判所は、相手方当事者の申立てにより、訴えを却下することになる（「外国仲裁判断の承認及び執行に関する条約」（ニューヨーク条約）2条3項、仲裁法14条1項）。

　一方、紛争解決を裁判所で行う場合の条項例は以下のとおりであり、この条項例ではニューヨーク市の州裁判所または連邦裁判所が専属的合意管轄を有することとしている。

> Any appropriate state or federal district court located in the City of New York, in the State of New York, shall have exclusive jurisdiction over any case or controversy arising under or in connection with this Agreement.

▣ 国際物品売買契約に関する国際連合条約（CISG）▣

　CISGは、物品（動産）に関する国際売買契約について、以下のいずれかの場合に適用される（CISG 1条、10条）。

- 契約当事者が異なる締結国に営業所（営業所を有しない場合は常居所）を有する場合
- 法廷地の国際私法の規定により、締結国の法が適用される場合

　基本売買契約や販売店契約の場合、これらの契約自体は売買の枠組みを定めているに過ぎないが、これらの契約に基づく個別売買契約においては、売買の具体的な対象製品の引渡しとこれに対する対価の支払約束がなされるので、CISGが適用される対象は、これらの個別売買契約ということになる。

---

[1] 一般社団法人日本商事仲裁協会ホームページ（http://www.jcaa.or.jp/arbitration/clause.html）。

　なお、当事者は、合意によってCISGの適用を排除することも可能である（CISG 6条）。

▪ インコタームズ ▪

　国際貿易に関しては、インコタームズが用いられることが一般的である。インコタームズでは、引渡し、危険負担、運送の手配・運賃の支払い、保険の手配、保険料の支払い、通関手続などの条件に関していくつかの定型化した規則が定められており、いずれもアルファベット3文字で表記されている。例えば、最新のインコタームズ® 2020では、以下の規則が定められている。

図表1-8-1：インコタームズ®2020における規則

あらゆる輸送形態に適した規則		
EXW	Ex Works	工場渡し
FCA	Free Carrier	運送人渡し
CPT	Carriage Paid To	輸送費込み
CIP	Carriage and Insurance Paid To	輸送費保険料込み
DAP	Delivered at Place	仕向地持込渡し
DPU	Delivered at Place Unloaded	荷卸込持込渡し
DDP	Delivered Duty Paid	関税込持込渡し
海上及び内陸水路輸送のための規則		
FAS	Free Alongside Ship	船側渡し
FOB	Free on Board	本船渡し
CFR	Cost and Freight	運賃込み
CIF	Cost, Insurance and Freight	運賃保険料込み

　例えば、FOBの場合、売主が物品を本船に船積みすることにより、売主の引渡義務は完成し、買主は、その時点から物品の一切の費用（運賃、保険料等）及び危険を負担することになる。これに対してCIFの場合は、引渡義務の完成と危険の負担についてはFOBと同じだが、売主は指定仕向港までの運賃、保険料を支払うことになる。

■ **予備的合意書** ■

　本契約の締結に至るまでにある程度の期間をかけて交渉を進める場合や段階的な検討が必要な場合には、letter of intent、letter of interest、memorandum of understanding、heads of agreement などの名称の予備的 (中間的) 合意書が締結されることが少なくない。これらの文書は、標題には「契約 (contract、agreement)」を表す文言は含まれていないが、準拠法に照らして契約としての要件を備えている限り、契約としての効力を有する。したがって、これらの合意書では、どの条項に契約としての効力を持たせ、どの条項に契約としての効力を持たせないのかを明確にすることが必要である。

② **国際紛争解決**

　国際取引や日本企業の海外進出に伴い、日本企業が国際紛争の当事者になるリスクも拡大している。国際紛争に関しては、関係国の法律や司法制度が異なることから、国内での紛争の場合にはない問題が生じる。

■ **裁判** ■

　民事事件一般について国際裁判管轄を定めた条約は、現在のところ存在しないことから、管轄については各国の法律によることになる。契約に関する争いについては、前述の■ **一般条項** ■の「紛争解決」で述べたように、契約書に管轄権に関する合意条項を設けることが一般的であり、この場合、原則として、当該裁判所の管轄に服することになる。例えば、日本の場合は、民事訴訟法3条の7に管轄権に関する合意の効力や条件を規定している。また、不法行為に関する争いについても、各国法の定めるところによることになるが、日本の場合は民事訴訟法3の3に規定を置いている。そのほか、民事訴訟法では、第2章第1節に国際裁判管轄についての詳細な規定を置いている。

　外国判決の承認・執行についても、承認・執行国の国内法によることになり、日本の場合は民事訴訟法118条、民事執行法24条にその要件が規定されている。

■ **仲裁** ■

第1部第4章1) 法務実務基礎知識②に記載されているような特徴に加え、

判決や仲裁判断の他国での効力に関して、判決は、判決国以外で承認・執行がなされるかどうかは、承認・執行を行う国の法政策によってまちまちであるのに対して、仲裁判断は、ニューヨーク条約等の多国間条約によって、判決の場合よりも承認・執行が容易となっているという特徴がある。

国際的な仲裁機関には、以下のようなものがある。

- 国際商業会議所仲裁裁判所（ICC）
- ロンドン国際仲裁裁判所（LCIA）
- シンガポール国際仲裁センター（SIAC）
- 中国国際経済貿易仲裁委員会（CIETAC）
- 日本商事仲裁協会（JCAA）

▫ 米国の裁判制度 ▫

米国の裁判制度は、日本の裁判制度にない多くの特徴を有している。その主要なものは、以下のとおりである。

- 送達（Service）

   日本のような職権送達主義と違い、私送達主義を採用している。なお、外国における送達に関しては、多国間条約としての「民事訴訟手続に関する条約」（民訴条約）、「民事又は商事に関する裁判上及び裁判外の文書の外国における送達及び告知に関する条約」（送達条約）や二国間条約としての領事条約があり、これに従った手続きが正式な送達であるが、米国側からこれらの手続きを経ない直接郵送送達がなされることがあり、その対応が問題となる（第1部第1章5）ケーススタディ 006 を参照のこと）。

- ディスカバリー（Discovery）

   当事者主導で情報収集が行われ、裁判所は原則として関与しない。ディスカバリーでの開示を免れる例外として、弁護士依頼人間秘匿特権（attorney-client privilege）とワークプロダクト（work product）がある。前者は、法律上の助言を求める際の弁護士と依頼人間でのコミュニケーションであり、後者は、訴訟を予期してその準備のために弁護士の指揮の下に作成されたものである。なお、外国での証拠調べについては、前述の民訴条約や領事条約によって手続きが定められているが、米国側からこれらの

手続きを経ないで証拠収集が行われることが多い。

- **陪審制**（Jury System）

    民事訴訟についても、当事者に陪審裁判を受ける権利が認められている。

- **懲罰的損害賠償**（Punitive Damages）

    不法行為や製造物責任訴訟などにおいて、被告の行為の悪性が高い場合に、現実の損害額についての賠償（填補損害賠償）とは別に懲罰的損害賠償が課されることがあり、米国での損害賠償額の高額化の一因となっている。

- **クラスアクション**（Class Action）

    共通の利害や関係を有する一定範囲の多数人を代表して1名ないし数名が全員のために訴訟追行を行う訴訟形態としてクラスアクションが認められている。

▌**法務業務プロセス 030：国際取引契約業務** ▌▌▶

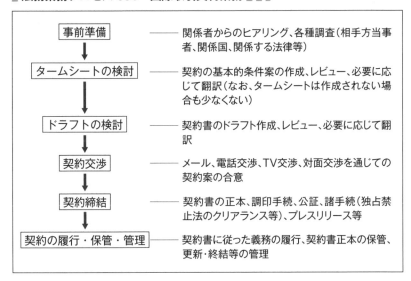

事前準備	—— 関係者からのヒアリング、各種調査（相手方当事者、関係国、関係する法律等）
タームシートの検討	—— 契約の基本的条件案の作成、レビュー、必要に応じて翻訳（なお、タームシートは作成されない場合も少なくない）
ドラフトの検討	—— 契約書のドラフト作成、レビュー、必要に応じて翻訳
契約交渉	—— メール、電話交渉、TV交渉、対面交渉を通じての契約案の合意
契約締結	—— 契約書の正本、調印手続、公証、諸手続（独占禁止法のクリアランス等）、プレスリリース等
契約の履行・保管・管理	契約書に従った義務の履行、契約書正本の保管、更新・終結等の管理

▫ **契約案の準備、レビュー** ▫

契約書の交渉を行う際に、最初からドラフトを作成して交渉する場合もあるが、複雑な契約書の交渉を行うような場合は、まず、重要な項目とそれら

についての骨子を記載したタームシート（term sheet）を作成して交渉することによって、交渉が枝葉末節にとらわれてしまうことを避けることができる。タームシートの形式は、項目ごとに箇条書きになったものや表を用いたものなどがある。

　ドラフトについては、一般的に、自らがドラフトした方が、自己の立場からは盛り込むことが望ましい条項を自己に有利な形で記載することができ、また交渉のペースをつかめるという利点がある。もっとも、ドラフトに複数の解釈が可能な場合、その解釈は「作成者に不利に」（contra proferentem）という原則が適用されることがあるので、自らが意図したよりも不利な解釈をされないように、曖昧さを残さないドラフトが必要となる。

　また、内容を検討する際は、準拠法を基に考える必要がある。

◨ 契約交渉 ◨

　契約交渉に関しては、交渉目的、交渉方法（Eメール、電話・テレビ交渉、対面交渉）、交渉参加者、交渉戦術、対面交渉の場合は交渉場所（自国、相手国、第三国等）などを検討する必要がある。

　交渉戦術に関しては、まず、複数の対案を準備の上、その提示順序を決め、どのような説得で相手方の理解を得るかを検討しておく必要がある。その他、複数の条項でのセットディールや当て馬の検討、交渉参加者の役割分担（善玉・悪玉など）も重要となる。自社の希望がすべて通ることは考えにくいので、いかに重大なリスクを回避して、Win-Winの関係で契約に合意するかが重要である。

　主張や反論は明確に行う必要があるが、日本語と英語の表現の違いから、相手方に曖昧でわかりくいとの印象を与えたり、場合によっては誤解を招くおそれもある。主語や述語を明確にし、結論を先に述べるように心がけ、「イエス」「ノー」も英文の疑問文に応じて明確に回答するよう配慮が必要である。

◨ 翻訳 ◨

　国際契約においては、仮に英語で契約の正本を作ったとしても、社内決裁や社内での検討会議のために日本語の翻訳を作成することが少なくない。その場合、前述の **◨ 一般条項 ◨** の「言語」で触れたこととも関連するが、言

語の違いから、日本語の翻訳で理解したのでは解釈に微妙な違いが生じる可能性があるので、重要な条項については、必ず正本を読んでニュアンスを汲み取ってもらうように注意喚起することが必要である。

> ☑ **【国際取引契約レビュー・ドラフト業務】業務遂行チェックリスト**
> □ 曖昧な表現はなく、正確か
> □ わかりやすいか（いたずらに長い文がないか、不必要に受動形や二重否定を使っていないか）
> □ 自社にとって不利益な内容は含まれていないか
> □ 法律に合致しているか（無効となるものや違法なものがないか）
> □ 条項間や他の契約書との整合性はとれているか
> □ 経営的観点と法的観点のバランスがとれているか
> □ 自らの利益と相手方の利益のバランスがとれているか（Win-Winの関係になっているか、無理なく履行できるか）

▌ 法務業務プロセス 031：国際訴訟業務（米国を中心に）▌▌▶

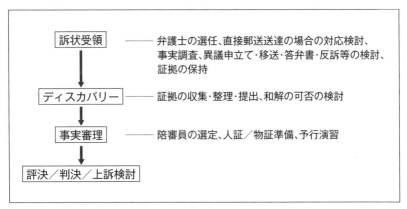

■ **送達** ■

　訴状を受け取った場合は、訴訟を担当する米国の弁護士を選任し、今後の対応を検討する必要がある。もし、直接郵送送達により訴状を受け取っ

た場合、送達条約や領事条約に基づく正式な送達を要求するか否かについても検討が必要である。社内的には、文書、議事録、Eメール等の書類をはじめとする証拠を破棄したり改ざんしたりすることがないように、法務部門の責任者から関連部署に通知、徹底する必要がある (いわゆる litigation hold)。

■ **ディスカバリー** ■

質問書への回答では、不必要に相手方に情報を与えないようにしつつ、回答が必要なものについては簡潔、明瞭かつ正確に相手方の質問に答えることが大切である。文書等の提出に関しては、弁護士依頼者間秘匿特権やワークプロダクトに該当し提出を免れるものを選り分けることが大切である。そのためには、普段からこれらに該当するものの作成に際しては、「Confidential & Privileged Attorney-Client Communication」などの表記を行う必要がある。証言録取に関しては、法廷での証言と同様に、十分な予行演習を行うことが大切である。

また、ディスカバリーが濫用されないように、必要に応じて裁判所に保護命令 (protective order) を申し立てることになる。

■ **和解** ■

米国での訴訟は、弁護士費用だけでも多額の出費がかさみ、また社内のキーパーソンが本来の業務よりも訴訟対応に時間をとられてしまうので、早い段階で自社に不利でない条件で和解できないか検討する必要がある。

2) 企業の海外進出における留意点

✒ **求められる法務力**

☐ どのような海外進出形態があるかを理解する。

☐ 現地法を理解し、事業目的に応じた進出形態とそれに応じたプロセスを考えられる。

☐ 現地法人の意思決定や業務の法的支援ができる (関連契約の作成を含む)。

☐ 現地法人のコンプライアンスの支援ができる。

☐ 現地法人の清算、解散等、撤退の法的支援ができる。

◉⇌ KEYWORDS

【駐在員事務所 (representative office、liaison office)】市場調査、情報収集、取引先との連絡業務などの活動を行うために現地に設置される事務所。

【支店 (branch、branch office)】営業活動等を行うために設置された営業所であって、本店に従属してその指揮命令を受けるもの。

【定款】会社の組織活動の根本規則。英米法系の会社法では、会社の基本的な事項 (商号、住所、目的等) を記載した基本定款 (articles of incorporation、memorandum of association) とそれ以外の事項 (株主総会、取締役会、役員等) を記載した付属定款 (by-laws、articles of association) の2つに分かれる。

【合弁会社 (joint venture company)】複数の企業がある事業目的を実現するために共同出資して設立、運営する会社。

📖 法務実務基礎知識

① 海外進出の形態

　海外進出の形態には、以下のような形態がある。これらを検討するにあたっては、現地の外資規制や奨励に関する法律、為替管理に関する法律、税法、契約法、会社法、労働法、環境法などを理解する必要がある。

◘ 代理店・販売店、製造委託・OEM ◘

　自社が直接製造拠点を持たないで、他社に海外での自社製品の製造を行ってもらうものとしては、製造委託やOEMなどの形態がある。

　一方、自社が直接販売拠点を持たないで、他社に海外での自社製品の販売を支援してもらうものとしては、代理店、販売店などがある。他社が現地ですでに有しているルート、顧客、ノウハウを利用して、自社製品の市場参入を図ることになる。代理権や販売権が独占的に付与されている場合が独占的代理店契約 (exclusive agency agreement)、独占的販売店契約 (exclusive distributorship agreement) であり、そうでない場合が非独占的代理店契約 (non-exclusive agency agreement)、非独占的販売店契約 (non-exclusive distributorship agreement) である。独占的代理店契約や独占的販売店契約の場合、供給者は、ほかに代理店や販売店を指名することはできない。これら

の独占契約の場合、代理人や販売店には、一定数量・金額の販売義務が課され、この義務が果たせない場合は、独占を非独占にされたり、契約を解除されたり、または一定の違約金を支払わされるなどの不利益が課されることになっているのが一般的である。

◨ 駐在員事務所 ◨

駐在員事務所については、現地の法令によって営業活動を行うことが禁止されている場合が多く、将来営業活動を行うための準備行為として市場調査、情報収集、取引先との連絡や販売店・代理店の支援などの活動が中心となる。

◨ 支店 ◨

支店は、駐在員事務所と異なり、営業活動を行うことができるが、独立した法人格はなく、日本本社が支店の法律行為についてすべて責任を負うことになる。

◨ 現地法人 ◨

現地法人は、支店と同様、営業活動を行うことができるが、独立した法人格があるので、子会社である現地法人の行為についての親会社の責任を制限することが可能である。

② 代理店・販売店契約

中近東諸国、中南米諸国では、自国の代理店や販売店を保護するための法律を設けている国が少なくない。これらの保護法は、契約の終了や解除についての制限や補償金の支払いに関する規定を設けている。また、EUでも個人事業主である代理商の契約終了について定めた理事会指令がある[2]。

③ 現地法人

現地法人に対する出資に関して自社単独で行う場合と自社を含めた数社で行う場合がある。後者の場合は、合弁会社の形態をとることになる。なお、発展途上国を中心に、外資による100%子会社を禁止あるいは制限している国もあり、その場合は、現地パートナーとの合弁会社を組むことになる。単独会社、合弁会社それぞれのメリットは以下のとおりである。

2) 理事会指令86/653/EEC（1986年12月18日付）。

図表1-8-2：単独会社と合弁会社のメリット

単独会社のメリット	合弁会社のメリット
● 経営を自社のみで決定、実行できる ● 利益配当を自社のみで受けることができる ● 技術やノウハウ等の秘密情報の流出を防げる	● より多くの資金調達が可能 ● 損失やリスクの分散が図れる ● 他社の有する資産、販売力、調達力、技術力、人脈、人材等を活用できる ● 現地での摩擦や反発を抑えることができる

　現地法人を設けるための選択肢としては、現地法人を新設する場合と既存の現地法人を買収したり、これに資本参加する場合がある。

　なお、合弁事業は、法人を設立せずに実施することもあり、その場合はジョイントベンチャー契約、共同体契約、コンソーシアム契約などの契約によって共同事業形態をとる。また、国によってはパートナーシップという法人以外の事業体による合弁事業を認めているところもある。

▌法務業務プロセス 032：海外進出業務 ■■▶

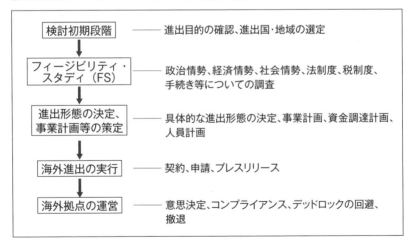

```
検討初期段階 ──── 進出目的の確認、進出国・地域の選定
    ↓
フィージビリティ・
スタディ（FS）  ──── 政治情勢、経済情勢、社会情勢、法制度、税制度、
                    手続き等についての調査
    ↓
進出形態の決定、
事業計画等の策定 ──── 具体的な進出形態の決定、事業計画、資金調達計画、
                    人員計画
    ↓
海外進出の実行 ──── 契約、申請、プレスリリース
    ↓
海外拠点の運営 ──── 意思決定、コンプライアンス、デッドロックの回避、
                    撤退
```

◨ 検討初期段階 ◨

　企業が海外に進出する目的には様々なものがあり、例えば、現地生産による生産コストの削減、海外市場での販売、得意先メーカーの海外進出に伴う進出などがあげられる。こういった目的の明確化とその目的に最適な国・地域、進出形態や現地パートナーの検討が必要になる。大まかな構想ができた段階で、実際に海外進出することになる事業部門に加え、経営企画部門、財務部門、法務部門、人事部門などからのメンバーが加わったプロジェクトチームを結成し、さらに詳細な検討を進めていくことになる。プロジェクトチームでは、海外進出までに検討や実行が必要となる事項を抽出し、行程表を作り、プロジェクトを推進していく必要がある。この段階での法務部門の仕事としては、現地法や投資環境についての初期調査や今後のさらなる検討のための法的アドバイザーとして現地の弁護士の選定などがある。

　一般的な投資環境や現地法の概略については、進出国政府のウェブサイト、日本貿易振興機構 (JETRO) のウェブサイト、書籍、専門誌、Lexis.com などのデータベースなどで入手可能である。

◨ フィージビリティ・スタディ (Feasibility Study: FS) ◨

　検討初期段階である程度の概要が判明すれば、今度はより詳細な調査 (現地での調査を含む) を行いプロジェクトの実現可能性を判断することになる。法務部門としては、現地の会社法、外資規制や奨励に関する法律、為替管理に関する法律、税法、労働法などを含む法令や必要となる手続きに関する調査が中心となり、現地法律事務所等の協力を得て調査を進めることになる。手続きに関しては、プロジェクトの具体的な進行を把握するために、手続きに必要となる期間を含めて調査・確認する必要がある。また、現地パートナー候補先との情報交換や意見交換が必要な場合は、秘密保持契約や予備的合意書等の契約の作成が必要となる。

◨ 進出形態の決定、事業計画等の策定 ◨

　フィージビリティ・スタディの結果、プロジェクトの実現可能性がありと判断されると、最終的な進出形態を決定し、それを基にした具体的な事業計画、資金調達計画、人員計画などを立てることになる。法務部門としては、

申請書類等のドラフト、進出に伴って必要となる契約（合弁契約、株主間契約、製造委託契約、OEM契約、販売店契約、技術援助契約、調達契約、雇用契約等）のドラフトや交渉を行うことになる。申請書類等には、会社設立、許認可、独占禁止法当局からのクリアランスの取得のための書類などが含まれる。また、プレスリリースを行う場合は、プレスリリース案のドラフトやレビューも行うことになる。

◪ 海外進出の実行 ◪

海外進出の準備が整えば、具体的なターゲット日を決めて、関連する契約の締結、関連機関への申請や会社の設立など、必要な手続きを進めていくことになる。

◪ 海外拠点の運営 ◪

● 現地パートナーとの連携

現地パートナーと合弁企業を運営する場合はもとより、現地パートナーと製造委託契約、OEM供給契約や販売店契約を締結する場合であっても、中長期にわたる良好な関係の維持が重要となる。時間が経つと、それぞれの戦略や志向が変わってくることがあるので、ベクトル合わせをするための仕組みをあらかじめ定めておくことが重要になる。例えば、販売店契約であれば、定期的に今後の販売戦略や販売目標について協議し、目標数値の達成をフォローし、対応を検証する仕組みを契約に盛り込んでおく必要がある。販売店への供給元としては、販売店の働きが芳しくなく、目標数値に達成しない場合は、販売店契約を解除するなどの対応を行う必要があるので、契約書の解除条項にその旨を謳うとともに、その前提となる販売戦略や販売目標を明確に定めることが重要となる。

合弁企業については、株主総会や取締役のほかに運営委員会（steering committee）などの機関を設けて、事業戦略や業務に関する重要事項を定期的にあるいは必要に応じて議論するようにしている場合が少なくない。また、株主総会の議決権は原則として持分比率によることになるし、取締役会も持分比率に応じて自社側の取締役を指名することになるので、自社の株式持分比率より相手会社の持分比率が多い場合やそれぞれの持分比率が

同一である場合に、いかに自社の意向を反映させることを可能にするかが問題となる。そのためには、以下のような仕組みを設けることが考えられる。

- 通常決議（過半数）、特別決議（3分の2、4分の3等）、全員一致決議を決議内容に応じて割り振る。
- 重要な事項については、株主間契約で、株主総会、取締役会とは別に全株主の事前同意（協議）事項としておき、そのステップを踏まないと株主総会や取締役会に付議できないこととしておく。

重要な事項については、株主総会、取締役会とは別に全株主の事前同意事項とする条項例

The following matters with regard to the Company shall be referred to any meeting of shareholders or the board of directors without the prior written consent of the parties hereto:

a. Amendment to or modification of the certification of incorporation or by-laws;

b. Increase or reduction of authorized, issued or paid-up capital;

… or

x. Any other material matter affecting the interest in the Company of either party hereto.

- コンプライアンス

　海外拠点で事業を行っていく上では、現地法をはじめとする適用法へのコンプライアンスの徹底を忘れてはならない。コンプライアンス違反事件が発生すれば、子会社のみならず日本の親会社をも含めた訴訟リスクや信頼失墜による事業上の損失につながり、場合によっては現地から撤退を選択せざるを得ない事態にもなり得る。日本の会社法でも、自社並びに親会社及び子会社からなる企業集団における業務の適正を確保する体制の整備を求めており（会社法362条4項6号、会社法施行規則100条1項5号）、この子会社には海外子会社も含まれる[3]。

　過去の日本企業の海外進出に伴って生じたコンプライアンス違反事案の例としては、カルテル、贈賄、雇用差別、セクシュアルハラスメント、ダン

---

3) 会社法成立以前にも海外子会社での内部統制システムの構築の必要性を説くものとして、大和銀行ニューヨーク支店損失事件株主代表訴訟第一審判決（平成12年9月20日大阪地方裁判所判決・判例時報1721号3頁、判例タイムズ1047号86頁）がある。

ピング、移転価格などがある。海外拠点においても、日本の本社と同様に行動規範 (code of conduct)の配布、研修の実施などを行う必要がある。研修に関しては、本社で作成したオンライン研修を、現地法や現地の事情を踏まえての修正を施した上で、全世界の拠点に並行展開を行う企業も増えてきている。また、赴任対象者には、赴任前研修を実施し、現地での留意点や問題が起こった場合の対応を理解させる必要がある。さらに、法務部門も定期的に子会社を訪問して、積極的に案件の相談に乗ったり、必要に応じて法務監査を行うなどして、現地拠点での状況をつかむように努める必要がある。

● 撤退

　現地拠点を撤退することになる原因としては、現地パートナーとの考え方の相違、製品の需要不振、現地の政治・経済・社会状況の変化、フィージビリティ・スタディの失敗、組織力・人材の問題などの環境変化などが考えられる。撤退を決めた場合は、進出の形態に応じて、契約の終結、現地法人の譲渡や持株の譲渡 (現地パートナーへの譲渡、第三者への譲渡)、現地法人の解散・清算などが必要になる。例えば、合弁会社の場合、当事者が撤退を決めた際の持株の譲渡に関して、合弁契約の中にプット・オプション (put option)、コール・オプション (call option)などの条項を盛り込んでおく。また、一定の事由を会社の解散事由とする条項を合弁契約書に盛り込むこともある。

● 現地での法務部門と本社のリーダーシップ

　海外進出が進むと現地拠点にも法務担当者を配置することが必要になってくる。海外子会社の数が多い場合は、すべての海外子会社に法務担当者を置くことは効率的ではないので、地域を統括する役割を担った会社 (regional headquarters)に法務担当者、さらには法務部門を置く場合が多い。法務担当者の人選においては、現地法の対応を中心になるので、現地の人材を採用することが望ましいが、経過措置としては、日本本社の法務部門から法務部員を送り込んだり、経理部門などの他部署との兼任のスタッフを送り込むこともあろう。ビジネスが本社のグローバル戦略に従って推進され、

本社が司令塔としての機能を果たすと同様に、法務部門についても本社法務部門が全世界の法務拠点に対してリーダーシップを発揮する必要がある。この点、米国企業と比べ、日本企業の場合は、いまだ本社法務部門のリーダーシップが十分でないところが多いように思われるが、今後の課題であろう。

✔ **【海外進出業務】業務遂行チェックリスト**
- ☐ 進出の目的は明確か
- ☐ 目的に最適な国・地域か
- ☐ 外資奨励策があるか
- ☐ 外資規制は進出の障害にならないか
- ☐ 現地パートナーの選定は適格か
- ☐ 法律事務所等の外部専門家の選定は適格か
- ☐ 赴任者の選定は適格か
- ☐ 必要な申請、契約の準備は万端か

3）外部専門家の活用

🖋 求められる法務力
- ☐ グローバル案件に通じた外部専門家とのネットワークがある。
- ☐ 外部専門家に対して英語で適切な指示ができる。
- ☐ 英米法などの概念や法律用語を基に外部専門家と法律問題を協議できる。
- ☐ 外部専門家の報酬の管理ができる。

●➡ KEYWORDS

【時間報酬制（hourly fees）】 弁護士等の報酬制で、時間当たりの報酬金額をベースに算出するもの。

【成功報酬制（contingency fees）】 弁護士等の報酬制で、依頼人が勝訴や和解によって賠償金を得た場合に限ってその一定割合を報酬とするもの。

【コンフリクト（conflict of interest）】 利益相反。特に外部専門家との関

係では、外部専門家と依頼人との利益が相反すること。

📔 法務実務基礎知識

① 法律事務所・弁護士

◻ **法律事務所の種類** ◻

　グローバル法務に関して、企業が依頼する法律事務所としては、国内の渉外法律事務所、現地のローカルな法律事務所、欧米系の大規模法律事務所などが考えられる。グローバルな案件を扱う法律事務所の潮流として専門化と総合化があり、これによって、法律事務所は特定の分野に専門特化したサービスを提供するいわゆる「ブティック型」の法律事務所（例：知的財産権に専門特化した法律事務所）と様々な分野にわたる総合的なサービスを提供する「デパート型」に大別される。

◻ **弁護士報酬** ◻

　グローバル法務案件を取り扱う弁護士の多くは、時間報酬制を採用している。時間当たりの報酬金額は、案件の内容、法律事務所の規模、所在地や評価、法律事務所内での当該弁護士の地位（ネームド・パートナー、パートナー、アソシエイト等）によって異なるが、大手法律事務所の場合は、アソシエイトで最低でも300ドル、パートナーでは最低でも500ドルになる。これに対して、個人が原告となる不法行為事件、製造物責任事件などの場合には、個人の原告については成功報酬制が採用されることが多い。

② 会計事務所・公認会計士・コンサルタント・アドバイザー

◻ **会計事務所・コンサルタント会社の種類** ◻

　グローバル案件を扱う会計事務所は、寡占化が進んでおり、「Big 4」とよばれる大規模会計事務所（Ernst & Young、Deloitte Touche Tohmatsu、KPMG、PricewaterhouseCoopers）が中心的役割を担っている。これらの大規模会計事務所は、会計、監査、税務、コンサルティングなどのサービスを提供しており、M&A、海外会社の設立、税務などの案件においては、法律に関連した業務を行うことがある。とりわけ近年は、社内弁護士を積極的に採用することによって、M&A関連業務や税務業務等の法律関連業務の提供

を積極的に進めている。もっとも、会計事務所は法律事務所ではないことから、最終的な判断は弁護士に確認することが前提となっている。なお、米国のサーベンス・オクスリー法（SOX法）などの企業会計の信頼性確保のための法律では、監査法人が同一の企業に対して、コンサルティング業務等の非監査業務を提供することを禁じている。

　会計事務所や公認会計士の報酬は、多くの場合、弁護士と同様に時間報酬制を採用している。

　コンサルティング業務やアドバイザリー業務については、会計事務所以外にも様々なコンサルティング会社、コンサルタント、アドバイザーが存在しており、経営、M&A、環境、労務、金融、訴訟関連業務などの分野でサービスを提供している。例えば、M&Aアドバイザーについての報酬は、成功報酬制が中心になり、依頼案件の取引価格または時価総資産額を基に、これらに一定の利率を乗じた金額を報酬とすることが一般的である。とりわけ、取引価格（または時価総資産額）に応じて利率が低減するLehman Formulaとよばれる報酬体系がとられることが多い。

■ コンフリクト ■

　法律事務所等に案件を依頼する場合は、依頼する案件の相手方が当該法律事務所等で受任している案件の依頼者であるなど、利益相反の関係にないかの確認（conflict check）をまず法律事務所等が行う必要がある。これによって利益相反の関係にないことが確認されなければ、法律事務所等として、依頼を受けることができない。

法務業務プロセス 033：法律事務所・弁護士選定業務

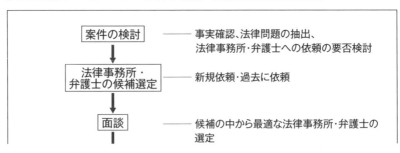

依頼決定と retainer agreement、
engagement letter の締結

■ **法律事務所・弁護士の選定** ■

　重要な案件を処理する、高度に専門的な知見を要する、中立的な立場での判断を要する、訴訟のように法律事務所・弁護士でないと行えない業務である、またはマンパワーの不足を補うなどの理由で、社外の法律事務所・弁護士を活用することがある。この場合、まず留意しなければならないことは、案件に応じて適切な法律事務所・弁護士を選定することである。例えば、米国での製造物訴訟の被告になっている場合、大規模法律事務所に依頼するのでなく、訴訟を専門にしている比較的小規模の法律事務所に依頼することが一般的である。逆にグローバルに拠点を持っている企業を対象にしたM&Aでは、ある程度の規模の法律事務所でないと、一気呵成にプロジェクトを推進できないおそれがある。

　こういった適切な法律事務所・弁護士を選定するためには、普段から法律事務所・弁護士についての情報を収集し、交流を広めておく必要がある。国際的に名の知れた企業であれば、面識がなくとも案件を引き受けてもらえる可能性があるが、そうでない場合は、国内外のすでに面識がある法律事務所、会計事務所等を通じて紹介してもらうことになる。

　重要な事案が発生した場合になって依頼する法律事務所・弁護士を決める場合もあろうが、できれば事前に将来起こり得る事案を想定して、いくつかの法律事務所と選任契約を取り交わしてことが望ましい。この選任契約は、retainer agreement や engagement letter とよばれ、案件を依頼した場合の報酬や実費の扱い等を取り決める。

　選定においては、専門性や実績の調査に加え、面接を行うべきである。この際、複数の候補先に関して調査、面接を行い、面接にも複数のメンバーで臨むことが好ましい。

　海外でのプロジェクトに関して、現地の法律事務所・弁護士に加えて日本の法律事務所・弁護士にも関与してもらうかどうかは、法務部門でどれくらい交通整理ができるかという力量によって左右されよう。すでに海外である程度のプロジェクトをこなし、語学面においても不安はないならば、直接現地の法律事務所・弁護士とやりとりを進めた方がスムーズで費用も抑えることができるだろうし、逆にあまり海外での経験がないということならば、日本の法律事務所・弁護士を通じて現地の法律事務所・弁護士とやりとりを行うということも考える必要があろう。

　弁護士の報酬は、前述のとおり時間報酬制が一般的であるので、報酬が高額にならないようにコントロールすることが重要となる。金額の上限の目安を法律事務所・弁護士に伝え、その金額を超えた（あるいは超えそうな）場合には、連絡をもらうなどの工夫も必要となる。また、訴訟においては、上記1）でも述べたように、早期に不利でない条件での和解が可能かどうかも検討する必要がある。

■ 会計事務所・公認会計士・コンサルタント・アドバイザーの選定 ■

　上記**法務実務基礎知識**でも触れたように、会計事務所では、積極的に社内弁護士を採用したり、法律事務所との事実上の提携を進めることによって、海外進出、M&Aや国際税務等に関するワンストップサービスを推進する動きがある。案件によっては、会計事務所と自社の法務部門だけで十分な場合もあろう。また、会計事務所を選任した際、法律問題については、その会計事務所が提携している法律事務所・弁護士を推薦されることも少なくない。プロジェクトにおいては、チームワークが大切になるので、普段から連携をとっている会計事務所と法律事務所・弁護士に加わってもらうことはメリットも少なくない。もっとも、その場合であっても、当該法律事務所・弁護士の専門性、実績についての確認や面接は怠るべきではないだろう。

　M&Aアドバイザーは、M&Aをはじめとする業務提携に関して候補先企業の選定、企業価値の算定、相手企業との交渉、プロジェクト全体のコーディネート等を担当する。日本国内においては、双方の当事者のアドバイザーとして仲介機能を営むケースも多いが、海外においては、各当事者が必要に応

じてそれぞれのアドバイザーを依頼することが一般的である。アドバイザーやコンサルタントについても、案件の内容や性質に照らして、必要か否かを検討することになる。不用意に関与する外部専門家を増やしてしまうと、それぞれの意見の違いやその調整、判断のために、かえってプロジェクトの進行が停滞することにもなりかねないので注意が必要である。

> ✓【法律事務所・弁護士選定業務】業務遂行チェックリスト
> □ 高い専門性やスキルを有しているか
> □ 案件に関連する国や地域にネットワークを持っているか
> □ Eメール等の交信の返信が早いか
> □ 事業内容を理解しているか
> □ 報酬は妥当か

▉ ケーススタディ 026

▶裁判管轄条項に関して、いわゆる被告知主義、クロス式とよばれる、被告の住所地での提訴をお互いに合意する方式があるが、その場合注意しなければならないことはあるか？

当事者Aが例えば相手方B（被告）の住所地で損害賠償請求を提起した場合、そのBが逆に原告となってAの住所地に債務不存在確認訴訟を提起することによって、国際訴訟競合が生じてしまうおそれがある。それを回避するためには、契約書のクロス式の裁判管轄条項に、どちらかの当事者が被告の住所地で訴えを提起した場合には、当該被告はもはや他の裁判所に訴えを提起できない旨を明記する必要がある。

また、クロス式の場合、準拠法についてもクロス式にする場合があるが、そうすると準拠法が一義的に定まらないという問題があるし、仮に準拠法を1つに絞ると、一方の国の裁判では、外国法に基づいた裁判を行うことになるという不便が生じる。

■ ケーススタディ 027

▶**持分比率が半々の合弁会社においてデッドロックが生じないようにするために、どのような対策が考えられるか？**

　デッドロックが生じないようにするためには、普段からパートナー間での意見交換を継続的に行い、それぞれの意向の擦合せを行うことが重要であるが、その他の対策としては、以下のようなものが考えられる。

- 取締役会の決議が可否同数の場合、議長決裁（casting vote）を認める。
- 分野ごとでどちらの株主側の意向を優先させるかをあらかじめ決めておく。
- 何層かの協議レベル（実務者会議、運営委員会、取締役会等）を設け、その最終レベルとしては、双方の株主のトップが直接話し合いを持ち決定することとする。
- 取締役会を構成する取締役の人数を奇数にして、そのうち1人を双方の株主が受け入れ得るような第三者にする。
- 双方の株主が選ぶ中立公正な第三者に判定を任せる。

第2部

ビジネス上の重要法律

POINTS

- 民法は、私法関係の原則となる法律であり、すべての取引の根幹をなす法律といっても過言ではない。
- 民法は、大きく分類すると、「財産法」と「家族法」に分かれる。企業取引で頻繁に用いるのは「財産法」であるが、取引相手に相続が発生したような場合には「家族法」の知識が必要となる場合もある。
- 我が国の民法はパンデクテン方式で編纂されている。パンデクテン方式では、各項に共通する内容は、「総則」としてそれぞれの冒頭に規定されている。
- 「財産法」のうち債権法は2017年5月26日に改正され（以下、改正後の民法を「改正民法」という。施行は2020年4月1日）、「家族法」のうち相続法は2018年7月6日に改正された（施行は原則として2019年7月1日）。

法律の概要

1）民法の概要等

　民法は私法関係の原則となる法律であるから、そのカバーする領域も私法関係全般であり、企業における各種取引も、原則としては民法が規律する。民法の条文数は、「財産法」と「家族法」を合わせると、1050条に及ぶ。

　なお、改正民法における改正の中心は「債権」分野であるが、「総則」、「物権」の規定も一部改正されているため、常に最新の条項を確認すべきである。

2) 総則 (第1編)

　「総則」は、民法全般にわたる共通項が規定されている部分である。

　具体的には、まず、私法関係の主体となる「人」と「法人」が規定され、次いで、私法関係の対象となる「物」、さらに、主体が法律効果を発生させるための行為である「法律行為」が定められている。そして、私法における「期間」、最後に「時効」が規定されている。

3) 物権 (第2編)

　「物権」の種類は、以下の分類のとおり整理されるのが一般的である。

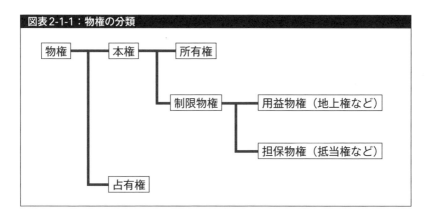

図表2-1-1：物権の分類

　企業の法務部員がこれらの講学上の分類を把握する必要性は高くないであろうが、少なくとも、所有権と、担保物権の位置付けは押さえておきたい。なじみのある抵当権は、制限物権の中の担保物権の一種である。なお、民法には、留置権、先取特権、質権、抵当権という4つの担保物権が規定されているが、民法に規定のない非典型担保として、譲渡担保権も実務上重要である。

4) 債権 (第3編)

　「債権」は、「総則」、「契約」、「事務管理」、「不当利得」及び「不法行為」から構成されている。主な章を以下に紹介する。

　「総則」は、続く「契約」の章と並んで、民法の中でも最重要の分野であり、契約に関連する規定が各種定められている。例えば、債務不履行があった場合の法的な効力（損害賠償など）、人的保証についての規律（連帯保証人など）、契約関係の移転（債権譲渡など）、契約関係の終了（債務の弁済など）などである。

　続く「契約」の章には、まず「総則」が規定され、契約の成立、効力、解除が規定されている。さらに、同章には、「売買」、「賃貸借」、「雇用」、「請負」、「委任」、「和解」などの契約が列挙されている。これら民法に列挙されている契約は、講学上、典型契約とよばれる（他方、民法に規定のない契約は、非典型契約ないし無名契約とよばれる）。

　最後に、「不法行為」は、違法な行為によって発生した損害の賠償を請求するものである。不法行為には一般不法行為と特殊不法行為があり、前者は、故意または過失によって他人の権利を侵害した場合に成立する不法行為である。後者の中では、企業活動と関連のある使用者責任（従業員の不法行為について使用者が不法行為責任を負うもの）が特に重要である。いわゆる精神的な損害に対する慰謝料請求も、不法行為の一種である。

5）親族（第4編）

　「親族」の章には、家族関係が定められており、「総則」、「婚姻」、「親子」、「親権」、「後見」、「保佐及び補助」、「扶養」の全7章からなる。

6）相続（第5編）

　「相続」は、「相続人の範囲」や「相続分」（相続人間における相続の割合）について定める。

　なお、2018年の相続法改正のうち、例えば、銀行法務においては、遺産分割前の預金債権行使の規定の新設、また、不動産法務においては、配偶者居住権制度の新設は、実務上も重要である。

実務へのアドバイス

1) パンデクテン方式における条文の参照方法

　我が国の民法は、パンデクテン方式とよばれる編纂となっている。すなわち、各項に共通する内容を「総則」として先出しして、その後、各論的に、「物権」、「債権」という順序で編纂されている。さらに、各論の中でも、例えば、各種契約類型の前に、やはり共通項を抜き出して「総則」が置かれている。この方式では、同じ内容を繰り返し記載しないでよいが、他方、関連条文が分散して規定されてしまい、一定の経験を積むまでは条文を探しにくいという面がある。

　パンデクテン方式の民法で関連条文を探す際、条文の目次だけを頼りに該当条文を探すのは困難である。一例として、売買契約を締結したが商品に欠陥があったとき、欠陥商品を購入した側はいかなる法的な主張を行うことができるかについて該当条文を探す場合を紹介する。売買の効力についての規定は560条以下にあり、この章には、契約不適合責任（改正民法以前の瑕疵担保責任）の追及（契約の解除、損害賠償）という手段が規定されている（565条）。しかし、これだけでは、上記の問題を解決するには不十分である。仮にこの契約が錯誤に基づくものであると主張する場合には95条の問題であるし、仮に、債務不履行により損害賠償を請求するというのであれば415条の問題となる。

　このように、条文が分散しているため、複数箇所の条文を確認することが必要である。また、いかなる場合にいかなる条文が適用されるのかについても、条文を読むだけではわからないことが多い。法務部員としては、概説書などを手がかりとして、それぞれの事案処理にあたるべきであろう。

2）判例の重要性

　法律ですべてのケースを詳細に定めることはおよそ不可能であることから、法律の条文は一定の幅を持って規定されており、多分に解釈の余地が残されている。その規定の解釈は判例に委ねられており、我が国の民法においても膨大な判例の蓄積の下に現在の解釈論がある。なお、いまだ判例の蓄積がない分野においては、学説を参考にすることとなる。

　事業者が何らかの紛争事案の処理を行う場合には、まずは類似の判例を調査して、当該事案の解決の見込みを調査すべきである。その際には、まずは判例付き六法や注釈書でその判例の事案の概略と裁判所の判断の要旨をつかむとよい。その上で、本件事案と判例の事案の相違点を洗い出し、判例の射程を知るためにも、最終的にはぜひとも判例の原典にあたっていただきたい。

3）非典型契約（無名契約）

　前述の典型契約に該当しない契約は非典型契約ないし無名契約とよばれるが、実務上、非典型契約に対する条文の適用について、いずれかの典型契約類型に引きつけて解釈すべきか、それとも、双方の規定の適用がなされると考えるべきかが争われることも多い。

　例えば、物の製作物供給契約は、制作の面にスポットを当てると請負契約であり、この制作物を譲渡する面にスポットを当てると売買契約である。かかる製作物供給契約について、請負契約または売買契約のいずれかと考えるか、あるいは、請負契約と売買契約の混合契約として請負契約と売買契約の特性に応じて条文を適用すべきかが議論される（判例上は固まっていない）。

　以上のような非典型契約については、いかなる契約類型の性質を有するかに留意して、それぞれの条文にあたった上で、契約書の作成の際に自社に有利な条項を策定する必要がある。

4）特別法による修正

　民法は私法の原則となる法律であるが、各種の法律によって修正が加えら

れている。

　本書第2部で取り上げる、特定商取引に関する法 (第2部第6章)、消費者契約法 (同第9章)、製造物責任法 (同第8章)などもその例である (前二者は消費者保護の法律として、あるいは事業者を規制する業法として重要である)。これら特別法にも留意して事案処理にあたる必要がある。

5) 債権法等の改正

　近年、民法では、債権と相続の分野で大きな改正が相次いでいるが、企業の法務部員としては、特に債権法に関する改正に留意する必要がある。以下、2020年4月より施行されている改正民法における重要な改正条項の一部を概説する。

　まず、民事・商事が統一化された改正として、①債権の消滅時効については、原則として、権利を行使することができることを知った時から5年間、権利を行使することができる時から10年間に統一され、また、②法定利率は年3%に統一されて、しかも3年ごとの変動制とされた。

　次いで、個人保証については、公正証書の作成が必要とされるなど、要件が複雑化、厳格化された。

　さらに、企業法務の観点からは、定型約款の規定が新設されたことは重要である。多数の取引を行う企業において定型約款の活用は不可欠であるが、改正民法では、定型約款が有効となるための要件、条項の制限についてのルール、定型約款変更の要件などが規定されている。

　以上の他、取引トラブルに関連する改正として、債務不履行解除において債務者の帰責事由が不要とされたこと、売買契約及び請負契約における従前の瑕疵担保責任が契約不適合責任に変更されたこと、売買等の契約成立後に双方の帰責事由なく目的物が滅失・毀損した場合のリスク負担は売主側が負うとされたことなども極めて重要な改正である。

　以上のように、民法の分野でも多くの改正がなされていることから、法務部員としては、今後も法改正に注視して業務にあたることがより一層望まれることになる。

第2章
会社法

POINTS

- 会社の設立等の手続き、機関、株式等、会社の基礎となる事項が定められた法律であり、企業の法務部門担当者としては、理解することが必須である。
- 条文数が多く、定義された用語も多数あるため、解説書等で正確な情報を確認することが重要である。
- 株主総会や取締役会運営等の運営方法等、手続きに関する定めが多数置かれており、実務において、会社法の規定に従った手続きがきちんととられているかの確認が重要である。
- 会社法施行規則、会社計算規則等の関連法規にも留意する必要がある。
- 改正が多いことから、最新の法律や文献を確認することが重要である。

法律の概要

1）設立

　会社法の第2編（25条〜574条）は株式会社についての規定であり、会社法の総条文全体の約半分は株式会社についての規定である。株式会社の設立については、第2編第1章（25条〜103条）に規定されている。株式会社の設立方法は、発起設立と募集設立の2種類が定められている（25条1項）。発起設立は、発起人が設立時発行株式の全部を引き受け、会社設立後の当初の株主となる。一方、募集設立は、発起人が設立時発行株式の一部のみを引き受け、残りの株式については、発起人以外の者に対して募集を行い、発起人と募集により株式を引き受けた者が会社設立後の当初の株主となる。株式会社の設立手続は、定款作成、出資、機関の設置等、設立登記といった順で行われる。

同章では、こうした設立の手続き等について、詳細な定めがなされている。

2) 株式

　株式については、第2編第2章 (104条〜235条) で規定されている。なお、第2編第3章 (236条〜294条) は新株予約権について規定している。株式は、法人の社員 (株主) である地位を細分化して割合的地位の形にしたものと説明される[1]。会社法では、上記の株式の性質に応じ、原則として各株式の権利内容は同一とされ、権利内容に差異を設けられる場合を例外として規定している (108条1項等)。同章では、こうした種類株式の内容や、株式の発行や譲渡の手続きに関する規定等が置かれている。株券については、不発行が原則とされ、定款で定めることにより発行が可能とされている (214条)。

3) 機関

　第2編第4章 (295条〜430条の3) では、株式会社の機関についての規定がなされている。まず、最高の意思決定機関である株主総会についての規定が置かれ、その後に取締役会、監査役会等、その他の機関についての規定が置かれている。会社法では、各機関の権限や責任等の実体的な内容と機関運営等の手続きに関する内容の定めがなされている。

4) 計算等

　第2編第5章 (431条〜465条) では、株式会社の計算、すなわち株式会社の会計等についての規定がなされている。株主への剰余金配当等の財産分配の限度を定める必要性や、会社の利害関係者に対する情報開示の必要性から、計算書類等、資本金、剰余金配当等についての規定が置かれている。計算書類に関しては、会社計算規則に詳細な規定が置かれている。

5) 組織変更等

　第5編 (743条〜816条の10) では、合併や会社分割等、会社組織の再編に関する手続きについての規定がなされている。組織再編行為については、既

1) 宍戸善一監修、岩倉正和=佐藤丈文編『会社法実務解説』(有斐閣、2011年) 80頁以下、江頭憲治郎『株式会社法』〔第8版〕(有斐閣、2021年) 123頁以下。

存の他社との間で行われる吸収型再編（吸収合併、吸収分割、株式交換）と新設の他社との間で行われる新設型再編（新設合併、新設分割、株式移転）に分類される。会社法においては、吸収型再編と新設型再編で節を分けて、それぞれの手続き等を規定している。

6）その他

会社法では、上記の各項目のほか、持分会社（第3編、575条〜675条）、社債（第4編、676条〜742条）等についての規定も置かれている。

実務へのアドバイス

1）会社法上で定義される会社の性質と機関の設置義務等

会社法では、株式会社について、その性質に応じた定義を行っている。主なものとしては、「公開会社」（発行株式の中に譲渡制限のない株式を含む会社（2条5号））、「大会社」（最終事業年度の貸借対照表上の資本金が5億円以上または負債が200億円以上の会社（同6号））、「種類株式発行会社」（内容の異なる2種類以上の株式を発行する会社（同13号））等があげられる。会社法では、こうした会社の種類に応じて、特定の機関の設置を義務付ける等の制限を行っている。例えば、公開会社である大会社においては、取締役会、監査役及び監査役会または委員会、会計監査人の設置が義務付けられる。公開会社である大会社以外の会社においては、取締役会、監査役または委員会の設置が義務付けられている。公開会社でない大会社においては、監査役または委員会、会計監査人の設置が義務付けられる。また、令和元年改正により、監査役会設置会社のうち、公開会社であり大会社である会社では、社外取締役の設置が義務化された（327条の2）。公開会社でない大会社以外の会社においては、特定の機関の設置義務はない。ただし、機関を任意に設置することにより、他の機関の設置義務が生じる場合がある点に留意が必要である（327条）。

また、大会社は、内部統制システムの決定義務を負う（348条4項、362条

5項)、貸借対照表のほか、損益計算書についても公告義務を負う（440条1項）等の制限も受ける。

　このように、会社法においては、会社の種類によって、必要な機関等について、異なる規制がなされていることから、自社の性質とそれに応じた会社法上の義務等を理解した上で、適切な対応をとることが必要となる。

2) 法文の読み方

　会社法には、1,000条近い条文数があるだけでなく、各条文もボリュームがあり、会社法施行規則、会社計算規則等の関連法規の内容も詳細である。

　また、2条に定義規定が置かれており、ここで定義された用語については、会社法上同様の意義を有するが、会社法における定義は2条に限られない。例えば、「代表取締役」の定義は、47条1項の3つめのかっこ書にあり、「株券発行会社」の定義は、117条7項かっこ書にある。このように、会社法では、特定の用語について、最初に出てくる箇所において、かっこ書により定義がなされている場合が多数あり、2条で定義されていない用語でも、別の箇所に定義がなされている場合があることに留意する必要がある。

　こうした特徴により、会社法及び関連法規の条文を読む際には、注意深く見ていく必要がある。なお、第5編の組織変更等における吸収型と新設型の区分等、その性質に応じて似た構成になっている章もあり、内容を理解した上で条文にあたると、理解がしやすくなる面もある。

　旧商法からの改正が行われた平成18年の会社法施行時に大幅な内容の変更があったが、その前後においても改正が繰り返されている（直近では、令和元年に、平成26年の改正に続く、会社法施行後2番目の本格的な改正が行われ、株主総会資料の電子提供制度の導入等が定められた）。そのため、法改正に関する議論や情報には、常に気を配っておく必要がある。専門的な内容であるため、実務を行う上では、文献等を参照することが必須であるが、上記の事情から、常に最新の情報にあたる必要がある。より専門的な内容については、専門家のアドバイスを受けることが望ましい。

第3章

独占禁止法

POINTS

- 市場における公正かつ自由な競争を促進することを直接の目的として、究極的には、国民経済の民主的で健全な発展の促進を目的とする法律である。
- 上記の目的を実現するための手段として、私的独占、不当な取引制限、不公正な取引方法を禁止するとともに、合併等の企業結合による市場集中を規制する。
- 独占禁止法は公正取引委員会により執行され、原則として行政事件として処理されるが、重大かつ悪質な違反行為に対しては刑事罰も規定されている。

法律の概要

　「私的独占の禁止及び公正取引の確保に関する法律」(以下「独占禁止法」という)の規制対象は、(1)他の事業者の事業活動を排除または支配することにより市場支配力の形成・維持・強化を図る私的独占、(2)複数の事業者が相互に競争を回避することにより市場の競争を制限する不当な取引制限、(3)取引相手に対する不当な差別的取扱い、不当な対価による取引、取引の相手方を不当に拘束する条件による取引等、公正な競争を阻害するおそれのある行為である不公正な取引方法、そして、(4)当事会社グループが単独で、または他の企業との協調的行動を通じて市場を支配することを可能とする株式保有や合併等の企業結合取引である。

　違反行為者に対しては、違反行為を除去するために必要な措置を命ずる行政処分である排除措置命令のほか、私的独占、不当な取引制限及び一定の不公正な取引方法については、課徴金が課せられる。また、私的独占及び不当

な取引制限の悪質かつ重大な違反行為については、公正取引委員会の刑事告発により刑事制裁が科せられる。さらに、被害者から違反行為者に対する損害賠償請求訴訟の提起（無過失損害賠償責任）、不公正な取引方法に対する差止請求訴訟の提起も認められている。

2019年改正法は、課徴金算定基礎の拡大と算定期間の延長等により実質的に課徴金額の水準の引上げを図る一方、調査協力の度合いに応じた課徴金減算の制度の導入により企業による調査協力のインセンティブを高め、効率的な事件処理を目指している。

1）私的独占

私的独占とは、事業者が、他の事業者の事業活動を排除または支配することにより、一定の取引分野における競争を実質的に制限する行為である（2条5項）。企業が優れた商品・サービスの提供により市場で独占的な地位を獲得することは、正当な競争行為として問題とされるものではなく、企業が市場支配力を有することそれ自体も問題ではない。しかしながら、例えば、高い市場シェアを有する事業者が、取引先に自己の競争者の商品を取り扱わないことを約束させる、原価割れの著しい低価格で商品を販売することにより競争者を市場から排除する等の行為は、正常な競争の範囲を逸脱した排除行為と判断される可能性が高い。法律上、行為者が市場支配力を有することは違反要件とされていないものの、実務上は、市場支配力を有する行為者が、原価割れ販売、排他的取引、抱合せ、供給拒絶・差別的取扱い等の排除行為を行う場合に違法と判断される[1]。また、支配行為は、株式取得や役員兼任等の手段を通じて、相手方の事業活動に関する意思決定を拘束する場合等に認められる。

2）不当な取引制限

不当な取引制限は、複数事業者による競争制限効果を有する共同行為である（2条6項）。行為の共同性について、契約、協定、明示の合意等が存在する必要はなく、相互に他の事業者の行為を認識して、暗黙のうちに認容す

る「意思の連絡」が存在すれば足りる[2]。不当な取引制限は、価格カルテル、生産調整、市場分割及び入札談合等の競争制限以外の目的または効果を有しないハードコア・カルテルと、共同生産や共同研究開発等の事業上の合理的目的及び一定の競争促進効果を有する非ハードコア・カルテルとに大別される。

　ハードコア・カルテルについては、通常、事業者間の合意の存在が認められれば競争制限効果の発生も認定することが可能である。価格カルテルは、競争行動の重要な要素である各事業者の自由かつ自主的な価格設定を制限する典型的な違反行為であり、具体的な価格のみならず、価格算定方法や割引率についての合意も違法となる。生産調整は、商品・サービスの供給量を制限することにより価格の維持を図り、市場分割は、販売地域、顧客の範囲等の制限により市場での競合を回避することにより、商品の供給量の制限、価格の維持・引上げを図る行為、そして、入札談合は、事前の調整により受注予定者及び受注予定価格を決定することにより、入札の競争性を失わせる行為である。非ハードコア・カルテルは、事業活動の一部を共同することによる競争制限的な側面が存在する一方、コスト削減や事業活動の効率性向上等の競争促進効果も認められることから、市場の競争への具体的な影響等についての分析により違法性の有無が判断される。

3) 不公正な取引方法

　競争の実質的制限効果を構成要件とする私的独占及び不当な取引制限とは異なり、不公正な取引方法については、公正な競争を阻害するおそれ（公正競争阻害性）を有する行為が規制される（2条9項）。条文上の「不当に」、「正当な理由がないのに」、「正常な商慣習に照らして不当に」の表現は、いずれも公正競争阻害性を意味する。

　公正競争阻害性には、⑴市場における自由な競争の侵害（自由競争減殺）、⑵価格・品質・サービスによる能率競争の観点から正当化されない競争手段（競争手段の不公正）、⑶取引主体の自由かつ自主的な判断に基づく取引の侵害（自由競争基盤の侵害）の3つの類型が含まれ、これらのいずれかまたはいくつかを侵害する行為が不公正な取引方法である。例えば、メーカーが流

2) 東芝ケミカル審決取消請求事件（平成7年9月25日東京高等裁判所判決・判例タイムズ906号136頁）。

通業者の販売価格を拘束する再販売価格維持、流通業者の販売地域や取引先を制限する拘束条件付取引は、流通業者間の競争を回避させることにより自由競争を侵害するものであり、不当廉売や取引先による競争品の取扱いを制限する排他条件付取引は、競争者を市場から排除することにより競争を制限する行為類型である。また、競争者の事業活動に対する妨害や内部干渉は、その行為自体が競争手段として不当なものである。そして、自己の取引上の地位が相手方に優越していることを利用して、購入強制、従業員等の派遣、返品、支払遅延等の濫用行為を行う優越的地位の濫用は、各事業者の取引条件等に関する自由かつ自主的な判断という自由競争の基盤を侵害する点に違法性の根拠がある。

　従前、不公正な取引方法の具体的な行為類型は、すべて公正取引委員会の告示により指定されていた[3]。平成21年改正により、共同の取引拒絶、差別対価、不当廉売、再販売価格の拘束及び優越的地位の濫用の5つの行為類型については課徴金の対象とされたことから、これらの行為類型については法律により要件が規定されることとなった（2条9項1号～同5号）。

4）企業結合規制

　企業結合規制（第4章）は、株式保有、合併、事業の譲受け等により形成される複数企業間の結合関係により、非競争的な市場構造が創出されることを防止する。規制対象には、競争関係にある当事者間の水平的企業結合、供給者と需要者等の取引段階を異にする当事者間の垂直的企業結合、それ以外の多角的企業結合のすべての類型が含まれる。このうち、市場における競争者の数が減少する水平的企業結合については慎重な検討が必要となる。企業結合については、取引実行後に取引前の状態を回復することは困難であることから、当事者が一定規模以上の国内売上高を有する企業結合について、公正取引委員会への事前届出が義務付けられている。そして、届出受理の日から30日を経過するまで取引の実行は禁止され、市場の競争への影響についての審査が行われる。

　事前審査においては、競争者の数の減少に起因する協調的な行動、結合後

3）「不公正な取引方法」（昭和57年6月18日公正取引委員会告示15号）。

に市場で支配的地位を獲得する企業の単独行動による競争制限効果の有無に関する分析が行われる。具体的には、まず、競争が行われる範囲を画する一定の取引分野（関連市場）を画定する。そして、当該市場において取引が競争に与える影響について、当事者グループの地位及び競争者の状況、取引の実態、輸入、参入、需要者からの競争圧力等の各要素を考慮し、当該取引が市場における競争を実質的に制限することとなるかについて判断する[4]。取引の実行により市場の競争が制限されるおそれがあると考えられる場合であっても、事業の一部の第三者への譲渡（構造的措置）、第三者に対する合理的な条件による商品の供給（行動的措置）等の競争上の問題を除去するに足りる問題解消措置の実施を条件として企業結合を認めることが可能である。

実務へのアドバイス

1）基本的な考え方の枠組み

　市場における公正かつ自由な競争を維持、促進することを目的とした独占禁止法上の問題を考える場合には、誰と誰の間でどのような競争が行われているか、問題とされる行為の当事者間の関係、また、当該行為は競争を促進するものか制限するものかという観点から分析を行う。そのためには、まず、供給者と需要者が取引を行い、供給者相互または需要者相互の間で競争が行われる一定の取引分野（関連市場）を画定することが必要である。関連市場は、用途、機能等の代替性から相互に同一の需要者を争奪する関係にある製品の範囲（製品市場）及び競争が行われる地理的範囲（地理的市場）の2つの側面から画定される。

　次に、画定された関連市場において活動する事業者を特定することにより、競争の存否及び内容を確認する。複数の製造業者等、同一の取引段階に属する事業者間には水平的な競争関係、製造業者と流通業者との間には垂直的な取引関係、さらに、同一製品を取り扱う流通業者間にも水平的な競争関係が存在する。そうした中で、問題とされる行為が誰と誰の競争にどのような影響を与えるかについて検討する。

4）公正取引委員会「企業結合審査に関する独占禁止法の運用方針」（最近改定：令和元年12月17日）。

2）課徴金減免制度と調査協力減算制度

前述のとおり、2019年改正法は、課徴金の算定期間を3年から最長10年まで延長する等、課徴金算定方法の見直しによる実質的な課徴金水準の引上げを図るとともに、課徴金減免申請の順位に加えて、公正取引委員会の調査への協力度合いに応じて課徴金の減額を認める調査協力減算制度を導入し、事業者側の調査協力のインセンティブを高めて違反行為を効率的に抑止することを目指している。従前の課徴金減免制度は、事業者による申請順位に基づく固定された課徴金減免率を定めていた。下図[5]のとおり、調査協力減算制度の導入により、第2順位以降の申請者については、調査協力の程度により申請順位に基づく減算率よりも大きな課徴金の減額を得られる可能性がある。

図表2-3-1：適用される減免率

調査開始	申請順位	申請順位に応じた減免率	協力度合いに応じた減算率
前	1位	全額免除	
	2位	20%	+最大40%
	3〜5位	10%	
	6位以下	5%	
後	最大3社	10%	+最大20%
	上記以下	5%	

調査協力による課徴金の減算は、事業者からの報告や提出された資料の内容が真相解明に資する程度を評価して決定される。具体的には、違反行為の対象商品又は役務、違反行為の態様や参加者、開始時期と終了時期等の事項について、具体的かつ詳細、網羅的に、資料による裏付けをもって明確にすることが重要となる。

3）実効性のあるコンプライアンス体制確立の重要性

独占禁止法の違反行為の中でもカルテルについては、厳格な法執行と厳罰化の傾向が顕著であり、各国・地域の競争当局間の連携による国際カルテル

5）公正取引委員会公表資料「調査協力減算制度について」(https://www.jftc.go.jp/dk/kaisei/r1kaisei/index_files/insatutyousakyouryoku.pdf）より作成

の摘発も積極的に行われている。また、仮に、違反行為の嫌疑や存在を発見した場合には、課徴金減免申請の可否等に関する検討と意思決定、調査協力に向けた資料の収集と整理を迅速に行うことが重要となる。そのため、各企業において実効性のあるコンプライアンス体制を構築することが極めて重要となっている。公正取引委員会は、こうした企業におけるコンプライアンスの推進に向けて、企業へのアンケート調査に基づくコンプライアンスの取組状況に関する報告書を公表しており、実効性あるコンプライアンスの確保に向けた方策も提言している[6]。具体的には、(1)研修等による違反行為の未然防止、(2)監査等による違反行為の有無の確認と早期発見、(3)違反行為を発見した場合の危機管理体制の構築が不可欠であるとの指摘がなされている。また、経営トップによるコンプライアンスに対するコミットメントとイニシアティブ、各社の実情(事業内容及びリスクの所在)に応じたコンプライアンス・プログラムの構築、コンプライアンス担当部署と実施体制の整備、海外子会社を含む企業グループとしての一体的な取組みの重要性も指摘されている。さらに、法律を専門分野とするものではない営業部門と法務部門との間で日常的に意思疎通を図り、コンプライアンスの重要性に関する理解を深めることも必要である。

6) 公正取引委員会「企業における独占禁止法コンプライアンスに関する取組状況について」(平成24年11月)、なお、過去の報告書については、公正取引委員会ウェブサイト(http://www.jftc.go.jp/dk/konpura.html)に掲載されている。

第4章

不正競争防止法

POINTS

● 商品形態の模倣や営業秘密の不正取得・使用等の不正競争の防止及び営業上の利益を侵害された者の損害賠償に関する措置等により、事業者間の公正な競争を確保することを目的とした法律である。

● 外国国旗等、国際機関の標章の商業上の使用禁止、外国公務員等に対する贈賄禁止等、条約や協定等で我が国が履行を約束した措置（国際約束）の的確な実施の確保も目的とする。

● 公正な競争の促進という目的を実現するため、差止請求、損害賠償請求等の民事上の請求権のみならず、公益の侵害の程度が著しい行為に対しては刑事罰が適用される。

法 律 の 概 要

　不正競争防止法は、独占禁止法とともに競争秩序の維持を図るという側面、知的財産法の一環として不正競争の規制による知的財産権の保護という側面を有しており、執行面に関しては、不法行為法の特別法として差止請求権を法定するとともに、刑法上の刑事罰規定を補完する。具体的な規制対象行為は、他人の商品・営業についての著名な商標等の表示との混同惹起行為、他人の商品形態の模倣、営業秘密の侵害、商品・役務の品質等の誤認惹起行為を含む「不正競争」及び条約上の禁止行為である外国国旗等及び国際機関の標章の不正使用、外国公務員等への贈賄である。そして、上記の禁止行為に対する救済措置としての民事上の請求権と手続上の措置、一定の行為に対する刑事罰が規定されている。

1）不正競争

　不正競争の定義は、2条1項において、(1)商品等表示の混同惹起、(2)著名表示冒用、(3)他人の商品形態を模倣した商品の提供、(4)営業秘密の侵害、(5)限定提供データの不正取得等、(6)技術的制限手段に対する不正行為、(7)ドメイン名の不正取得、(8)原産地・品質等の誤認惹起、(9)信用棄損行為、(10)代理人等の商標冒用の各行為が限定列挙されている。以下、特に(4)営業秘密の侵害、(8)誤認惹起、(9)信用棄損行為について紹介する。

① 営業秘密の侵害

　「営業秘密」として保護の対象とされるためには、(1)秘密として管理されていること（秘密管理性）、(2)生産方法、販売方法その他の事業活動に有用な営業上または技術上の情報であること（有用性）、(3)公然と知られていないこと（非公知性）の各要件を満たすことが必要である（2条6項）。不正行為の類型としては、2条1項4号〜同9号において、(1)不正な手段による取得と不正取得後の使用または開示、(2)不正取得行為の介在について悪意・重過失の転得者の取得とその後の使用または開示、(3)取得後に不正取得行為の介在について悪意・重過失に転じた転得者の使用または開示、(4)正当取得後の図利加害目的による使用または開示、(5)不正開示行為もしくは守秘義務違反による開示行為、もしくはそうした不正開示行為の介在について悪意・重過失の転得者の取得と取得後の使用または開示、(6)取得後に不正開示行為の介在について悪意・重過失の転得者の使用または開示の各行為が列挙されている。こうした営業秘密に係る不正競争のうち、特に違法性の高い侵害行為については、営業秘密侵害罪として刑事罰の対象とされている。

② 誤認惹起行為

　商品、役務、その広告や注文書等の取引に用いる書類上に、当該商品の原産地、品質、内容、製造方法等について誤認を生じさせるような表示を行う行為である（2条1項13項）。原産地表示であることを明記した表示のみならず、

表示が付された商品を全体として観察して原産地が表示されているものと認められれば、原産地表示に該当する。

③ 信用毀損行為

競争関係にある他人の営業上の信用を害する虚偽の事実を告知または流布する行為である（2条1項21号）。他人を競争上不利な立場に置くことにより、自らの競争上の優位性を獲得しようとする不正競争行為であり、行為者と他人との間に競争関係が存在することを要件とする。客観的事実に反する虚偽の事実の告知または流布という要件に関連して、自らの競争者の取引先に対して特許権侵害等の警告を行う行為について、通常必要とされる事実調査及び法的検討等により根拠を欠くことを容易に認識し得たような場合には、虚偽事実の告知または流布として問題となる。

④ その他

商品等表示の混同惹起、著名表示冒用及び他人の商品形態を模倣した商品の提供の各行為類型は、いずれも、需要者に広く認識された他人の商品・営業に用いられる表示、他人の商品等の著名な表示と同一または類似の表示を用いる行為、他人の商品形態を模倣する行為であり、技術的制限手段に対する不正行為は、音楽や映画等の無断視聴や無断コピーを防止するための制限技術を回避する装置・プログラムを提供する行為である。ドメイン名の不正取得は、図利加害目的で、他人の商品等の表示と同一または類似のドメイン名を取得等する行為、代理人等の商標冒用は、商標等の権利者の代理人による、正当な理由のない商標の使用等の行為である。また、平成30年改正法により、ID・パスワード等により相手方を限定して提供するデータを不正に取得・使用・提供する行為が、不正競争行為と位置づけられた。

2）適用除外

営業上の利益を侵害され、または侵害されるおそれがある者と行為者との利益調整を図るという趣旨から、形式的には不正競争に該当する行為であっ

ても、一定の場合には差止請求権及び罰則等の適用を排除する適用除外規定が存在する（19条1項）。例えば、商品及び営業の普通名称・慣用表示としての使用、周知性・著名性獲得以前からの先使用、営業秘密を善意・無重過失で取得した者は、いずれも適用除外とされている。一方、適用除外規定により、自己の商品等表示の使用継続等を受忍しなければならない者の不利益について、行為者の利益との再調整のため、営業上の利益を侵害された者から継続使用を行う行為者に対して、自己の商品または営業との混同を防止するために適当な表示を付すことの請求が認められる（同条2項）。

3) 国際約束に基づく禁止行為

不正競争防止法は、第3章において、パリ条約6条の3の規定を実施するために、外国の国旗・紋章、その他の外国政府等の印章・記号を商標として使用することの禁止（16条）、国際機関の標章を、当該国家機関と関係があると誤認させるような方法で、商標として使用することの禁止（17条）、さらに、OECDの国際商取引における外国公務員贈賄防止条約の国内的実施のため、外国公務員等に対して、国際的な商取引に関して営業上の不正利益を得るために行う贈賄行為の禁止（18条）の各規定を定めている。

4) 民事上の措置

不正競争行為に対しては、これにより営業上の利益を侵害され、または侵害されるおそれのある者により、その侵害の停止または予防及び侵害行為を組成した物の破棄等を請求することが認められる（3条）。また、不正競争による営業上の利益の侵害に対する損害賠償請求権も認められており（4条）、損害額の推定（5条）、損害計算のための鑑定（8条）、損害の発生は認められるものの損害額の立証が極めて困難な場合の相当な損害額の認定（9条）等、損害額立証の容易化、迅速化を図るための規定が存在する。さらに、営業秘密を保護するため、秘密保持命令（10条）、当事者尋問等の公開禁止（13条）の各制度も存在する。

5) 刑事上の措置

　営業秘密に係る不正行為 (営業秘密侵害罪)は、不正の利益を得る目的または保有者に損害を加える目的 (図利加害目的)の存在を要件として、10年以下の懲役若しくは2,000万円以下の罰金またはこれの併科という刑事罰の対象とされる (21条1項)。また、不正目的の混同惹起行為・誤認惹起行為、不正の利益を得る目的をもって行う商品形態模倣行為、外国公務員等に対する贈賄行為等のほか、秘密保持命令違反行為についても、5年以下の懲役若しくは500万円以下の罰金またはこれの併科という刑事罰が規定されている (同条2項)。

実務へのアドバイス

　企業の保有する秘密情報が「営業秘密」として保護されるためには、当該情報が秘密として管理されていると客観的に認められること (秘密管理性)が必要である。換言すれば、それがいかに重要な情報であったとしても、秘密として管理されていない情報は、不正競争防止法による保護の対象にはならない。そのため、実務上、営業秘密の適正な管理は非常に重要である。この点について、経済産業省は、営業秘密が法的保護の対象とされるための管理方法を示すガイドラインである「営業秘密管理指針」(最近改訂：平成31年1月23日)を策定している。

　同指針は、平成27年に全面的に改訂されており、そもそも情報自体が無形であり、その保有や管理形態も様々であること等により、情報の取得、使用又は開示を行おうとする従業員や取引の相手方にとって、当該情報が法律上保護される営業秘密に該当するかどうかを容易に知り得ないという営業秘密の性質を前提として、企業が秘密として管理しようとする対象を明確化することにより、当該営業秘密に接した者が事後に不測の嫌疑を受けることを防止し、従業員の予見可能性、ひいては経済活動の安定性を確保するという趣旨から秘密管理性の要件が定められているとの考え方を採用した。そして、秘密管理性が認められるためには、営業秘密を保有する企業が、特定の情報

を秘密として管理しようとする意思を、具体的な状況に応じた経済合理的な
秘密管理の措置によって従業員に明確に提示し、その結果、従業員が当該企
業の秘密管理意思を容易に認識し得ること、すなわち、企業の秘密管理意思
についての従業員等の認識可能性が必要であり、重要な判断基準となること
が示されている。

POINTS

- 消費者による自主的かつ合理的な商品・役務の選択を確保するため、不当表示と過大な景品類の提供による顧客誘因を禁止する法律である。
- 当初は、公正かつ自由な競争の促進を目的とする独占禁止法の特例として、不公正な取引方法の欺瞞的顧客誘因に該当する不当表示等の行為を簡易迅速に規制するものとされていたが、平成21年の消費者庁関連3法の成立に伴い、消費者保護法であることを明確化する目的規定の改正とともに同法の所管が公正取引委員会から消費者庁に移管された。改正後も規制対象とされる行為は実質的に同一である。
- 違反行為に対しては、消費者庁及び公正取引委員会の行政手続による執行、都道府県知事による執行のほか、適格消費者団体による差止請求が可能である。
- 平成25年に発生した一連の食品偽装問題を契機として、平成26年6月には各事業者に対する管理体制の整備と必要な措置の義務付け、都道府県知事への措置命令権限の付与等を含む改正法が、また、同年11月には、不当表示に対する課徴金制度を導入する改正法がそれぞれ成立し、平成26年12月、同28年4月に施行された。

法律の概要

　「不当景品類及び不当表示防止法」(以下「景品表示法」という)の規制対象は、不当表示と過大な景品類の提供であり、不当表示は、(1)優良誤認表示、(2)有利誤認表示、(3)その他の不当表示の3類型に分類される。過大な景品類の提供については、同法4条の規定に基づき(1)懸賞制限告示、(2)総付制限告示、(3)業種別告示が制定されている。

　優良誤認表示とは、商品・役務の品質、規格等の内容について、実際のも

のよりも、または事実に相違して競争事業者の商品または役務よりも、著しく優良であると示す表示 (5条1号)、有利誤認表示とは、商品・役務の価格等の取引条件について、実際のものまたは競争者の商品・役務との比較において著しく優良であると示す表示である (同2号)。その他の不当表示は、一般消費者の自主的かつ合理的選択を阻害するおそれがあるとして内閣総理大臣が指定するもの (同3号) であり、現在、商品の原産国、おとり広告等の不当表示に関する6つの指定告示がある。

次に、懸賞制限告示は、くじ等の懸賞の方法を用いた取引の相手方への景品類の提供について、提供し得る景品類の最高額や総額を制限するものであり、総付制限告示は、例えば、商品の購入者にもれなく、または先着順等、懸賞によらないで提供される景品類について制限するものである。業種別告示については、新聞業告示、雑誌業告示、不動産業告示、医療関係告示がある。

さらに、景品表示法は、事業者や事業者団体が、内閣総理大臣及び公正取引委員会の認定を受けて、表示または景品類の提供について自主的にルールを設定することを認めている (公正競争規約 (31条1項))。

1) 不当表示

景品表示法は、5条において、事業者が、自己の供給する商品または役務の取引について、不当に顧客を誘引し、一般消費者による自主的かつ合理的な選択を阻害するおそれのある表示を禁止する。

①「表示」の定義

景品表示法の規制対象とされる「表示」については、「顧客を誘引するための手段として」、「自己が供給する商品又は役務の内容又は取引条件その他これらの取引に関する事項について行う広告その他の表示」であり、「内閣総理大臣が指定するもの」と定義されている (2条4項)。具体的には、(1)商品、容器または包装等、(2)見本、チラシ、パンフレット、説明書面、口頭 (電話を含む)等、(3)ポスター、看板、ネオン・サイン、アドバルーン、陳列物または実演等、(4)新聞紙、雑誌その他の出版物、放送、映写、演劇または電光、

⑸情報処理の用に供する機器 (インターネット、パソコン通信を含む)等による広告、表示を含む広範な指定となっている (「不当景品類及び不当表示防止法第2条の規定により景品類及び表示を指定する件」(昭和37年6月30日公正取引委員会告示3号))。

　表示の主体は、商品・役務の供給者であり、自ら表示の内容を決定した事業者のみならず、他の事業者が決定した表示内容を了承した事業者も含まれる。例えば、卸売業者からの説明を了承して商品に同様の表示を取り付けるように他の事業者に依頼した小売業者も表示の主体に含まれる。

② 優良誤認表示

　まず、商品・役務の内容についての表示であることが要件となる。具体的には、原材料、使用割合、添加物、効能・性能、安全性等の商品・役務の品質それ自体に関する事項のみならず、原産地、製造方法、認証の取得等、商品・役務の品質に間接的に影響する要素が広く含まれる。次に、実際のものよりも著しく優良であると示すことについては、一般消費者による正しい理解に基づく商品・役務の選択が阻害されないかという観点から判断され、食品のブランド偽装、果汁濃度の虚偽表示等がこれに該当する。さらに、競争事業者の商品・役務よりも著しく優良と示すことの典型例は、競争品との比較広告である。比較広告の適法性は、⑴主張する内容が客観的に実証されており (客観性)、⑵実証された数値等を正確かつ適正に引用し (正確性)、⑶比較の方法が公正である (公正性)、という3つの条件を満たすかにより判断される(公正取引委員会事務局「比較広告に関する景品表示法上の考え方」(昭和62年4月21日・最近改正：平成28年4月1日消費者庁))。

③ 有利誤認表示

　有利誤認表示は、商品・役務の価格等の取引条件について一般消費者を誤認させる表示である。一般消費者による商品選択にとって重要な要素である販売価格の表示については、景品表示法上の基本的な考え方及び主要な事例等を含むガイドラインが公表されている[1]。価格に関する不当表示事例で最

1) 公正取引委員会「不当な価格表示についての景品表示法上の考え方」(最近改正：平成28年4月1日消費者庁)。

も多いものは、不当な二重価格表示である。同一ではない商品の価格、架空の価格や過去の価格等の実際と異なる表示や曖昧な表示を比較対照価格として用いる場合、例えば、「通常価格10,000円を7,000円」と表示しているものの、実際には当該商品を10,000円で販売した実績はない、あるいは、発売当初の1週間のみ10,000円で販売されていたような場合には、不当表示に該当するものと考えられる。このほか、価格、料金を訴求する際に、(1)実際の販売価格よりも安い価格を表示する場合、(2)一体的に販売される他の商品・サービス等に関する対価を明示せず、商品の販売価格のみを表示する場合、(3)表示された価格が適用される顧客の範囲が限定されているにもかかわらず、その条件を明示せずに販売価格を表示する場合には、いずれも不当表示に該当するおそれがある。

④ 不実証広告規制

商品・役務の品質、効果、性能等が事実に相違して著しく優良であるとの表示が行われた場合、一般消費者の商品選択に大きな影響を与える一方、規制当局が表示の不当性を立証するためには多大な時間と労力が必要となる。合理的根拠を欠く優良誤認表示に対する迅速な対応を図る観点から、違反行為の疑いのある表示を行った事業者に対しては、当該表示の合理的根拠となる資料の提出を求め、提出がない場合には優良誤認表示とみなし、措置命令を行うことができるとされている(7条2項)[2]。

2) 過大な景品類の提供

景品表示法4条は、景品類の最高額・総額、種類または提供の方法等の制限を通じて、一般消費者の合理的な商品選択を確保している。

① 景品類

景品類とは、(1)顧客誘引の手段として、(2)事業者が、(3)自己の提供する商品・役務の取引に、(4)付随して提供される、(5)物品、金銭その他の経済上の利益である(2条3項)。これらの要件のうち、(4)の取引付随性については、商品

2) 公正取引委員会「不当景品類及び不当表示防止法第7条2項の運用方針―不実証広告規制に関する指針―」(平成15年10月28日・最近改正:平成28年4月1日消費者庁)。

の購入を条件とする場合のみならず、商品の包装等への景品提供の企画を告知、自己の店舗への入店者への景品提供等、取引の相手方を主な対象としている場合に認められる。一方、値引またはアフターサービス、当該商品・役務に付属すると認められる経済上の利益は、景品類には含まれない[3]。

② 規制の概要

　まず、抽せん券を用いる、一部の商品のみに景品を添付する等、「懸賞の方法」により景品類を提供する場合、景品類の最高額及び総額が制限される。なお、共同懸賞とは、商店街など一定地域の小売業者が共同して行う場合等、多数の事業者が共同して実施する場合を意味する。なお、字合せ、絵合せ等の方法による景品類の提供は禁止されている。

　次に、商品の購入者に対して、購入額に応じて、またはもれなく提供する場合等、懸賞の方法によらないで提供する景品類は、「総付景品」とよばれており、景品類の最高額が制限される。商品の購入等を条件とせずに、官製はがき等を用いて誰でも応募できる「オープン懸賞」は、景品規制の対象に含まれない[4]。

図表2-5-1：景品規制の概要

	取引価額	景品類の最高額	景品類の総額
一般懸賞	5,000円未満 5,000円以上	取引価額の20倍 10万円	売上予定総額の2%
共同懸賞	―	30万円	売上予定総額の3%
総付景品	1,000円未満 1,000円以上	200円 取引価額の20%	―

実務へのアドバイス

1）景品表示法の執行

　景品表示法の違反行為の疑いに対して、消費者庁は、試買、表示物の収集、

3）「景品類等の指定の告示の運用基準」（昭和52年4月1日事務局長通達7号・最近改正：平成26年12月1日消費者庁長官決定）。
4）景品規制の概要については、消費者庁ウェブサイト（http://www.caa.go.jp/representation/keihyo/keihin/keihingaiyo.html）を参照。

事業者に対する事情聴取の実施等の調査を行い、違反行為が認められる場合には、行為の差止め、具体的には、当該表示が不当表示である旨の公示、将来の違反行為を防止するために必要な措置、その他必要な事項を命ずる（措置命令(7条)）。

また、景品表示法に違反するおそれのある行為を行った事業者に対しては、原則として公表される警告、違反につながるおそれのある行為を行った事業者に対しては、注意が行われる。その他、公正競争規約の実施機関である公正取引協議会による処理、適格消費者団体による差止請求（30条）も認められる。

2) 平成26年改正

ホテルや百貨店等による食品に関する偽装表示の事案が多発したことを受けて、平成26年6月、不当表示に対する監視指導体制の強化及び事業者のコンプライアンス体制の強化等を内容とする景品表示法等の改正法が成立した。具体的には、消費者庁と関係省庁の連携による表示についての監視指導体制の強化、都道府県知事に対する措置命令権限の付与に加えて、事業者に対して、表示に関する管理体制の整備を義務付けるとともに、必要な措置を講じない事業者に対しては、内閣総理大臣が指導、助言、勧告を行い、勧告に従わない場合には、その旨を公表することができるものとされた。

さらに、11月には、不当表示を行った事業者に対する課徴金制度の導入を内容とする景品表示法の改正法案が国会で可決され、成立した。改正法は平成28年4月に施行されている。優良誤認表示及び有利誤認表示に対しては、対象商品・役務の売上額の3%、対象期間の上限を3年間として算定した課徴金を課す一方、違反行為を自主申告した事業者に対しては、課徴金額の50%減額が認められている[5]。

このように不当表示に対する執行強化が図られていることから、各事業者においては、表示に関するコンプライアンス体制の構築が必要不可欠である。

5) なお、課徴金等に関する規定の追加により、景品表示法の各規定の条文番号が大幅に変更されていることに留意する必要がある。

第6章

特定商取引法

POINTS

- 特定商取引法は、行政たる監督官庁が事業者を規制するためのいわゆる業法の一種であり、訪問販売、通信販売などのように、取引の類型に応じて各種規制がなされている。
- 事業者が特定商取引法の規制に違反した場合、業務停止命令の行政処分がなされたり、罰則が科されることもある。
- 特定商取引法には取消権や解除権などの民事的効力が定められているが、民法上の取消権や解除権とは要件・効果が異なっている。

法 律 の 概 要

1）制定、改正の経緯

　「特定商取引に関する法律」（以下「特商法」という）は、2001年6月1日に施行された比較的新しい法律である。同法は、「訪問販売等に関する法律」（訪問販売法）の改正法として制定された（改正に際して、法律名も訪問販売法から特商法へと変更された）。

　なお、2021年改正により、送り付け商法等の悪質な取引に対する対策が強化された。事業者との関係では、同改正により、事業者に義務付けられる交付書面の一部について消費者の承諾を得て電磁的方法によることが可能になったこと、また、行政処分が強化されたことが重要である。

2）取引類型

　特商法で規制される取引類型は、以下の全8種である。

(1) 訪問販売 (3条~ 10条)

　事業者が消費者の自宅などを訪問して商品の販売やサービスの提供を行うことである。必ずしも購入意思を持っていたわけではない消費者に対して、事業者から不意打ち的に働きかけを行うケースであり、消費者が冷静な判断をすることができない可能性があるために規制が設けられた。

　なお、いわゆる「キャッチセールス」も訪問販売に含まれる場合がある。

(2) 通信販売 (11条~ 15条の3)

　事業者と消費者が相対せずに取引を行うケースである (ただし、電話勧誘販売は、別途の類型である)。通信販売の分野はインターネットの普及により拡大しており、今日では極めて重要な取引類型である。

(3) 電話勧誘販売 (16条~ 25条)

　事業者が消費者へ電話をかけて行う取引である。電話の後、郵送などにより契約をした場合も含まれる。上記(1)と同じく不意打ちケースである。

(4) 連鎖販売取引 (33条~ 40条の3)

　消費者を、いわば勧誘員として利用する取引類型であり、いわゆるマルチ商法 (multi-level marketing)である。消費者にとって仕組みが複雑で、リスクが高い取引であることから特に規制されたものである。

(5) 特定継続的役務提供 (41条~ 50条)

　各種の外国語会話学校、学習塾などのように、取引期間が長期にわたる取引である。

(6) 業務提供誘引販売取引 (51条~ 58条の3)

　業務に従事することで利益が入るとして誘引し、その業務に使用するとして商品購入などをさせる取引である。

(7) 訪問購入 (58条の4 ~ 58条の17)

　事業者が消費者の自宅などを訪問して商品の購入を行うものである。バイクの買取りなどが典型である。

(8) ネガティブオプション (59条~ 59条の2)

　商品を一方的に送りつけた後に代金を請求するものである。なお、2021年改正により、商品を受け取った相手方は、商品を即時処分できることに

なった。

3) 規制

　特商法では、事業者に対して、各取引類型の特性に応じて以下のような規制がなされている（取引類型により規制の種類は異なる）。事業者が違反した場合、業務停止命令の行政処分がなされたり、罰則が科されることもある（その他、私人が国や都道府県に対して取引の是正措置を求める申出制度もある）。

⑴ 氏名等の明示

　　事業者は、取引勧誘に際して、消費者に対して、事業者の名称や勧誘目的であることなどを告知しなければならない。

⑵ 不当な勧誘行為の禁止

　　事業者には、不実告知（虚偽の説明）を行うこと、消費者を威迫して困惑させる勧誘をすることなどが禁じられている。勧誘の際に消費者に対して重要事項を告知することも要請されている。

⑶ 広告規制

　　事業者が広告をなすにあたっては重要事項の表示が必要であり、また、虚偽・誇大な広告を行うことは禁止されている。

⑷ 申込書面、契約書面などの交付義務

　　事業者は、契約の申込時や契約締結時に、必要事項を記載した書面を交付しなければならない。なお、2021年の改正により、訪問販売等一定の取引形態においては、消費者の承諾を得れば、電磁的方法によることも可能となった。

4) 民事的効力

⑴ クーリング・オフ

　　法定期間内であれば消費者が無理由で契約を解除できるという制度である。2021年改正により、電磁的記録による方法でも可能となった。

　　なお、通信販売にはクーリング・オフの規定はない（ただし、⑸で述べる

法定返品権がある）。

図表2-6-1：クーリング・オフの期間

取引類型	クーリング・オフの期間	条文
訪問販売	8日間	特商法9条
電話勧誘販売	8日間	特商法24条
連鎖販売取引	20日間	特商法40条
特定継続的役務提供	8日間	特商法48条
業務提供誘引販売取引	20日間	特商法58条
訪問購入	8日間	特商法58条の14

(2)取消権

特商法では、通信販売を除く各取引について、不実告知及び事実不告知についての取消権が規定されている。明文上、動機に関する不実告知による誤認も含まれている点が特徴的である。

(3)中途解約権

連鎖販売取引及び特定継続的役務提供で定められている。なお、特商法では、中途解約した場合の損害賠償の予定の額が制限されている点が民法上の損害賠償の予定と異なる。

(4)過量販売解除権

訪問販売では、過量販売解除権(9条の2)が定められている。これは、通常の必要量を大幅に超える商品の販売について、1年以内の解除を認めたものである。

(5)法定返品権

通信販売に関しては法定返品権(15条の3)が定められている。これは、返品特約の表示がない限り商品受取り後8日以内であれば消費者の送料負担で返品ができるという規定である。期間内であれば、無条件に返品が認められるクーリング・オフと異なり、法定返品権においては、返品特約が有効に表示されている場合には、消費者はこの特約に従わなければならない。

⑹ その他

　　上記⑴ないし⑸のほか、(ⅰ)禁止行為違反の勧誘による契約の申込み・承諾の取消権（9条の3、24条の3、40条の3、49条の2、58条の2）、(ⅱ)訪問購入における引渡拒絶権（58条の15）、(ⅲ)特定継続的役務提供における書類閲覧・謄写権（45条）等がある。

実務へのアドバイス

1）特商法の位置付け

　特商法には取消権や解除権といった各種の民事的効力が定められていることから、同法は、消費者の側からすると、消費者保護・救済の法律の1つとして、事業者に対する各種請求の根拠となる法律である。これに対し、特商法は事業者を規制するいわゆる業法の1つであるから、事業者の立場では、行政からの処分を回避するため、また、商取引を円滑に行うために、特商法でどのような規制がなされているのかについて留意する必要がある。

2）特商法の活用場面

　事業者が特商法に留意する必要がある典型的な場面は、同法が定める類型の取引を行う場合に、その取引のための契約書や法定書面を作成するときである。

　特商法では、事業者に対して法定書面の交付を定める場合があるが、その交付書面においては、その色やフォントのサイズまで決められている（例えば、訪問販売における交付書面は、赤枠、赤字を用いて、フォントは8ポイント以上の活字で記載しなければならない（施行規則5条））（なお、2021年の改正により、一部、電磁的方法によることが可能となったことは前述のとおりである）。

　なお、業法の規制については行政のウェブサイトが充実していることから、インターネットで、特商法に関連する行政のガイドラインを確認することは有益である。

3) クーリング・オフの留意点

特商法の民事的効力で最も重要なものの1つがクーリング・オフである。

クーリング・オフができる期間は取引類型によって決まるが、その起算点に関しては、事業者が消費者に対して法定要件を満たした書面（2021年改正により電磁的記録も含む）を交付しない限り、クーリング・オフの期間が進行しないとされている点が重要である。したがって、法定書面が交付されていない場合、消費者は、いつでもクーリング・オフが可能である。また、法定の記載事項が漏れた書面を交付しても期間は進行しないから、事業者は法定書面の作成においては、記載事項の漏れがないよう特に留意する必要がある。

事業者は、クーリング・オフが行使された場合、受領した金銭を返金しなければならない。消費者が商品を使用していたり、サービスを利用していても、その費用を請求することはできない。商品の引取費用も事業者の負担となる。

なお、クーリング・オフには、それぞれ取引類型別に例外が設けられていることに注意が必要である（例えば、訪問販売や電話勧誘販売では、3,000円未満の現金取引や、開封すると商品価値がほとんどなくなってしまう化粧品などの政令指定消耗品を開封したり、使用したりした場合は、クーリング・オフができない（法26条5項、施行令6条の4、7条、別表3））。

4) 他の法律との関係

以上のように、事業者としては、特商法の規制に従って取引を行うことになるが、万が一消費者と紛争になった場合、仮に事業者が特商法の規定を遵守していたとしても、消費者から、民法、消費者保護法等に基づく請求がなされる余地はあることに注意する必要がある。例えば、民法上の一般的な主張としては、錯誤・詐欺・強迫による取消しの主張、公序良俗違反による無効の主張、不法行為による損害賠償請求の主張などが考えられる（なお、消費者保護法については、**第2部第9章参照**）。

第7章
個人情報保護法

POINTS

- 個人情報保護法は、企業や個人事業主等の民間事業者における個人情報の取扱いのルールを規定しており、基本理念を定めた基本法に相当する部分と、民間事業者の自律的な取り組みを重視し、必要最小限のルールを定める一般法に相当する部分から構成される。
- 実務指針として、個人情報保護委員会から4つのガイドラインが公表されるとともに、事業分野によっては特定分野ガイドラインが策定されており、非常に重要である。
- 個人情報取扱事業者は、個人情報の利用目的の特定、目的外利用の制限、個人データの安全管理措置、不適正な利用の禁止、同意のない第三者提供の原則禁止等の義務を負う。
- いわゆる「3年ごと見直し」に関する規定（附則12条）に基づき、個人情報保護委員会において、関係団体・有識者からのヒアリング等が行われ、実態把握や論点整理等が実施された結果、令和2年6月に「個人情報の保護に関する法律等の一部を改正する法律」（以下「改正法」という）が公布された。

法 律 の 概 要

1）目的

　「個人情報の保護に関する法律」（以下「個人情報保護法」という）は、高度情報通信社会の発展に伴い個人情報の利用が著しく拡大していることに鑑み、個人情報の有用性に配慮しつつ、個人の権利利益を保護することを目的として制定された（1条）。

2）個人情報保護法の基礎概念

① 個人情報

　個人情報とは、生存する個人に関する情報であって、ⅰ）当該情報に含まれる氏名、生年月日その他の記述等により特定の個人を識別することができるもの（他の情報と容易に照合することができ、それにより特定の個人を識別することができることとなるものを含む。）、又は、ⅱ）個人識別符号のいずれかをいう（2条1項）。

② 個人情報取扱事業者

　個人情報取扱事業者とは、国の機関や地方公共団体等を除き、個人情報データベース等を事業の用に供している者のことをいう（2条5項）。なお、法人に限定されず、営利目的の有無も問われないため、個人事業主やNPO、自治会等の非営利組織も含まれる。

3）個人情報取扱事業者の義務

　個人情報取扱事業者の義務は、取り扱う個人情報の種類によって以下のとおり定められている。

- 個人情報（2条1項）に関する義務
  - ⑴利用目的の特定及びその達成に必要な範囲での取扱い（15条、16条）
  - ⑵個人情報の適正な取得及び利用目的の通知、公表又は明示（17条、18条）
  - ⑶苦情の処理（35条）
- 個人データ（2条6項）に関する義務
  - ⑴個人データの正確性の確保（19条）
  - ⑵安全管理措置・従業者、委託先に対する必要かつ適切な監督（20条〜22条）
  - ⑶個人データを第三者に提供する場合の制限（23条）、外国にある第三者に個人データを提供する場合の制限（24条）
  - ⑷個人情報取扱事業者による第三者への個人データ提供に係る記録の作成（25条）
  - ⑸第三者から個人データ受領に係る記録の作成（26条）

- 保有個人データ（2条7項）に関する義務

　　利用目的等の公表、保有個人データの開示、訂正等及び利用停止等（27条〜30条）

4）規定違反に対する措置

　個人情報取扱事業者が一定の規定に違反した場合で、かつ個人の権利利益を保護するために必要があるときは、個人情報保護委員会は、違反を是正するために必要な措置をとるべき旨の勧告（42条1項）、命令（42条2項）等を行うことができる。

　また、個人情報取扱事業者に対するペナルティとしては、以下が設けられている。

①個人情報データベース等不正提供罪に関する罰則（84条）

②個人情報保護委員会の命令に違反した場合や虚偽報告等の場合の罰則（83条、85条1号）

③第三者提供に際しての規律違反に関する過料（88条1号）

　また、個人情報保護委員会による命令に違反した場合には、社名の公表がなされ得る（改正法42条4項）。なお、令和2年の改正法により、罰則規定が強化され、法人に対する罰金の最高額は1億円と高額になっている（法人重科）。

実務へのアドバイス

1）第三者提供

　取得した個人データを第三者に提供する場合には、原則として、本人（個人情報によって識別される者）の同意を得るか、オプトアウト[1]を行わなければならない（23条1項、2項）。

　また、個人情報取扱事業者は、個人データを第三者に提供したときは、当該個人データを提供した年月日、当該第三者の氏名又は名称等に関する記録を作成、保存しなければならない（25条1項、2項）。

1）あらかじめ本人に対して個人データを第三者提供することについて通知又は認識し得る状態にしておき、本人がこれに反対をしない限り、同意したものとみなし、第三者提供をすることを認めること。

　他方、自社外に個人データを移行する点では同様であっても、(1)個人データの取扱いの委託（23条5項1号）、(2)事業承継（23条5項2号）、(3)共同利用（23条5項3号）に基づく個人データの提供は、提供を受ける者が第三者に該当しないとされる結果、本人の同意は不要となる。自社の行為がいずれに該当するのか、具体的な事実を確認した上で必要な手続きを講じなければならない。

　なお、第三者から個人データの提供を受けるに際しては、当該第三者が個人データを取得した経緯等を確認する義務がある（26条）。

2）漏えい事故への対処

　個人情報保護法は、個人情報の漏えい事故発生時に、個人情報取扱事業者が講ずるべき具体的な措置や漏えい等に対する罰則を規定するものではない。

　もっとも、個人情報取扱事業者は、個人データの安全管理のために必要かつ適切な措置を講じる義務（20条）を負っており、漏えい事故発生時においても、これにより本人が被る権利利益の侵害の大きさや事業の性質に応じて、速やかに対応する必要がある。なお、漏えい等のみならず、滅失又は毀損の場合も注意を要する。

　実際に漏えい等が生じた場合には、「個人データの漏えい等の事案が発生した場合等の対応について」（平成29年個人情報保護委員会告示第1号）に基づき、①自社内部における報告及び被害の拡大防止、②事実関係の調査及び原因の究明、③影響範囲の特定、④再発防止策の検討及び実施、⑤影響を受ける可能性のある本人への連絡等、⑥事実関係及び再発防止策等の公表について、迅速かつ同時並行的に検討を進める必要がある。

　令和2年の改正法により、個人情報保護委員会に対する報告義務（改正法22条の2第1項）及び本人への通知義務（改正法22条の2第2項）が追加された。これらを踏まえ、実務では、平時から自社内の対応フローやマニュアルを定めておく必要がある。

　また、漏えい等によって本人等の権利を侵害した場合には、債務不履行又は不法行為に基づく損害賠償（民法415条、709条、715条）を請求される可能性がある。

　個人情報の漏えい等に関する事業者賠償保険に加入する場合には、被害者に対する損害賠償・弁護士費用のみならず、謝罪広告掲載費用、コールセンター設置費用、事故対応コンサルティング費用のほか、漏えい等の有無に関する調査費用やブランドプロテクト費用の支出も想定して検討を行う。

3) ガイドラインの活用

　個人情報保護委員会は、平成28年11月（以降改正あり）に、「個人情報の保護に関する法律についてのガイドライン」（通則編、外国にある第三者への提供編、第三者提供時の確認・記録義務編、匿名加工情報編）を策定している。

　ただし、金融、電気通信、医療等の別途の規律が必要と考えられる特定の分野については、当該分野の特性に応じたガイドラインが策定されているため、自社の事業分野への適用を確認する必要がある。

4) データ利活用に関する施策

　個人情報保護法の成立から10年余りが経過し、この間に情報通信技術は目覚ましい発展を遂げた。特にクラウドサービス等の定着というネットワークサービスレベルでの進化とスマートフォン等の普及にみるデバイスレベルでの進化があいまって、膨大かつ多様なデジタルデータ、いわゆる「ビッグデータ」がネットワーク上に生成・流通・蓄積されるようになった。その中でも、利用者の位置情報や購買履歴など個人の行動や状態等に関する「パーソナルデータ」は、「21世紀の石油」とよばれるほど、その利用価値に注目が集まっている。パーソナルデータは、特定の個人の識別には至らないため個人データには該当しないとされる一方、プライバシーの観点からその取扱いが議論されるようになった。

　こうした環境の変化を踏まえ、平成27年の改正法において、「匿名加工情報」（2条9項）という概念が新設された。これにより、特定の個人を識別することができず、かつ復元することができないように個人情報を加工した情報については、一定のルールの下で本人の同意を得ることなく目的外利用及び第三者への提供ができるようになった。

　また、令和2年の改正法では、「仮名加工情報」(改正法2条9項)として、一定の措置を講じて他の情報と照合しなければ特定の個人を識別することができないように加工された情報の取扱いを定めた。これは、個人情報と匿名加工情報の中間的な位置付けの情報であり、内部分析に限定する等を条件に、開示・利用停止請求への対応等の義務が緩和されるものである。

　今後は、自社の取り扱うデータの利活用にあたり、どの区分の情報にあたり、どのような規制が適用されるのかを把握し、社内体制を整備することが必要となる。

第8章
製造物責任法

POINTS

- ●製造物責任法の目的は、製造物の欠陥による被害者の保護を図ること
にある。
- ●不法行為責任と異なり、無過失の損害賠償責任を定める。
- ●製造物責任の責任主体には、製造業者のほか、輸入業者や氏名等を表
示した者も含まれる。
- ●契約関係がなくとも、被害者は製造物責任法に基づく損害賠償責任を
追及できる。

法 律 の 概 要

1) 製造物責任法

　製造物責任法とは、製品の欠陥が原因となって生命、身体又は財産に被害
が生じた場合に、その製品の製造業者等に損害賠償責任を負わせることを規
定した法律である。

　不法行為責任 (民法709条) と異なり、被害者は、製造業者等の故意または
過失に代えて「欠陥」を立証すれば、製造業者等に損害賠償責任が認められ
る (3条)。

2) 製造物の欠陥

　製造物責任法は、「製造物」に「欠陥」がある場合に適用がある。

　まず、「製造物」とは、「製造又は加工された動産」(2条1項)をいい、プログ
ラムやサービス (修理、配送など)はこれに含まれない。

　次に「欠陥」とは、引渡し時点で「通常有すべき安全性を欠いている」(2条

2項)ことをいう。裁判官が、製造物の特性、通常考えられる使用形態、製造物を引き渡した時期、その他問題となる製造物に係る事情を考慮して、「欠陥」にあたるかを判断する。一般に、「欠陥」は、以下の3つに分類されている[1]。

(1) 製造上の欠陥

　　製造工程に問題が生じたことで、設計仕様どおりに製造されず、製品に安全性の問題がある場合をいう。

(2) 設計上の欠陥

　　設計自体に問題が生じ、製品に安全性の問題がある場合をいう。

(3) 警告上の欠陥

　　製品パッケージ、説明書、製品の筐体などにある使用上の指示や警告が不十分な場合をいう。

3) 責任主体

　製造物責任法では「製造業者等」(2条3項)が責任主体であり、以下の(1)から(3)の者が含まれる。

(1) 製造業者 (2条3項1号)

　　動産を「業として製造、加工又は輸入した者」がこの類型に該当する。

　　「業として」とは、ある行為を反復継続して行うことをいい、営利性、企業規模、経営形態を問われない。「製造、加工」とは、「原材料に人の手を加えることによって、新たな物品を作り(「製造」)、又はその本質は保持させつつ新しい属性ないし価値を付加する(「加工」)[2]ことと解されている。

(2) 氏名等の表示業者 (2条3項2号)

　　「製造業者として当該製造物にその氏名、商号、商標その他の表示(以下「氏名等の表示」という。)をした者」及び「当該製造物にその製造業者と誤認させるような氏名等の表示をした者」がこの類型にあたる。

　　典型的には、OEM製品について製造業者としての表示をした事業者や自己ブランド名を表示した事業者があげられる[3]。

(3) 実質的な製造業者 (2条3項3号)

　　「製造物にその実質的な製造業者と認めることができる氏名等の表示を

1) 新美育文「製造物責任」内田貴=大村敦志編『ジュリスト増刊　民法の争点[新・法律学の争点シリーズ1]』(有斐閣、2007年)298頁−299頁。
2) イシガキダイ食中毒訴訟第一審判決(平成14年12月13日東京地方裁判所判決・判例タイムズ1109号285頁)。
3) 参考:平成22年11月17日大阪地方裁判所判決・判例時報2146号80頁。

た者」がこの類型にあたる。

例えば、「販売者」として表示されているが、実際には製造にも関与しており、単なる販売者と評価できない場合[4]があげられる。

4）損害賠償の範囲

製造業者等は、製造物の「欠陥により他人の生命、身体又は財産を侵害したときは、これによって生じた損害」を賠償する責任を負う（3条）。この損害賠償の範囲については、民法416条の規定が類推適用される。なお、製造物自体の損害は賠償の対象に含まれない（3条ただし書）。

5）法定の免責事由

製造業者等は、以下のいずれかを証明すれば、製造物責任を免責される。

(1) 開発危険の抗弁（4条1号）

製造物を引き渡した時点での「科学又は技術に関する知見」によっては、「欠陥があることを認識」できなかったこと。

(2) 部品・原材料製造業者の抗弁（4条2号）

設計上の欠陥のある製造物が「他の製造物の部品又は原材料として使用された場合」に、その欠陥が「専ら当該他の製造物の製造業者が行った設計に関する指示に従った」ために生じたこと、かつ、部品・原材料製造業者が「欠陥が生じたことにつき過失がない」こと。

6）消滅時効

消滅時効は、権利の不行使が一定期間継続する場合に、その権利を消滅させる制度である。製造物責任法は、被害者の損害賠償請求権について、時効の起算点の異なる短期と長期の消滅時効期間を定めている。

(1) 短期の消滅時効（5条1項1号）

短期の時効期間は、「被害者又はその法定代理人が損害及び賠償義務者を知った時から」3年間である。なお、生命・身体の侵害による損害賠償請求権については、時効期間を5年とする特則がある（5条2項）。

(2) 長期の消滅時効（5条1項2号）

長期の時効期間について、民法724条は「不法行為の時から」20年とするが、製造物責任法では「製造業者等が当該製造物を引き渡した時から」10年である。なお、「身体に蓄積した場合に人の健康を害することとなる物質による損害又は一定の潜伏期間が経過した後に症状が現れる損害」については、時効の起算点を「損害が生じた時」とする特則がある（5条3項）。

実 務 へ の ア ド バ イ ス

1) 生産物賠償責任保険（PL保険）

被保険者が製造・販売した製品が原因となって、第三者に損害が発生した場合に被保険者が負担する法律上の損害賠償責任を補償する保険を「PL保険」という。以下に、PL保険を付保する際の注意事項を紹介する。

(1) 被保険者の追加

「被保険者」とは、保険契約の補償を受ける者のことをいう。「被保険者」には、「記名被保険者」と「追加被保険者」があり、被保険者の追加を行うことができる。

被保険者を追加するかは取引関係、資本関係、割増保険料の額などを考慮して決定し、安易に合意しないことが重要である。

(2) 求償権放棄特約

「求償権放棄特約」とは、保険会社が保険金を支払った後に、保険会社が被保険者の損害賠償請求権を代位行使しない旨の特約のことである。

この特約の付帯についても、免責を受ける第三者との関係を考慮した上で、決定するべきである。

2) リコール費用

特に重大な製品事故が発生した場合、製造業者は製品をリコールする必要がある（第1部第4章3)を参照のこと）。回収費用が多額に上る場合があるので、付保の検討も重要である。

　通常、リコール費用の補償は特約か別商品の対象となっており、PL保険
の補償範囲には含まれていない。そこで、PL保険を付保する際は、リコー
ル費用特約も視野に入れて検討することが大切である。

第9章

消費者保護法

POINTS

● 消費者保護法とは、消費者の利益保護を目的とする法律の総称である。

● 消費者は、事業者の行為により誤認または困惑した場合について、消費者法に基づき、契約の申込みまたはその承諾の意思表示を取り消すことができる。

● 消費者契約において、消費者の利益を不当に害することとなる条項は無効となる。

● 消費者の救済手段として、適格消費者団体による事業者の不当な行為等の差止請求権、財産的被害を集団的に回復するための被害回復裁判手続がある。

法律の概要

1）消費者保護法制

　私人間の取引には、原則として民法が適用される。しかし、民法は対等な当事者関係を前提とするため、情報の質及び量並びに交渉力の格差等が存在する消費者と事業者の関係においては必ずしもその適用によって適切な解決が導けない場合がある。

　そこで、消費者の利益保護を目的として、民法を修正する特別法、各種業法及び行政法規が制定されている。一例として、消費者基本法、消費者契約法、景品表示法、割賦販売法、特定商取引法、金融サービス提供法（令和3年改正施行予定）等があげられる。

　また、立法目的は他にあるものの、消費者との関係で消費者を保護する機能を有するものとして、製造物責任法、独占禁止法等がある。

2）消費者契約法

　消費者契約法は、消費者保護法の中でも、あらゆる取引分野における消費者と事業者の間で締結される契約について、幅広く適用される民事ルールである。

　平成13年4月の施行以降、高齢化の進展をはじめとする様々な状況の変化や消費者契約に関する裁判例、消費生活相談事例等の蓄積を踏まえ、平成28年及び平成30年に改正法が成立し、公布された。

① 適用範囲

　消費者契約法は、消費者と事業者との間で締結される契約に適用される（2条3項）。なお、労働契約には適用されない（48条）。

②消費者契約の取消し

　消費者が誤認又は困惑によって事業者との間で契約を締結した場合には、消費者はその契約の申込みまたはその承諾の意思表示を取り消すことができる（4条）。民法上の詐欺または強迫（民法96条1項）が成立しない段階においても契約の効力を否定し得る点で消費者の利益保護に資するものである。なお、消費者契約法に基づき事業者から契約を取り消すことはできない。

　消費者契約法上、消費者が誤認または困惑を理由として契約を取り消すことができる場合は、事業者の以下の行為による場合である。

図表2-9-1：消費者契約法による契約取消が可能な事業者の行為

消費者を誤認させるような勧誘	不実告知（4条1項1号） 断定的判断の提供（4条1項2号） 不利益事実の不告知（4条2項）
消費者を困惑させるような勧誘	不退去（4条3項1号） 退去妨害（4条3項2号） 社会生活上の経験不足の不当な利用 ・不安をあおる告知（4条3項3号） ・好意の感情の不当な利用（4条3項4号） 加齢等による判断力の低下の不当な利用（4条3項5号） 霊感等による知見を用いた告知（4条3項6号）
過量な内容の消費者契約	過量契約の取消権（4条4項前段）

③ 消費者契約の条項の無効

消費者契約法によって、消費者の利益を不当に害するものとして以下の条項の全部または一部は無効とされる。

(1) 事業者の損害賠償責任を免除する条項（8条）

(2) 消費者の解除権を放棄させる条項等（8条の2）

(3) 消費者の後見等を理由とする解除条項（8条の3）

(4) 消費者が支払う違約金等の額を過大に設定する条項（9条1号）

(5) 年14.6％を超える遅延損害金を定める条項（9条2号）

(6) 消費者の利益を一方的に害する条項（10条）

④ 消費者団体訴訟制度

消費者契約は、事業者と多数の消費者との間にそれぞれ締結されることから、消費者契約の取消し等により個別に被害者を救済しても、依然として同様の被害を受ける可能性のある消費者が存在することとなる。

そこで、新たな被害の発生や拡大を防ぐため、内閣総理大臣から認定を受けた適格消費者団体が個々の消費者に代わって、事業者の不当な行為等の差止請求権を行使することが認められている（消費者団体訴訟制度（消費者契約

法12条、景品表示法10条、特定商取引法58条の18〜58条の24））。なお、この差止請求は、不当な行為を差し止めるものであって、事業者の業務自体の停止を求めることはできない。

　また、2013年12月、「消費者の財産的被害の集団的な回復のための民事の裁判手続の特例に関する法律」が成立し、施行後は消費者契約に関して相当多数の消費者に生じた財産的被害を集団的に回復するための被害回復裁判手続が導入された。

実務へのアドバイス

1）消費者契約性

　自社が事業に用いる契約の消費者契約性の判断にあたっては、顧客が消費者であるか事業者であるかを確認する必要がある。「消費者」とは、個人（事業としてまたは事業のために契約の当事者となる場合を除く）をいい、「事業者」とは、法人その他の団体及び事業としてまたは事業のために契約の当事者となる場合における個人をいう（消費者契約法2条1項、2項）。したがって、顧客の中に個人が含まれている場合には、当該個人が事業としてまたは事業のために自社との契約を締結しているか否かによって、消費者契約法の適用の有無が決められることになる。しかし、これを客観的に判別することが困難な場合もある。

　そこで、自社の商品・サービスに関して消費者契約法の適用の有無を予測可能とするためには、例えば、「ビジネスプラン」や「法人プラン」等の名称を付して、申込みの主体を法人のみに限定して管理する方法も有用である。

　なお、単に約款に「本契約は消費者契約には該当しない」旨の記載をしても、消費者契約法は合意で排除することができないため、これによって消費者保護法の適用を免れることはできない。

▫C to C（Consumer to Consumer）サービスの普及▫

　最近では、スマートフォンのアプリケーション等を利用して、主婦や学生等の個人が別の個人に対し、簡単に商品を販売できるサービスが増加している。

こうしたC to Cサービスの普及によって、これまでは専ら消費者の側でしかなかった個人が、購入者との関係では事業者として取り扱われる可能性がある[1]。自社でC to Cサービスを提供する場合には、顧客間における消費者契約法の適用にも配慮して情報提供する必要がある。

2）利用規約・約款の作成の際の注意点

利用規約・約款については、大量な取引において円滑かつ迅速な処理の必要性から、顧客の権利を一部制限する条項や義務を加重する条項等を盛り込まざるを得ない場合がある。このような条項を規定するにあたっては、その内容が消費者にとって明確かつ平易なものとなっているか、複数人が多角的に検証し、消費者契約法によって無効となることのないよう慎重に検討する必要がある。

消費者契約法10条は、民法、商法その他の法律の公の秩序に関しない規定（任意規定）の適用による場合に比し、消費者の権利を制限しまたは義務を加重する条項であって、信義則に反して消費者の利益を一方的に害するものを無効とする。これは、適格消費者団体による契約条項の差止請求事例においても近時最も多く活用されている条項であり、注意を要する[2]。

また、改正民法によって新設された「定型約款」においては、定型取引の態様及びその実情並びに取引上の社会通念に照らして信義則（民法1条2項）に反する不当な条項については、「合意をしなかったものとみなされる」（同法548条の2第2項）。

■ 条項例とその検討 ■

- 「当社は、いかなる理由があっても一切損害賠償責任を負いません。」

  損害賠償責任の「全部を免除する条項」として無効となる可能性が高い（8条1項1号、3号）。

- 「弊社に故意または重大な過失がある場合を除き、弊社のお客様に対する損害賠償責任は、利用料金の3ヵ月分をその上限とします。」

  事業者の損害賠償責任の「一部を免除する条項」ではあるが、事業者に故意または重大な過失がある場合を除外しているため、無効と判断される可

1) インターネット・オークションを通じて、個人が商品を販売する際の特定取引法の適用に関するものだが、平成25年2月20日付消費者庁次長・経済産業省大臣官房商務流通保安審議官通達「特定商取引に関する法律等の施行について」の別添1「インターネット・オークションにおける「販売業者」に係るガイドライン」が参考になる。
2) 消費者庁「消費者団体訴訟制度「差止請求事例集」」(2014年3月)5頁。

能性は高くはないと考えられる (8条1項2号、4号)。

■ 電子商取引及び情報財取引等に関する準則の活用 ■

電子商取引 (一般にインターネットを通じての商取引をいう)にも、「電子消費者契約及び電子承諾通知に関する民法の特例に関する法律」(電子消費者契約法)をはじめ、各種消費者保護法が適用される。

電子商取引、情報財取引等に関する様々な法的問題点については、経済産業省により「電子商取引及び情報財取引等に関する準則」(最近改訂：令和2年8月)が策定・公開されており、利用規約・約款の作成においても参考になる。

この準則は、取引の実務の変化やITの動向、国際的なルール整備など、状況の変化に柔軟に対応しており、頻繁に改訂されるため改訂情報に注意が必要である。

3) インターネット上の情報による勧誘

事業者が消費者に対して「勧誘するに際し」不適切な行為をした場合には、消費者は契約を取り消すことができる。また、事業者は、「勧誘するに際し」、消費者の理解を深めるために、消費者の権利義務その他の消費者契約の内容についての必要な情報を提供するよう努めなければならない (情報提供努力義務 (3条1項))。「勧誘」とは、消費者の契約締結の意思の形成に影響を与える程度のすすめ方をいう (消費者庁企画課編『逐条解説 消費者契約法』〔第2版〕108頁 (商事法務、2010年))。その手段は、営業部門の担当者による口頭の説明に限られず、インターネット上の広告の掲載、パンフレット・説明書等も含まれる場合がある。

特にオンラインサービスにおいては、ウェブサイト上の情報が消費者の意思形成に実質的な影響を与えている場合も少なくない。顧客に向けたメールやウェブサイト上の情報については、消費者を誤認させるような勧誘となっていないか、消費者に必要な情報を提供しているかという観点から、自社の事業の実態に照らしチェックを行う必要がある。

第10章

公益通報者保護法（内部通報制度）

POINTS

- 労働者が公益通報を行ったことを理由として解雇等の不利益な取り扱いを受けないようにする。
- 公益通報で保護されるために、事業者内部通報、行政機関への通報、報道機関への3つの通報先それぞれの要件が定められている。
- 十分な内部通報制度を社内に構築しないと、労働者が外部機関へ通報し、会社の評判が失墜するレピュテーションリスクが生じる。
- 改正公益通報者保護法は、令和2年6月に公布され、2年以内に施行される。改正法では、事業者の措置義務が定められている。

法律の概要

1）現行法の概要と改正法

①現行法

　公益通報とは、労働者が労務提供先の不正行為を不正の目的でなく、一定の通報先に通報することをいう。不正の利益を得る目的、他人に損害を加える目的その他の不正の目的で通報した場合、公益通報にはならない。公益通報をしたことを理由として事業者が公益通報者に対して行った解雇は無効であり、不利益な取り扱いをすることも禁止されている。なお、公益通報者が派遣労働者である場合、公益通報をしたことを理由として派遣先が行った労働者派遣契約の解除は無効であり、派遣先が派遣元に派遣労働者の交代を求める等の不利益な取り扱いも禁止される。公務員の場合も同様で、公益通報をしたことを理由とする免職やその他の不利益な取り扱いが禁止されている。

② 令和2年6月改正法（注：令和3年10月段階で施行日未定（令和4年6月までに施行予定））

　公益通報者保護法は、令和2年6月に改正された。社会問題化する事業者の不祥事が後を絶たないからである。公益通報対応業務従事者の設置並びに適切に対応する体制を整備する義務が課された。また、現行法では通報者の秘密を保持すべき義務がないため、公益通報対応業務従事者または公益通報対応業務従事者であった者に対し、公益通報対応業務に関して知り得た公益通報者を特定させる情報を、正当な理由なく漏らしてはならないとの守秘義務を課した上で、これに違反した者への刑事罰を定めた。また、現行法にはなかった通報に伴う損害賠償責任の免除を追加した。

2）通報主体

　通報主体は労働者（労働基準法9条に定める）であり、労働者には、正社員だけなく、派遣労働者、アルバイト、パートタイマーなどのほか、公務員も含まれる。

【令和2年6月改正】

・保護対象者が現行の労働者に労働者であった者及び役員を追加した。退職後1年以内の退職者（2条）や役員である公益通報者が解任された場合に損害賠償請求することが可能となった（6条）。

3）通報する内容

　労働者（公務員を含む）が、不正の目的でなく、労務提供先等について「通報対象事実が生じ又は生じようとする旨」を、「通報先」に通報することである。通報する内容は、一定の法律違反行為であり、労務提供先において、国民の生命、身体、財産そのほかの利益の保護にかかわる法律に違反する犯罪行為又は最終的に刑罰につながる行為が生じ、又はまさに生じようとしている旨を通報する必要がある。すべての法律が対象となるのでなく、対象となる法律は、公益通報者保護法の別表に定められた法律をいう（令和3年7月19日現在475本）。刑法、建築基準法、医薬品、医療機器等の品質、有効

性及び安全性の確保等に関する法律、金融商品取引法、食品表示法、不当景品類及び不当表示防止法、大気汚染防止法、不正競争防止法、個人情報の保護に関する法律、労働基準法などである。

【令和2年6月改正】

　刑事罰の対象となる行為に加えて行政罰の対象となる行為が追加された（2条3項1号）。

4) 通報先

　通報先は、事業者内部、権限のある行政機関、その他の事業者外部のいずれかである。事業者内部とは、「労務提供先」または「労務提供先があらかじめ定めた者」である。「労務提供先があらかじめ定めた者」とは、労務提供先が社内規程に定める等すべての労働者が知りうる方法で通報先を定めた場合をいい、例えばグループ共通のヘルプライン、社外弁護士、労働組合等などである。

　労務提供先には労働者の勤務形態に応じて以下の3通りある。

　　⑴ 雇用元（勤務先）で働いている場合―雇用元（勤務先）の事業者

　　⑵ 派遣労働者として派遣先で働いている場合―派遣先の事業者

　　⑶ 雇用元の事業者と取引先の請負契約等に基づいて当該取引先で働いている場合―取引先の事業者

5) 通報の要件

① 事業者内部通報

　「不正の目的の通報でないこと」に加え、通報対象事実が生じ、または生じようとしていると思慮する場合で足りる。

② 権限を有する行政機関への通報の要件

　行政機関への通報に係る解雇から通報者が保護されるためには、「不正の目的の通報でないこと」に加え、「通報対象事実があると信じることに相当の理由がある場合」または「まさに生じようとしていると信ずるに足りる相

当の理由がある場合」が必要である。

【令和2年6月改正】

　現行の要件に加えて「公益通報者の氏名、当該通報対象事実の内容、当該通報対象事実が生じ、又はまさに生じようとしていると思慮する理由、当該通報対象事実について法令に基づく措置そのほか適当な措置が取られるべきと思慮する理由」を記載した書面（電磁的方式でもよい）を提出することが求められることになった。

③ 報道機関等外部への通報の要件

　報道機関等への外部通報の条件としては以下の通りである。

・不正の目的の通報でない

・通報内容に真実相当性がある

・以下のいずれかの要件を満たすこと（内部通報では不利益な取り扱いを受けると信ずるに足りる相当の理由がある場合、内部通報では証拠隠滅の恐れがある場合、生命・身体に対する危害が発生する場合）

【令和2年6月改正】

　現行の要件に加え、生命・身体に対する危害が発生する場合に加えて財産に対する損害（回復困難な重大なもの）を追加し、通報者を特定させる情報が漏れる可能性が高い場合を追加して保護要件を緩和した。

6) 事業者がとるべき措置

【令和2年6月改正（新規）】

　事業者に対し、内部通報に適切に対応するために必要な体制の整備等（窓口設定、調査、是正措置等）を義務付けた。ただし、義務付けは従業員301人以上の企業や医療法人、学校法人、公益法人に対して内部通報制度の整備（窓口設定、調査、是正措置等）であり、300人以下は努力義務である。また、内部調査等に従事する者に対し、通報者を特定させる情報の守秘を義務付けた（同義務違反に対する刑事罰を導入）。

7）実効性確保のための行政措置

【令和2年6月改正（新規）】

行政措置（助言、指導、勧告、及び勧告に従わない場合の公表）を導入した。

8）内部通報制度に関する認証制度

2021年3月に内部通報制度認証（自己適合宣言登録制度）の登録事業者数が100社になった。認証制度を運用する指定登録機関は公益社団法人商事法務研究会である。

実務へのアドバイス

1）通報窓口の設置

内部通報窓口を社内と社外両方に設置する必要はなく、社外のみでもよい。社外は弁護士事務所でもよく、子会社やグループ会社を含めて親会社の窓口に一本化することも、あらかじめ共通の窓口とすることで可能である。また、セクハラ窓口やパワハラ窓口などの既存の窓口を活用して一体的に運用することも差し支えない。相談窓口と通報窓口は、相談者または通報者との間で見解を共有しておく必要があるという趣旨であり、一元化をしてはならないという趣旨ではない。ただし、可能な限り事業者の外部にも通報窓口を整備することが適当であるとしているため、社内のみに設置することは適当ではないが、事業者の規模や業種、業態等の実情もあり、事業者の実情に応じて整備してもよいとされている。なお、外部通報の前に内部通報を義務付けるのは適切ではないとされる。

2）外部通報窓口のメリット

外部通報窓口には、中立的な専門家を窓口にすることにより、通報者からの信頼が得られやすい。また、社内より情報漏えいが防げられると考えられる。

第11章
金融商品取引法

POINTS

- 金融商品取引法は、「有価証券の発行及び金融商品等の取引等を公正にし、有価証券の流通を円滑にするほか、資本市場の機能の十全な発揮による金融商品等の公正な価格形成等を図り、もって国民経済の健全な発展及び投資者の保護に資すること」を目的としている。
- 同法は、①企業内容等の開示の制度、②公開買付け・大量保有報告の制度を整備するとともに、③有価証券の不公正な取引や内部者取引を規制し、さらに④金融商品取引業者等に関して規定している。
- 上場企業等では、開示規制を十分理解し、企業内容等の開示を適切に行う必要がある。また一般に、従業員等が不公正な証券取引等を行わないように留意する必要がある。

法律の概要

1）企業内容等の開示制度

　上場企業等は大量の株券や社債といった有価証券を発行しており、これらの有価証券が証券取引所などの金融商品市場で流通している。投資家は上場企業等に関する情報を基に有価証券への投資を行う。ところで、上場企業等に関する適切な情報が十分に開示されていなければ、投資家は安心して有価証券に投資をすることができなくなる。そこで、金融商品取引法は、企業内容等の開示制度を定めている（第2章）。

① 発行市場における開示制度

　株券や社債などの有価証券を新たに発行して投資者から投資を募る場合

に、どのような有価証券なのかがわからなければ、投資者は安心して投資をすることができない。そこで、金融商品取引法は、例えば、会社が新たに有価証券を発行するなど一定の場合に「有価証券届出書」の届出を義務付け、有価証券の募集の情報や会社の情報について開示をさせることとしている（5条1項など）。

② 流通市場における開示制度

会社が発行する有価証券は長期あるいは半永続的に流通し、投資者は市場を通じてこれらに投資する。ところで会社の状況は変化していくものであるため、有価証券を発行した会社の状況が継続的にわからなければ、投資者は安心して有価証券に投資をすることができない。そこで、金融商品取引法は、有価証券を発行した会社に対して、「有価証券報告書」により継続的に企業グループや会社自身の情報などを開示させている（24条1項など）。

2) 公開買付制度及び大量保有報告制度

公開買付制度は、公開買付けに関する重要な情報の適正な開示と、投資者間の公平な取扱いを確保するために、市場外において行われる一定の株式の買付けについて、公開買付けの方法で行うことを義務付けるものである。本法は、有価証券の発行者以外の者による公開買付け（第2章の2第1節）と、発行者による上場株券等の公開買付けについて規制（同章第2節）を定めている。

大量保有報告制度（第2章の3）は、株式等の大量保有状況に関する情報を迅速に投資者に開示することとしている。これは、株式等の大量保有による経営に対する影響力も重要な投資情報と考えられているためである。

① 発行者以外の者による公開買付け

金融商品取引法は、上場会社の株券等の取引市場外における買付けのうち、買付け後の株券等の所有割合が5％を超える場合や、株券等の所有割合が3分の1を超える場合等は公開買付けによるものとしている（27条の2第1項本文）。公開買付けを行う場合は、公告を行うほか、応募者を平等に取り扱う

必要などがある (27条の3、27条の2第3項など)。

　なお、公開買付けを受けた会社は10営業日以内に意見を表明しなければならないので注意する必要がある (27条の10第1項)。

② 発行者による上場株券等の公開買付け

　株式会社による自社株保有が認められたことに伴い、上場会社による自己株式の取得についても公開買付けの規制が導入されている (27条の22の2〜27条の22の4)。

③ 大量保有報告制度

　上場企業が発行する株券や新株予約権付社債券など (株券関連有価証券) の保有割合が5％を超えた場合、5日以内に大量保有報告書を提出する必要がある (27条の23第1項)。また、大量保有者となった日から保有割合が1％以上変化した場合、5日以内に変更報告書を提出しなければならない (27条の25第1項本文)。

3) 有価証券の取引等の規制

　有価証券は金融商品市場を通じて公正に価格が形成されることが期待されており、まさにその公正さの確保が金融商品市場への信頼感につながっている。この信頼感に傷がつくと、金融商品市場を通じた企業の資金調達や投資者の運用に支障が生じる。したがって、金融商品取引法は有価証券の取引等について、不公正取引や内部者取引 (インサイダー取引) 等の規制を行っている。

① 不公正取引等に関する規制

　金融商品取引法は、不公正取引等に関する規制として、不正行為 (詐欺的取引等) の禁止、風説の流布・偽計取引等の禁止、相場操縦行為等の禁止、空売り規制などを定めている (第6章)。

② 内部者取引（インサイダー取引）の規制

上場会社等に係る業務等に関する重要事実を知った会社関係者は、当該業務等に関する重要事実の公表がされた後でなければ、当該上場会社等の特定有価証券等に係る売買等をしてはならない（いわゆる「インサイダー取引」（166条1項））。

③ 公開買付けと内部者取引

内部者取引の規制は公開買付けにも定めがある。すなわち、公開買付け等関係者であって、上場等株券等の公開買付け等をする者の公開買付け等の実施に関する事実を知った者は、当該公開買付け等の実施に関する事実の公表がされた後でなければ、株券等に関する買付け等をしてはならない（167条1項）。

4) 金融商品取引業者等の規制

有価証券の売買等が行われる金融商品市場には、プロの投資者から一般の投資者、資金を調達したい企業など様々な者が参加しており、金融商品取引業者等（証券会社等）は様々な局面において主要な役割を果たしている。

金融商品取引法は、これらの金融商品取引業者等について規定しており（第3章）、参入規制を課し、内閣総理大臣（金融庁長官）への登録制としている（29条）。また、これらの業者の行為に関する規制を定めている（第3章第2節）。

さらに、金融商品取引業協会・金融商品取引所等の関係諸団体についても規定がある（第4章、第5章）。

実務へのアドバイス

1) まずは金融商品取引法の全体像をつかむ

金融商品取引法は具体的な実務の取扱いを定めており、法律だけでなく、施行令や関係政令・府省令まで含めると条項の数は膨大である。実務において金融商品取引法のどこを調べればよいのかがわからず、また、該当条文以外に何か規制がないか不安になることがある。

同法が規制していることは大きく分けて、企業内容等の開示、公開買付け、業者等の規制、有価証券取引規制である。この全体像がわかっていれば関係のあるところだけを安心して読み進めることができる。上場企業であれば、企業内容等の開示が継続的に遵守すべき事項であり、企業買収の際には公開買付けの規制を参照することになる。

2) 会社に関連する条項を精密につかむ

全体像がつかめたら、自分の会社に関連する条項を「精密に」理解する必要がある。金融商品取引法は実務レベルの具体的な運用を細部にわたり扱っている。したがって、以下のような点に注意する必要がある。

- 枝番の枝番といった条文番号を正確に把握する。
- 施行令や関係政令・府省令にも具体的な規定があるので、必ず確認する。
- 原則と例外、例外の例外といった関係を正確に把握する。
- 定義された用語を正確に理解しながら、関連条項を読み進める。

3) 証券取引所の規則なども把握する

開示に関して、東京証券取引所などが開示すべき内容や開示の方法などについてさらに具体的に定めている。実務レベルでは、金融商品取引法の規制に加えて、証券取引所の規則などにも目配りをする必要がある。

例えば、東京証券取引所は有価証券上場規程の「第4章 上場管理、第2節 会社情報の適時開示等」において、開示すべき情報の内容や取引所への説明、自社のウェブサイト等での取扱い、開示の方法などを定めているので、注意が必要である。

第12章

手形法・小切手法

POINTS

● 手形は金融取引（金銭の支払い、借入れ、取立て、送金）に用いられる。小切手は主に金銭の支払いのために用いられる。手形や小切手を用いた金融取引が円滑に行われるように、手形法や小切手法は、手形や小切手に関する行為の方式やその効果について厳格に定めている。

● 手形や小切手に基づく権利義務関係は、その背景にある原因関係とは切り離された独立した債権債務関係となる。また裏書や引受けなどの手形行為は、それ自体が独立した債務の負担となることに注意する。

● 企業法務においては、銀行実務で手形や小切手がどのように扱われるかについての理解が不可欠である。したがって、手形法や小切手法のみならず、当座勘定規定や銀行取引約定書といった銀行との契約関係を理解しておく必要がある。

法律の概要

1) 手形法

手形（為替手形、約束手形。なお、国内で流通しているのは、ほぼ約束手形と思われる）や小切手は、商取引における金銭の決済に重要な役割を果たしている。約束手形は支払いを繰り延べる（例えば1ヵ月後に支払う）といった信用の道具としても機能する。手形法は、手形に関する行為の方式や機能について厳格に規定している。形式的には為替手形に関する規定の多くが約束手形に準用されている（手形法77条）。

① 約束手形の振出し

約束手形を振り出すと、振出人は満期において手形金額の支払いを行う義務を負う（手形法78条1項、28条1項）。満期に手形代金を払うこの債務は、手形振出の原因となった債務とは別個の債務（手形債務）である。したがって、原因債務がないのに手形を振り出した場合でも、振出人は手形所持人に対して手形上の責任を負うことになる。

約束手形は定められた様式で作成されなければならない（手形要件（同法75条））。ただし、実務では銀行が交付した用紙しか用いることができないので（銀行の「当座勘定規定」）、手形要件が問題になることはほとんどない。

② 裏書

手形の受取人は、手形の満期日に自ら振出人に対して手形金額の請求をすることができるが、満期日までの間に裏書きをすることによって他人に譲渡したり（譲渡裏書（手形法11条1項））、他人（主に銀行）に取立てを依頼したりできる（取立裏書（同法18条1項））。手形の受取人は裏書をすると、その立場においては裏書人ということになる。

裏書により手形上の一切の権利が裏書を受けた者に移転する（同法14条）。また、裏書人は手形が満期に支払われなかった際に、手形代金等を支払う独自の責任を負う（遡及義務（同法15条）。支払いを担保しないこともできる）。

■ 裏書の連続 ■

裏書を受けた者（被裏書人）が、さらに裏書をして取得した手形を他人に譲渡することも可能である。この場合、被裏書人が次の裏書を行うという形式が次々と最終所持人に至るまで整っていなければならない（裏書の連続（手形法16条1項））。

■ 善意取得 ■

裏書が連続した手形の被裏書人が、裏書の連続に何らかの問題があることについて悪意や重過失がない限り、その被裏書人は手形を返還する必要がない（＝手形上の権利を取得できる。善意取得（手形法16条2項））。

③ 支払いの呈示、不渡りと遡及

手形の正当な所持人は、満期に手形金の支払いを求めることができる。この際、振出人に手形を呈示する必要がある（支払いの呈示（手形法38条））。呈示に対して支払いがあればこの手形に関する権利義務関係は消滅する。

支払いの呈示をしたにもかかわらず支払いがなされなかった場合、手形は不渡りとなり、所持人は裏書人に対して手形金額や利息、費用を請求することができる（遡及権（同法48条））。請求に応じて支払いを行った裏書人は、さらに自己の前者にあたる裏書人に同様の請求を行うことができる（同法49条）。

④ 為替手形の振出しと引受け

◼ 為替手形の振出し ◼

為替手形は主に国際的な送金の手段として用いられている。為替手形は振出人が支払人に対して、受取人（その他の正当な所持人）への支払いを委託する手形である。振出人は、為替手形が引き受けられることと支払われることを担保する（手形法9条）。

◼ 為替手形の引受け ◼

振出人によって「一方的に」支払人とされた者は直ちには何の義務も負わないが、手形債務を負担する旨の表示を行うとこれを支払う義務を負うことになる（引受け（手形法28条））。引受人が引受けという債務負担を行う背景には、例えば商品の輸入者（引受人）が商品の輸入代金を支払う必要があるといった原因関係が背景にある。裏書や遡及に関しては、上記②、③に述べたとおりである。

2) 小切手法

小切手法は、小切手に関する行為の方式や機能について厳格に規定している。

小切手が呈示されたら当座預金から額面の金額を支払うように銀行に委託をして（小切手法3条）、支払いの相手方に小切手を交付するというように、小切手は支払いの手段として用いられている（多額の現金による支払いや保管は危険を伴うためである）。

小切手は支払いの手段なので満期の定めは認められず、直ちに支払われる（同法28条）。裏書や支払呈示、遡及は手形と同様である。

■ **線引小切手** ■

小切手には「線引き」という制度がある。小切手券面に二条の平行線が表示されていると、支払銀行は、小切手を取り立ててきた銀行か（二条の平行線の間に特定の銀行を指定することもできる）、その支払銀行の取引先にしか支払いを行わない（小切手法37条、38条）。これは小切手を不正に入手した者への支払いの危険を防止するための制度である。

実務へのアドバイス

1）銀行取引における手形・小切手

手形法、小切手法の概要は前述のとおりであるが、実際には手形や小切手は当座預金などの銀行実務と密接に関わっている。実務では、手形や小切手が当座勘定規定や銀行取引約定書、手形交換所規則に基づきどのように取り扱われるかを知っておくことが必要である。

① 当座預金（当座勘定規定）

小切手の支払人は銀行（あるいは一定の金融機関（小切手法59条））に限られている（同法3条）。手形にはそのような規定はないが、実務上、銀行が支払担当者となる。手形や小切手を振り出す者は、支払担当者となる銀行と当座勘定契約を締結し、当座預金を開設する。当座預金契約には「当座勘定規定」が適用されるが、これには手形・小切手に関する銀行実務における取扱いが定められている。

② 融資取引（銀行取引約定書）

以下に示すような銀行の融資取引にも手形はよく用いられる。このような融資取引における手形の取扱いについて、銀行取引約定書に規定がある。

- 手形貸付

  取引先 (債務者)から銀行を受取人とする約束手形の差入れを受け、銀行が融資を行う。

- 手形割引

  額面金額から手形の満期までの金利相当の金額を差し引いて (割り引いて)、銀行がその取引先から手形を購入する。

- 商業手形担保貸出

  取引先が保有する手形を (通常、多数の手形をまとめて)担保として差し入れてもらい、銀行がその取引先に融資 (手形貸付など)を行う。

2) 手形交換制度と銀行取引停止処分

手形や小切手は通常、所持人によって取引銀行の預金口座に入金される。手形や小切手が入金された銀行以外の銀行が支払担当者となっている手形や小切手は、各地域にある手形交換所を通じて銀行間で取り立てられる。

◼ 取引停止処分 ◼

日本では、手形交換所規則により「取引停止処分」の制度が定められている。これは手形交換に持ち出された手形や小切手が不渡りとなった場合に、手形等の持出銀行と支払銀行の双方から不渡届を出させ、「資金不足」や「取引なし」といった事由で6ヵ月以内に2回不渡りを出した支払義務者を取引停止処分にするものである。

銀行は、取引停止処分となった者と2年間、当座勘定取引や貸出取引をすることができない。取引停止処分は企業にとっては致命的であり、事実上の倒産となる。

第13章①
知的財産関係
（特許法・実用新案法・意匠法・商標法・著作権法）

POINTS

- 特許法／実用新案法は技術的思想の創作を保護し、意匠法は商品デザインを保護し、商標法は商品・役務の標章を保護し、著作権法は思想・感情の創作的表現を保護する。
- 特許法／実用新案法／意匠法／商標法は「先願主義」をとるため、先に発明／考案／創作／使用していた者であっても先に出願しなければ権利として登録できない。
- 未登録商標であっても使用により周知・著名商標となった場合は不正競争防止法により保護される。

法律の概要

1）特許法

　特許法は、自然法則を利用した技術的思想の創作のうち高度のものを「発明」として保護する（特許法2条1項）。技術的思想の創作（いわゆる「アイデア」）は、有体物とは違って占有して支配することができない。そこで特許法は、先に特許出願した者に対して、一定の要件を満たした発明について「特許」を与えて発明を保護するとともに、出願された発明を公開することによって、発明の利用を図っている。

①特許を受ける権利の帰属

　特許を受ける権利は原始的に発明者に帰属する。特許出願は、特許を受ける権利を有する発明者若しくは発明者から特許を受ける権利を承継した者が

しなければならない。

企業などの使用者の従業者が、使用者の業務範囲に属し、かつ、従業者の職務に属する発明(以下「職務発明」という)をした場合、契約・勤務規則等によって定めたときは特許を受ける権利は原始的に使用者に帰属する(同法35条3項)が、そのような定めがないときは特許を受ける権利は原始的に従業者に帰属する。従業者は、職務発明について使用者に特許を受ける権利を取得させ、使用者に特許権を承継させたときは、相当の金銭その他の経済上の利益を受ける権利を有する(同法35条4項)。

② 実体的要件

発明は、自然法則を利用したものであることが必要である。精神活動や経験則、物理法則などは特許法上の「発明」とはなり得ない。発明が特許を受けるためには、発明が先に特許出願されていないこと(先願主義)、発明が特許出願前に公然知られた発明(公知発明)、公然実施をされた発明(公用発明)、または刊行物に記載された発明(文献公知発明)のいずれでもないこと(新規性)、発明が特許出願前に公知発明、公用発明、または文献公知発明に基づいて容易に想到ではないこと(進歩性)などが必要である(同法29条、39条等)。

③ 特許権の効力

特許権者は業として特許発明の実施をする権利を専有する(同法68条)。「業として」であるから、権原なき第三者が個人的または家庭的に発明を実施しても特許権の侵害とはならない。「実施」とは、物の発明の場合、その物を生産、使用、譲渡、輸出、輸入等する行為であり、方法の発明の場合、その方法を使用する行為であり、物を生産する方法の発明の場合、その方法の使用をする行為のほか、その方法により生産した物を使用、譲渡、輸出、輸入等する行為である(同法2条3項)。特許権の効力は日本国内においてのみ認められるが、輸出や輸入についても特許権の効力が及ぶ。特許権の存続期間は、原則、特許出願の日から20年である(同法67条)。

特許権者は、特許権が侵害された場合に、侵害行為の差止請求（同法100条）、侵害行為の実施により受けた損害の賠償請求（民法709条）、侵害者が不当に得た利益の返還請求（同法703条）により民事上の救済を受けることができる。

④ ライセンス契約

特許権者は、第三者に特許権を譲渡することができるほか、特許権を保有したまま、第三者に特許発明の実施許諾（ライセンス）をすることができる。ライセンス契約において、特許発明の使用内容、使用地域、使用期限などを制限することができる。ライセンス契約には、専用実施権（特許法77条）と通常実施権（同法78条）があり、これらは特許法で明確に区別される。

専用実施権とは、設定行為で定めた範囲内で特許発明を業として独占排他的に実施できる権利である。その範囲内では、特許権者も特許発明の実施をすることができない。専用実施権は、登録が効力発生要件であり、特許権者によって特許原簿に登録されなければ効力を生じない。一方、通常実施権は、許諾された範囲内で特許発明を業として実施することができる権利であり、排他性はないため、特許権者は、重複して複数の通常実施権を許諾することができ、また、特許権者による実施も当然妨げられない。通常実施権は、設定登録の有無に関係なく、許諾により発生する。

なお、特許法による権利の行使と認められる行為には独占禁止法の規定が適用されない（独占禁止法23条）が、特許ライセンス契約が、他の事業者の事業活動が排除または支配されることにより、一定の製品市場・技術市場における競争を実質的に制限するような内容である場合、独占禁止法により私的独占として違法とされることもあるので、注意を要する。

2）実用新案法

特許法が「発明」を保護するのに対して、実用新案法は、「考案」（いわゆる「小発明」）を保護する（実用新案法2条1項）。ただし、考案は物品の形状や構造に係るものでなければならないことから、特許法と異なり、方法の発明は保護の対象とならない（同法1条）。

　実用新案登録を受けるためには、先願主義の下、実用新案登録出願する必要があるが、実体審査が行われないため、基礎的要件を満たせば実用新案登録される（無審査登録主義）。新規性・進歩性などの実体審査に時間を要する特許出願とは違い、早期に実用新案権を取得することができる。実用新案権の存続期間は出願日から10年（同法15条）と短いため、日用品のようなライフサイクルの短いものを保護するのに適している。

　実用新案権の侵害行為に対して差止請求（同法27条）や損害賠償請求（民法709条）をすることができるのは特許権の場合と同じである。ただし、新規性・進歩性などの実体要件の審査が行われずに実用新案登録がなされるため、実用新案権の権利行使に際して、実用新案権の有効性を示した実用新案技術評価書を提示して警告することが要求される（実用新案法29条の2）。

3）意匠法

　意匠法は、商品のデザインを保護する。意匠とは、物品（物品の部分を含む）の形状、模様若しくは色彩若しくはこれらの結合（以下「形状等」という）、建築物（建築物の部分を含む）の形状等又は画像（機器の操作の用に供されるもの又は機器がその機能を発揮した結果として表示されるものに限り、画像の部分を含む）であって、視覚を通じて美感を起こさせるものをいう（意匠法2条1項）。

　意匠が意匠登録を受けるためには、工業上利用可能性、新規性、創作の非容易性、先願であることなどの実体的要件を満たす必要がある（同法3条、9条等）。出願前に公に知られた意匠や刊行物に記載された意匠は新規性がないが、これらの意匠と類似の意匠も新規性がないとされる（同法3条1項3号）。

　物品の特定の部分に独創的なデザインがある場合、「部分意匠」（同法2条1項かっこ書）として意匠登録出願することができる。部分意匠によって商品の特徴的な部分のデザインを保護することにより、物品の特定の部分に係る意匠だけを模倣しつつ、物品全体に係る意匠としては模倣を回避する第三者の巧妙な実施行為を有効に防止することができる。また、商品デザインの開発現場では、1つのデザインコンセプトから多数のデザインのバリエーショ

ンが創作されることがある。そのような場合、「本意匠」に類似する「関連意匠」（同法10条）を合わせて意匠登録出願することでデザインのバリエーションを効果的に保護することができる。

意匠権の効力は、登録意匠と同一の意匠のみならず、これに類似する意匠にまで及ぶ（同法23条）。関連意匠の意匠権も独自の効力を有するため、関連意匠にのみ類似し、本意匠に類似しない意匠についても、関連意匠の意匠権の効力を及ぼすことができる。

権原なき第三者が登録意匠や類似する意匠を実施する行為は、意匠権の侵害となり、意匠権者はその第三者に対して差止請求（同法37条）や損害賠償請求（民法709条）をすることができる。

4）商標法

商標は、市場で取引される商品・役務（サービス）の出所を示す標章（商標法2条1項）であり、商標法により保護される。

自己の商品・役務を他人のものと区別するための標識として標章を使用することにより当該標章に業務上の信用が化体して「商標」として機能することがあるが、それだけでは他人が同一・類似の商標を他人の商品・役務に使用することを差し止めることはできない。独占的排他権として保護を受けるためには、商標登録出願して商標登録を受けることが必要である。もっとも、未登録の商標であっても使用により周知・著名商標となった場合は他人の商標登録を排除できる（同法4条1項10号、同15号、同19号）ほか、不正競争防止法による保護を受けることができる。

商標登録が認められるためには、商標が識別力を有すること（同法3条）、先願商標と同一・類似ではないこと（同法4条1項）などの登録要件を満たさなければならない。商標登録出願は、商品・役務を指定して出願するため、商品・役務が非類似であれば、同一商標が併存して登録される可能性がある。

商標登録されると商標権が発生し、その商標を指定商品や指定役務に使用する独占権が付与される（同法25条）。商標登録は10年ごとに更新することができ、更新し続ければ、原則として永久に権利を存続させることができる

（同法19条）。ただし、その商標を一定期間使用していなかった場合、不使用取消審判により登録を取り消されることがある（同法50条）。権原なき第三者が当該商標や類似商標を同一または類似する商品・役務に使用すると、商標権の侵害となり、商標権者は、使用差止（同法36条）、損害賠償（民法709条）などによる民事上の救済が受けられる。

　商標権者は、専用使用権（商標法30条）と通常使用権（同法31条）によって登録商標の使用を第三者に許諾できる。専用使用権は登録が効力発生要件である。

5）著作権法

　著作権法は思想・感情の創作的表現であって、文芸、学術、美術または音楽の範囲に属するものを著作物として保護する（著作権法2条1項1号）。著作物には、小説、音楽、美術、映画、コンピュータプログラムなどがある。著作権法は思想や感情を表現したものを保護するものであり、特許法と違い、思想（アイデア）そのものを保護しない。例えば、ソフトウェアは、そこに表されたアイデアについて特許法上の「発明」として保護することができるが、プログラムコードそのものは著作権法上の「著作物」として保護される。単なる事実の羅列など創作性のないものは「著作物」ではないが、新聞、職業別電話帳、百科事典など素材の選択または配列によって創作性を有するものは「編集著作物」として保護される（同法12条1項）。

　著作者は登録その他の手続きをしなくても、著作物を創作した時点で財産権たる「著作権」を有する（無方式主義（同法17条））。登録等をしなければ権利が発生しない方式主義を採用する特許法、実用新案法、意匠法、及び商標法とはこの点で大きく異なる。著作者はまた、人格的利益を保護するための「著作者人格権」を有する（同法17条）。著作権は、複製権、上演権・演奏権、上映権、公衆送信権等、多くの支分権により構成される（同法21条～28条）。著作者人格権は、公表権、氏名表示権、同一性保持権により構成され（同法18条1項、19条1項、20条1項）、著作者の人格的利益の保護という趣旨から、著作者の一身専属的な権利とされ、他人に譲渡することができない（同法59条）。

　著作権法はまた、実演家、レコード製作者、放送事業者及び有線放送事業者に「著作隣接権」を与えて保護する（同法89条〜104条）。

実務へのアドバイス

1）特許、実用新案、意匠、商標による多面的な保護

　発明は特許法や実用新案法により保護され、商品のデザインは意匠法により保護され、商品に付す標章（マーク）は商標法により保護されるが、これらは多面的に活用すべきである。例えば、新規開発したタイヤに滑りにくさを実現した技術思想がある場合、特許や実用新案で保護することができ、タイヤの溝の形状に特徴がある場合、工業デザインとして捉えて意匠により保護することができる。一方、タイヤの商品名やロゴについては商標により保護することができる。

2）新規性を喪失した場合

　「新規性喪失の例外」とよばれる救済規定を利用すれば、研究集会での発表や博覧会への出品などにより発明を自ら公開した後でも特許出願することができ、展示会への出品や新製品の発表などにより商品デザインを自ら公開した後でも意匠登録出願することができる。もっとも、意匠は模倣されやすいため、発表された新製品のデザインからヒントを得て第三者が別の意匠登録出願をすることもある。先願主義の下、早期に自らの商品デザインを意匠登録出願することが重要である。

3）商号登記と商標登録

　商号登記と商標登録は別である。商号を登記しても、他人が同一または類似の商号を使用することを禁止することはできないが、商標登録すれば、他人が当該商標と同一または類似する商標をその商標登録に係る指定商品・役務または類似する商品・役務について使用することを禁止することができる。なお、商号として社名を登記できた場合でも、他人が当該商号と同一または

類似の商標を登録していた場合には、当該商号を使用できない可能性があることに注意しなければならない。

4）ドメインネームと商標

　インターネットで商品の販売やサービスの提供を行う場合、インターネットの独自ドメインを取得することが多い。インターネットのドメインネームは先に申請した者から順に登録される。取得したドメインネームが登録商標と同一又は類似する文字列であり、そのドメインネームを商品・サービスを指す標章として使用した場合、他人の商標権の侵害になる可能性があるので注意を要する。また、他人が自社のドメインネームと類似するドメインネームを使用して同一又は類似する商品・サービスを提供することを防ぐためには、自社のドメインネームを商標登録することが望ましい。

5）特許権／実用新案権／意匠権／商標権の侵害の警告を受けた場合

　特許権／実用新案権／意匠権／商標権の原簿を確認し、当該権利が存続していることを確認する。具体的には、権利の存続期間が満了していないか、存続期間内であっても、特許料／登録料の不納により権利が消滅していないかを確認する。権利が存続している場合には、当該権利に何らかの無効理由がないかを弁護士／弁理士に依頼して調査する。ここで無効理由がある場合には、特許庁に無効審判を請求して権利を無効にすることができる。特に実用新案権は実体無審査で登録されるため、技術評価書を特許庁に請求して実用新案権の有効性を確認すべきである。商標権の場合は、不使用などの理由で商標登録の取消審判を請求できないかを併せて調査する。また、警告を受けたからといって、本当に相手方の権利を侵害しているかどうかはわからないので、相手方の権利の内容と自社の製品／商品とを対比し、権利侵害が成立するどうか、弁護士／弁理士の鑑定を受ける。

知的財産権の保護と活用

POINTS

- いかなる知的財産権を保有しているか及び権利侵害を受けた場合にどのような対応ができるかについて基礎的な理解を得ておく。
- ライセンス権を付与して保有している知的財産権を積極的に活用するにあたり必要となる契約書作成の基礎知識について理解する。

法律の概要

1）知的財産権保護の特別規定

　知的財産権も財産権の1つであるため、それを侵害すると民法の一般原則に基づく損害賠償責任（民法709条）が生じるのはいうまでもない。

　しかしながら、知的財産権は有体物とは異なって侵害が容易なことが多い反面、侵害された場合の損害額の算定等に困難が伴う場合が多いため、権利保護を十全ならしめるべく各種の特別規定が設けられている。

　なお、特許庁での審査を経て権利付与される（方式主義）特許権・商標権・実用新案権・意匠権と、登録等を要することなく表現行為がなされれば直ちに権利が生じる（無方式主義）著作権とでは保護の態様に若干の相違がある。

　本稿では、特に特許権・商標権と著作権を取り上げて解説する。

① 過失の推定（特許法103条、商標法39条）

　特許権や登録商標はすべて公示されているところ、侵害者は事業者であることが通常であることから、侵害者側に調査義務を負担させても不当ではないといえる。そこで、侵害したものについては過失があったと推定されるとの明文規定が置かれている（侵害者の側で無過失を立証しなければならな

い）。なお、著作権法においては、過失の推定規定は設けられていない。

② 差止請求（特許法100条、商標法36条、著作権法112条）

侵害行為それ自体を差し止めるという事前救済手段が明文をもって認められている。侵害者に故意過失があるか否かを問わず差止請求ができる。なお、単に侵害行為の差止めを求めるにとどまらず、法文上「侵害の行為を組成した物の廃棄、侵害の行為に供した設備の除却その他の侵害の予防に必要な行為」（（商標法36条2項）なお、若干の文言の相違こそあれ、特許法等の規定も同様）を請求できることが明記されている。

③ 税関での輸入差止

関税法上「特許権、実用新案権、意匠権、商標権、著作権、著作隣接権（中略）を侵害する物品」は「輸入してはならない貨物」すなわち輸入禁制品とされており（関税法69条の11第1項9号）、知的財産権を侵害する貨物の輸入により自己の特許権等が侵害される者は、税関長に対し、知的財産権を侵害する物品につき、「その侵害の事実を疎明するために必要な証拠を提出し」「輸入してはならない貨物」に認定するための手続きをとることを申し立てることができる。この申立てを輸入差止申立という（同法69条の13）。

④ 損害額の推定等

一般原則によれば、侵害を受けた被害者（原告）が損害額に関する主張・立証責任を負うのが原則である。しかし、知的財産権侵害の場合にこの原則を貫徹すると損害額の立証ができず、ひいては知的財産権の保護がないがしろにされかねない。そのため、損害額の推定等に関する規定（特許法102条、商標法38条、著作権法114条）が設けられている。

具体的には、特許権や商標権の侵害については、(1)侵害者が侵害品を譲渡している場合において「譲渡数量」と単位数量あたりの利益額とを乗じた額を損害額とすることができ（逸失利益額の推定）、(2)侵害者が利益を受けている場合に当該利益額が損害額と推定され（損害額の推定）、(3)実施料相当

額を最低限度の損害額として請求できる（最低賠償額の法定）旨が定められている（著作権侵害の場合もおおむね同旨であるが、権利内容の相違に起因する若干の違いがある）。

2）無効審判制度

　本来特許権や商標権を付与されるべきでないものが誤って登録されて権利保護を受けることがないように、誤登録に対する是正措置として無効審判制度（特許法123条、商標法46条）が設けられている。

　無効審判は請求書を特許庁長官に提出して始められるものとされ（特許法131条、商標法56条）、法律に列挙されている事由がある場合に限り審判を請求できる。無効審決が出た場合、審決の対象である特許権または商標権は当初から存在しなかったものとされる（特許法125条、商標法46条の2）。審決には対世効があると解されている。

　なお、著作権においては無方式主義が採用されているため（著作権法17条2項）、著作権には無効審判に相当する制度はない。

実務へのアドバイス

1）知的財産権の侵害行為対応（著作権・商標権を念頭に）

① 侵害行為の発見

　社内の他部署から報告を受けることもあれば、社内の違法商品、違法コンテンツの摘発を専門に行う担当者によって発見される場合など、知的財産権侵害が確認される経路には様々なものがある。どのようなルートで発見された場合でも、侵害対応を行う部署に適切に情報が伝達されるように、企業内部において報告のための組織体制を確立しておくことが不可欠である。

② 侵害主体（行為者）の特定

　侵害行為が見つかった場合、当該侵害行為の主体としてインターネットのウェブサイトなどに記載されている人物・団体が侵害主体を正しく表示して

いるとは限らない。偽名であったり、実際の法人名が表示されている団体とは異なる場合もある。

　侵害主体の特定（更には実在性）の確認のためには、侵害者が法人である場合には登記情報（登記簿）の取得は不可欠である。SNSサイトにおいて匿名アカウントで侵害行為が行われている場合等には、サイト運営者自身もアカウント保有者に関する具体的な情報を保有していないことが多い。この場合、侵害者特定のために「特定電気通信役務提供者の損害賠償責任の制限及び発信者情報の開示に関する法律」（プロバイダ責任制限法）に基づき、SNSサイトの運営者に対してアカウント保有者のIPアドレスなどの情報の開示を求め、得られた情報を使って特定された接続プロバイダに対して発信者の氏名や住所等の情報開示を求めるという二段階の手続きが必要となる。

③ 警告書（内容証明郵便）の送付

　法務部門により会社名義で、あるいは代理人弁護士を使って警告書を配達証明つき内容証明郵便にて送付する。警告書では自らが保有している知的財産権の概要を述べ、相手方によってなされている行為を具体的に特定した上で、相手方の行為が自社の有する知的財産権の侵害であることを明確に伝える。また、直ちに法的措置を講じると伝えるのではなく、まずは相手方に違法行為の停止及び説明を求める旨を通知し、この要請に応じない場合には法的措置を講じる旨を通知するのが望ましい場合が少なくない。なお、事案によっては、警告書によるのではなく直ちに訴訟提起あるいは仮処分を行うことが望ましい場合もある。いかなる対応をとるべきかは事案の内容に応じて個別具体的に判断すべきである。

④ 交渉

　警告書の到着後、相手方から何らかの回答が電話または文書でなされるのが通常である。回答が得られた場合にはその内容を検討した上で交渉を求める。侵害を否定できない事例では謝罪及び侵害停止の表明がなされることが多い。その一方で、侵害の有無についての法的解釈に関して争いの余地があ

る事例などにおいて、相手方から自らの行為は適法である旨の回答がなされることもある。この場合、相手方との間でさらに内容証明郵便で通知する必要が生じるが、その場合、両者間で内容証明が何度もやりとりされる事態に発展することがある。内容証明の送付と授受が続くのみで解決のめどが立たない場合には、一定程度の時点で訴訟提起を行うことを検討すべきである。

⑤ 合意書（示談書）の締結

相手方が謝罪して侵害行為を停止する場合に、さらに法的責任を追及することの是非については社内で事前協議しておいた方がよい。再発防止を誓約させる合意書を締結してそれ以上の追及を止める例が多いと思われる。

合意書には、相手方が侵害行為を認めたことを確認し、今回に限り法的責任追及を猶予すること、再度同種行為を行った場合には今回の侵害行為に関するものと合わせて責任追及を行う（損害賠償を求める）ことを明記する例が多いと思われる。

⑥ 訴訟提起

相手方が侵害行為を継続する場合や、相手方が自らの行為を適法と主張し続ける場合には、訴訟提起や差止めを求めることを検討する必要がある。この場合には上記⑤までの手続きとは別に各種費用（手続費用のほか、外部弁護士を代理人とする場合には、弁護士報酬が別途必要になる）が別途発生することを考慮しなければならない。

⑦ 刑事告発

相手方が自らの行為を適法と開き直って交渉に応じようとしないことがあるが、そのような場合には刑事告発を検討すべきである。

捜査当局に働きかけても刑事手続が開始されるとは限らないが、当局が動いているのを察知した相手方が突然態度を軟化させて話し合いに応じようとすることもある。相手方の出方にもよるが、試みる価値はあるといえる。

実際に刑事手続が開始された場合、相手方の刑事事件の代理人弁護士から

情状弁護の一環として損害賠償等の打診がなされる可能性もある。これに応じるのか、応じずに刑事事件の決着を待って民事責任を追及（損害賠償請求訴訟を提起）するのかについて、社内で事前に方針決定しておくとよい。

2）知的財産の活用（特許権やノウハウのライセンス契約の締結）

ライセンス契約とは、ライセンサーが保有している知的財産権（商標権、特許権、ノウハウなど）をライセンシーが使用または実施することを許諾する契約である。**第1部第3章で述べたとおり**製造委託契約やOEM契約の一内容として知的財産権に関するライセンス付与条項が設けられることもあるが、ライセンスの付与それ自体に関する契約が単体で締結されることも珍しいことではない。なお、契約の両当事者間で相互に自らが保有する知的財産権についてクロス・ライセンスがなされることもある。

① ライセンスの種類・内容

ライセンスを付与する場合には、自社の保有するどの知的財産権にライセンスを設定するのかを明確にしておくことはもとより、ライセンスを付与する対象商品、対象期間、対象地域、その他の実施許諾の条件等を明確にすることが望ましい。また、付与されるライセンス権の内容について誤解のないよう正確に理解しておく必要がある。

(1) 独占的ライセンス権

ライセンシーに独占権を付与する権利は、特許法においては専用実施権、商標法においては独占的使用権とよばれる。専用実施権または独占的使用権が設定されると、特許権者・商標権者は当該設定の限度で特許権・商標権の使用権を喪失する。そのため、自らに使用権を留保したいライセンサーは、(2)の非独占的ライセンス権である通常実施権・通常使用権をライセンシーに付与することを検討すべきである。

(2) 非独占的ライセンス権

特許法においては通常実施権、商標法においては通常使用権とよばれる。ライセンサーは同一範囲の通常実施権・通常使用権を複数人に許諾できる

ほか、特許権者・商標権者自らも当該特許・商標を使用することができる。なお、非独占的ライセンス権の付与にあたり第三者に実施権・使用権を付与しない旨の合意がなされることもある。

(3) ライセンス権の再許諾

通常実施権者も一定の要件を具備するときは再実施許諾が可能とされている[1]（なお、専用実施権については特許法77条4項参照）が、ライセンシーが第三者を用いて委託製造を行うことを企図しているのであれば契約書上その旨を明示しておくことが望ましい。

② ロイヤルティ

知的財産権の実施許諾の対価をロイヤルティという。ロイヤルティの支払方法や算定方法にはいくつかの種類及びこれらの組合せがあるため、契約書を作成する際にはこれらの概念を明確に理解した上でドラフティングを行うことが求められる。

(1) イニシャル・ペイメント

実施許諾権付与の時点（ライセンス契約の締結時など）においてまとまった固定額を一括して支払うロイヤルティの定め方をいう。

(2) ランニング・ロイヤルティ

ライセンスを受けた知的財産権を用いた製品につき、一定期間にライセンシーによる販売された価格（総販売価格が基準とされることもあれば純販売価格が基準となることもある）に一定の割合（3％など）を乗じた金額をロイヤルティとするロイヤルティの定め方をいう。

(i) 総販売額：ライセンスを受けた知的財産権が用いられている製品の一定期間における売上総額（単価に売上数を乗じて得られる金額）をいう。

(ii) 純販売額：総販売額から当該売上げを上げるために支払われた費用を控除した販売額をいう。純販売額の算定にあたりどのような項目が（総販売額から）控除されるかについて契約書上明示しておくことが望ましい。

(3) ミニマム・ロイヤルティ

　　ランニング・ロイヤルティの方法が採用される場合において、実際の販
　売価格如何にかかわらず、毎期ごとに支払うべきロイヤルティの最下限が
　定められることがある。この場合には、売上げがほとんどない場合であっ
　ても、ライセンシーにはミニマム・ロイヤルティ額の支払義務が生じる。

(4) 組合せ

　　イニシャル・ペイメントとランニング・ロイヤルティの方法が併用され
　る場合、イニシャル・ペイメントに加えてランニング・ロイヤルティが支
　払われるのか、イニシャル・ペイメントはランニング・ロイヤルティの前
　払いなのかについて明確にするのが望ましい。また、ランニング・ロイヤ
　ルティとミニマム・ロイヤルティが併用される場合も、両者の関係（ミニマ
　ム・ロイヤルティに上乗せされるのか、それともランニング・ロイヤルティ
　額がミニマム・ロイヤルティ額を超過していればランニング・ロイヤルティ
　額のみを払えばよいのか）について明確にしておくべきである。

③ 改良技術・改良発明の取扱い

　ライセンス付与を受けた技術を用いて製品を製造する課程において、ライ
センシーによって当該技術に改良が加えられることがある。このような改良
技術は、ライセンサーによるライセンス権の付与があって初めて生み出され
たものという一面があるが、ライセンシーの創意工夫の所産という一面もあ
ることは否めない。

　ライセンス契約において、改良技術・改良発明について、ライセンシーか
らライセンサーに対する非独占的な実施権の付与や、相当の対価によるライ
センサーへの譲渡などが規定されることがある。（なお、独占禁止法19条及び
「知的財産の利用に関する独占禁止法上の指針」（公正取引委員会、最近改正：平成
28年1月21日）参照）。

④ ロイヤルティ監査

　ランニング・ロイヤルティ額の正確な算定・確認のためには、製品の製造
や販売に関するデータが適正に記録・保管されかつライセンサーに開示され

る必要がある。そのため、ロイヤルティ額算定の基礎となるデータについて、ライセンシーに記録、保管及び情報提供義務が課せられるのが通常である。

これらのライセンシー管理下のデータの正確性に疑義が生じた場合に備えて、ライセンサーに帳簿類の監査を認める規定が設けられることが通例であり、かかる監査をロイヤルティ監査という。

ロイヤルティ監査に要する費用（会計士の報酬）は、ライセンサーが負担するのが原則であるが、一定割合以上の過少申告が判明した場合（例：ライセンシーの報告額が監査の結果判明した額を一割以上下回っているなど）には例外的にライセンシーの負担とする旨定められることもある。また、一定割合以上の過少申告が判明した場合、ライセンシーは当該過小申告部分について通常のロイヤルティに一定割合を加算した額を違約罰的に支払わなければならない旨の規定が設けられることもある。

⑤ その他の契約書の記載事項

上記以外にライセンス契約書において記載される条項は、次のものがある。

(1) 技術指導

ライセンサーによる技術指導なくしては付与されたライセンスもライセンシーには使えないことが往々にしてあるため、ライセンサーによる技術者の派遣やライセンシーの従業員の教育等に関する条項が設けられることがある。

(2) 保証がないこと

ライセンス付与の対象となる知的財産権は第三者の権利を侵害するものではないことや、実施権を設定される特許権が無効でないことなどについては、ライセンサーとしては保証しかねる事項であるため、明示的に保証しない旨が規定され、万一第三者から権利侵害を主張された場合等に関する取扱規定が設けられることが多い。

(3) 販売努力義務

(4) 契約終了後の製品の取扱いに関する条項

(5) 一般条項

参 考 文 献

第 1 部

【第3章】
江頭憲治郎『株式会社法〔第8版〕』(有斐閣、2021年)、藤原総一郎編著『M&Aの契約実務』(中央経済社、2010年)、淵邊善彦編著『シチュエーション別 提携契約の実務〔第2版〕』(商事法務、2014年)、宍戸善一・福田宗孝・梅谷眞人『ジョイント・ベンチャー戦略大全』(東洋経済新報社、2013年)、長島・大野・常松法律事務所編『M&Aを成功に導く 法務デューデリジェンスの実務〔第3版〕』(中央経済社、2014年)、現代企業法研究会編著『企業間提携契約の理論と実務』(判例タイムズ社、2012年)、吉川達夫・森下賢樹編著『ライセンス契約のすべて 実務応用編〔改訂版〕』(第一法規、2020年)

【第5章】
江頭憲治郎『株式会社法〔第8版〕』(有斐閣、2021年)、宍戸善一監修、岩倉正和・佐藤丈文編著『会社法実務解説』(有斐閣、2011年)、葉玉匡美編著『新・会社法100問〔第2版〕』(ダイヤモンド社、2006年)、福岡真之介・山田慎吾編著『株主総会の実務相談』(商事法務、2012年)、商事法務編『株主総会ハンドブック〔第2版〕』(商事法務、2011年)、日比谷パーク法律事務所・三菱UFJ信託銀行(株)証券代行部編『平成26年株主総会の準備実務・想定問答』(中央経済社、2014年)、東京弁護士会会社法部編『新・取締役会ガイドライン』(商事法務、2011年)、金子登志雄『親子兄弟会社の組織再編の実務〔第2版〕』(中央経済社、2014年)、水上博喜・堂野達之編『成功する事業承継のしくみと実務』(自由国民社、2008年)

【第6章】
1) 北島純『解説 外国公務員贈賄罪 立法の経緯から実務対応まで』(中央経済社、2011年)、経済産業省知的財産政策室編著『逐条解説 不正競争防止法 平成23・24年改正版』(有斐閣、2012年)、経済産業省ウェブサイト http://www.meti.go.jp/policy/external_economy/zouwai/ (2014/12/11アクセス)、国家公務員倫理審査会ウェブサイト http://www.jinji.go.jp/rinri/ (2014/12/11アクセス)
2) 阿部・井窪・片山法律事務所編『法務リスク管理ガイドブック』(民事法研究会、2011年)、大阪府警察ウェブサイト「暴力団排除条項の記載例」https://www.police.pref.osaka.lg.jp/material/files/group/2/ippan.pdf (2021/9/6アクセス)、東京弁護士会民事介入暴力対策特別委員会編『暴力団排除と企業対応の実務』(商事法務、2011年)、犯罪対策閣僚会議幹事会申合せ (2007)「企業が反社会的勢力による被害を防止するための指針」https://www.moj.go.jp/content/000061957.pdf (2021/9/6アクセス)、犯罪対策閣僚会議幹事会申合せ (2007)「企業が反社会的勢力による被害を防止するための指針に関する解説」https://www.moj.go.jp/content/000061959.pdf (2021/9/6アクセス)

3) 江頭憲治郎『商取引法〔第7版〕』(弘文堂、2013年)、河村寛治『改訂版 契約実務と法—リスク分析を通して—』(第一法規、2014年)、滝川宜信『取引基本契約書の作成と審査の実務〔第5版〕』(民事法研究会、2014年)、福田建次・大川治「震災法務—社内クライアント別Q&A 営業事業部門」BUSINESS LAW JOURNAL 2011年6月号38-46頁、我妻榮・有泉亨・清水誠・田山輝明『我妻・有泉コンメンタール民法—総則・物権・債権〔第3版〕』(日本評論社、2013年)
4・5) 井窪保彦・佐長功・田口和幸編著『実務 企業統治・コンプライアンス講義〔改訂増補版〕』(民事法研究会、2006年)、第二東京弁護士会民事介入暴力被害者救済センター運営委員会

編『企業活動と民暴対策の法律相談』（青林書院、2007 年）

【第 7 章】
菅野和夫『労働法〔第 12 版〕』（弘文堂、2019 年）、荒木尚志・菅野和夫・山川隆一『詳説 労働契約法〔第 2 版〕』（弘文堂、2014 年）、厚生労働省労働基準局編『平成 22 年版 労働基準法（上）（下）』（労務行政、2011 年）

【第 8 章】
牧野和夫・河村寛治・飯田浩司『国際取引法と契約実務〔第 3 版〕』（中央経済社、2013 年）、松岡博編著『国際関係私法入門〔第 3 版〕』（有斐閣、2012 年）、吉川達夫編著『国際ビジネス法務〔第 2 版〕』（第一法規、2018 年）、浜辺陽一郎『国際ビジネス法入門』（東洋経済新報社、2009 年）、河村寛治『国際取引・紛争処理法』（同友館、2006 年）、国際経営法務研究会『国際買取・合弁事業契約書マニュアル』（清文社、1990 年）、田中英夫編著『英米法辞典』（東京大学出版会、1991 年）、ICC ウェブサイト https://iccwbo.org/resources-for-business/incoterms-rules/incoterms-2020/（2021/10/2 アクセス）、日本貿易振興機構ウェブサイト https://www.jetro.go.jp/world/qa/J-200309.html（2021/10/2 アクセス）

第 2 部

【第 1 章】
近江幸治『民法講義 I 民法総則〔第 6 版補訂版〕』（成文堂、2012 年）、道垣内弘人『担保物権法〔第 4 版〕』（有斐閣、2017 年）、潮見佳男『新債権総論 I』（信山社出版、2017 年）、潮見佳男『新債権総論 II』（信山社出版、2017 年）、潮見佳男『新契約各論 I』（信山社出版、2021 年）、潮見佳男『不法行為法 I〔第 2 版〕』（信山社出版、2013 年）、潮見佳男『不法行為法 II〔第 2 版〕』（信山社出版、2011 年）、内田貴『民法 I〔第 4 版〕』（東京大学出版会、2008 年）、内田貴『民法 II〔第 3 版〕』（東京大学出版会、2011 年）、内田貴『民法 III〔第 4 版〕』（東京大学出版会、2020 年）

【第 2 章】
江頭憲治郎『株式会社法〔第 8 版〕』（有斐閣、2021 年）、宍戸善一監修、岩倉正和・佐藤丈文編著『会社法実務解説』（有斐閣、2011 年）、葉玉匡美編著『新・会社法 100 問〔第 2 版〕』（ダイヤモンド社、2006 年）

【第 3 章】
金井貴嗣・川濱昇・泉水文雄『独占禁止法〔第 4 版〕』（弘文堂、2013 年）、菅久修一編著『独占禁止法』（商事法務、2013 年）、白石忠志・多田敏明編著『論点体系 独占禁止法』（第一法規、2014 年）、藤井宣明・稲熊克紀編著『逐条解説 平成 21 年改正独占禁止法』（商事法務、2009 年）

【第 4 章】
片桐一幸編著『景品表示法〔第 3 版〕』（商事法務、2014 年）、波光巌・鈴木恭蔵『実務解説 景品表示法』（青林書院、2012 年）

【第 5 章】
経済産業省知的財産政策室編著『逐条解説 不正競争防止法 平成 23・24 年改正版』（有斐閣、2012 年）、経営法友会法務ガイドブック等作成委員会編『営業秘密管理ガイドブック〔全訂第 2 版〕』（商事法務、2010 年）

【第 6 章】
齋藤雅弘・池本誠司・石戸谷豊『特定商取引法ハンドブック〔第 6 版〕』(日本評論社、2019 年)、経済産業省関東経済産業局ウェブサイト https://www.kanto.meti.go.jp/seisaku/tokusho/index.html（2021/10/5 アクセス）

【第 7 章】
宇賀克也『個人情報保護法の逐条解説〔第 4 版〕』(有斐閣、2013 年)、野村総合研究所、浅井国際法律事務所著『情報セキュリティ管理の法務と実務』(きんざい、2014 年)、総務省「電気通信事業における個人情報保護に関するガイドライン」(2004 年総務省告示第 695 号。最終改正 2011 年総務省告示第 465 号)、経済産業省『個人情報の保護に関する法律についての経済産業分野を対象とするガイドライン』(2014 年 12 月 12 日厚生労働省・経済産業省告示第 4 号)

【第 8 章】
朝見行弘「製造物責任法 (PL 法) を学ぶ (第 1 回〜第 10 回)」http://www.kokusen.go.jp/wko/data/bn-hhkouza.html (2014/9/15 アクセス)、滝川宜信『実践 企業法務入門〔第 5 版〕—契約交渉の実際から債権回収まで—』、新美育文「製造物責任」内田貴・大村敦志編『ジュリスト増刊 民法の争点〔新・法律学の争点シリーズ 1〕』(有斐閣、2007 年) 298-299 頁

【第 9 章】
消費者庁企画課編『逐条解説 消費者契約法〔第 2 版〕』(商事法務、2010 年)、佐々木幸孝・安藤朝規・齋藤雅弘編『ガイドブック消費者契約法〔第 2 版〕』(法学書院、2010 年)、消費者庁「消費者契約法の運用状況に関する検討会報告書」(2014 年 10 月)

【第 10 章】
國廣正・五味祐子・青木正賢・芝昭彦『コンプライアンスのための内部通報制度「公益通報者保護法」が求めるリスク管理実務』(日本経済新聞社、2006 年)、田口和幸・丸尾拓養・原田崇史・加藤寛史編著『公益通報者保護法と企業法務』(民事法研究会、2006 年)、消費者庁ウェブサイト http://www.caa.go.jp/planning/koueki/ (2014/12/11 アクセス)

【第 11 章】
日野正晴『詳解 金融商品取引法〔第 3 版〕』(中央経済社、2011 年)、松尾直彦『金融商品取引法〔第 3 版〕』(商事法務、2014 年)、黒沼悦郎『金融商品取引法入門〔第 5 版〕』(日本経済新聞出版社、2013 年)

【第 12 章】
上柳克郎・鴻常夫・北沢正啓編『手形法・小切手法―商法講義』(有斐閣、1998 年)、落合誠一・神田秀樹編『手形小切手判例百選〔第 6 版〕(別冊ジュリスト No.173)』(有斐閣、2004 年)

【第 13 章②】
作花文雄『詳解 著作権法〔第 4 版〕』(ぎょうせい、2010 年)、三山裕三『著作権法詳説〔第 9 版〕』(レクシスネクシス・ジャパン、2013 年)、平尾正樹『商標法〔第 1 次改訂版〕』(学陽書房、2006 年)、中山信弘『特許法〔第 2 版〕』(弘文堂、2012 年)、仙元隆一郎『特許法講義〔第 4 版〕』(悠々社、2003 年)、吉川達夫・森下賢樹編著『ライセンス契約のすべて 実務応用編〔改訂版〕』(第一法規、2020 年)

索　引

編 著 者

吉川 達夫 (よしかわ たつお)　総論、第1部1章・2章・4章・6章1節、第2部10章担当

ニューヨーク州弁護士。伊藤忠商事株式会社法務部、Apple Japan 法務本部長、VMware 株式会社法務本部長、We Work 合同会社 Regional General Counsel、米国 Tanium Inc. Contract Counsel を経て米国 IT 企業日本法人 Senior Counsel。日系弁護士事務所オブカウンセル（顧問）。駒澤大学法科大学院、国士舘大学 21 世紀アジア学部非常勤講師。元 Temple Law School 日本校客員教授。上智大学法学部卒、Georgetown Univ. Law School 修了（LL.M.）。

主な著作

『これ1冊でわかる　会社運営と書式対応の基本』（編著、第一法規、2019 年）、『ハンドブック アメリカ・ビジネス法』（編著、第一法規、2018 年）、『国際ビジネス法務〔第 2 版〕』（編著、第一法規、2018 年）、『ライセンス契約のすべて 基礎編〔改訂版〕』（編著、第一法規、2020 年）、『ライセンス契約のすべて 実務応用編〔改訂版〕』（編著、第一法規、2020 年）、『コンプライアンス違反・不正調査の法務ハンドブック』（編著、中央経済社、2013 年）、『ダウンロードできる英文契約書の作成実務』（編著、中央経済社、2018 年）、『電子商取引法ハンドブック〔第 2 版〕』（編著、中央経済社、2012 年）

飯田 浩司 (いいだ ひろし)　第1部8章担当

ニューヨーク州弁護士。松下電工株式会社（現パナソニック株式会社）法務部課長、ファイザー株式会社取締役、コロムビアミュージックエンタテインメント株式会社（現日本コロムビア株式会社）執行役を経て、明治学院大学経済学部・大学院法と経営学研究科教授、同志社大学大学院法学研究科、同大学院ビジネス研究科非常勤講師。同志社大学文学部社会学科、同法学部法律学科卒、Georgetown Univ. Law School 修了（LL.M.）。

主な著作

『コンプライアンス違反・不正調査の法務ハンドブック』（編著、中央経済社、2013 年）、『ダウンロードできる英文契約書の作成実務』（編著、中央経済社、2018 年）、『国際取引法と契約実務〔第 3 版〕』（共著、中央経済社、2013 年）、『ハンドブック アメリカ・ビジネス法』（編著、第一法規、2018 年）、『ライセンス契約のすべて 基礎編〔改訂版〕』（編著、第一法規、2020 年）

著　者 (担当章順)

近藤 哲也 (こんどう てつや)　第1部3章、第2部13章②担当

弁護士、ニューヨーク州弁護士。国内ブティック系法律事務所や外資系法律事務所の東京オフィス、2015 年 1 月より PwC 弁護士法人を経て、現在、大手町国際法律事務所。京都大学法学部卒、Georgetown Univ. Law School 修了（LL.M. in Securities and Financial Regulation）。

原田 真 (はらだ まこと)　第1部5章、第2部2章担当

弁護士。株式会社村田製作所、東京丸の内法律事務所を経て、アクセス総合法律事務所。一橋大学経済学部卒、一橋大学法科大学院修了。

主な著作

『これ一冊でわかる 会社運営と書式対応の基本』（共著、第一法規、2019 年）、『ハンドブック アメリカ・ビジネス法』（共著、第一法規、2018 年）、『基礎から学べる!著作権早わかり講座』（共著、第一法規、2014 年）

荒田 学 (あらた まなぶ)　第1部6章2・3節、第2部8章担当

産業ガスメーカー所属。現在は米国子会社に出向中。新潟大学法学部卒、上智大学法科大学院修了。

野上 真穂 (のがみ まほ)　第1部6章4・5節、第2部7章・9章担当

IT 企業 取締役 CIO 経営管理部長。新潟大学法学部卒、新潟大学法科大学院実務法学研究科修了。

高仲 幸雄 (たかなか ゆきお)　第1部7章担当

弁護士。中山・男澤法律事務所。国士舘大学 21 世紀アジア学部非常勤講師。

主な著作

『図解 人事・労務の基本と実務』（労務行政、2021 年）、『同一労働同一賃金 Q&A ―ガイドライン・判例から読み解く［第 3 版］』（経団連出版、2020 年）、『国際ビジネス法務〔第 2 版〕』（共著、第一法規、2018 年）

西岡 毅 (にしおか つよし)　第2部1章・6章担当

弁護士（東京弁護士会）。奥綜合法律事務所を経て、2015 年、新虎通り法律事務所を開設。上智大学法学部卒、上智大学大学院法学研究科法曹養成専攻修了。

主な著作

『ライセンス契約のすべて 実務応用編〔改訂版〕』（共著、第一法規、2020 年）、『電子商取引法ハンドブック〔第 2 版〕』共著、中央経済社、2012 年)

宮川 裕光 (みやかわ ひろみつ)　第2部3章・4章・5章担当

弁護士、ニューヨーク州弁護士。ジョーンズ・デイ法律事務所パートナー。慶應義塾大学法学部法律学科卒、University of Virginia School of Law 修了（LL.M.）。

主な著作

「外国におけるカルテル」（『実務に効く 公正取引審決判例精選』ジュリスト増刊、2014 年）、『ハンドブック アメリカ・ビジネス法』（共著、第一法規、2018 年）、『米国・EU・中国競争法比較ガイドブック』（中央経済社、2010 年）等

宗像 修一郎 (むなかた しゅういちろう)　第2部11章・12章担当

ニューヨーク州弁護士、都市銀行法務部、外資系金融機関法務部・コンプライアンス部などを経て、外資系事業会社法務部長。京都大学法学部卒、University of Pennsylvania Law School 修了（LL.M.）。

主な著作

『国際ビジネス法務〔第 2 版〕』（共著、第一法規、2018 年）、『ハンドブック アメリカ・ビジネス法』（編著、第一法規、2018 年)

青木 武司 (あおき たけし)　第2部13章①担当

弁理士。プライムワークス国際特許事務所パートナー。東京大学工学部計数工学科卒、一橋大学大学院国際企業戦略研究科修士課程修了（経営法修士）。

主な著作

『ハンドブック アメリカ・ビジネス法』（編著、第一法規、2018 年）、『ライセンス契約のすべて 実務応用編〔改訂版〕』（共著、第一法規、2020 年）、『ケースブック アメリカ法概説』（共著、レクシスネクシス・ジャパン、2007 年）

本書は、2015年2月12日に初版第1刷としてレクシスネクシス・ジャパン株式会社から出版されたものに法改正等にともなう改訂を加え、改訂第3版として発行するものです。

サービス・インフォメーション

―――――――――――――――――――― 通話無料 ――――――――

①商品に関するご照会・お申込みのご依頼
　　　　　　　TEL 0120(203)694／FAX 0120(302)640
②ご住所・ご名義等各種変更のご連絡
　　　　　　　TEL 0120(203)696／FAX 0120(202)974
③請求・お支払いに関するご照会・ご要望
　　　　　　　TEL 0120(203)695／FAX 0120(202)973

●フリーダイヤル（TEL）の受付時間は、土・日・祝日を除く
　9：00〜17：30です。
●FAXは24時間受け付けておりますので、あわせてご利用ください。

実務がわかるハンドブック企業法務 ［改訂第3版］

2018年 3 月30日　初版発行
2018年 5 月15日　初版第 2 刷発行
2019年12月10日　改訂第 2 版発行
2021年11月25日　改訂第 3 版発行
2024年 4 月10日　改訂第 3 版第 2 刷発行

編　著　吉 川 達 夫

　　　　飯 田 浩 司

発行者　田 中 英 弥

発行所　第一法規株式会社
　　　　〒107-8560　東京都港区南青山2-11-17
　　　　ホームページ　https://www.daiichihoki.co.jp/

HB企業法務3　ISBN 978-4-474-07666-2　C2034 (1)